Einleitung

Die größte Geschichte der Bibel

Viele Menschen haben zumindest ein Grundwissen über die Bibel. Sie wissen, dass die Bibel davon handelt, wie Gott die Welt erschuf und wie er seitdem in der Welt handelt. Und nicht nur das: Viele haben auch einige der bekanntesten biblischen Geschichten gelesen, z. B. die über Adam und Eva im Garten Eden, Abraham und die Anfänge des Volkes Israel, Mose und den Auszug aus Ägypten, David und Goliat, Jona und den großen Fisch, Daniel in der Löwengrube, Petrus am Pfingsttag und Paulus auf der Straße nach Damaskus.

Doch die eine Geschichte, die die meisten Menschen am besten kennen, ist die Geschichte von Jesus. Jedes Jahr zu Weihnachten hören wir den bekannten Bericht über Josef und Maria, die in die kleine Stadt Betlehem reisen, über die Geburt von Jesus, wie er in eine Futterkrippe gelegt wurde und die Engel sangen: „Groß ist von jetzt an Gottes Herrlichkeit im Himmel; denn sein Frieden ist herabgekommen auf die Erde zu den Menschen, die er erwählt hat und liebt" (Lukas 2,14). Aber warum ist diese Geschichte wichtiger als alle anderen? Weil – wie Sie sehen werden – Jesus der Brennpunkt von Gottes Plan ist, die Welt von der Sünde zu retten und den Menschen ewiges Leben anzubieten. Die größte Geschichte der Bibel ist die von Jesus; von 1 Mose/Genesis bis zur Offenbarung ist die Bibel im wahrsten Sinne des Wortes *seine* Geschichte.

Wenn wir also der Geschichte von Jesus durch das Alte und Neue Testament folgen, erhalten wir nicht nur ein klares Bild davon, wer Jesus wirklich war, sondern auch einen guten Überblick über die Bibel.

Die 100 Texte dieses Buches sind folgendermaßen gegliedert:
Wer ist Jesus? Wir beginnen unsere Reise mit fünf Texten, die auf namhafte Zeugen der Ereignisse um Jesus zurückgehen: die beiden Jünger Petrus und Johannes und den Apostel Paulus, einem Mann, der eine einzigartige Begegnung mit Jesus kurz nach dessen Auferstehung hatte. Jeder dieser fünf Texte liefert uns ein eindrückliches Bekenntnis zu Jesus und seiner Bedeutung. Sie gehören zu den inspirierendsten und einprägsamsten Abschnitten der Bibel. Zusammen bilden sie den Auftakt für unsere Entdeckungsreise durch das Leben von Jesus.

Das Alte Testament. Die nächsten 25 Texte führen uns ins Alte Testament, weil die Geschichte von Jesus schon lange vor der Geburt im Stall begann. Bereits im allerersten Buch der Bibel erhalten wir den ersten Hinweis darauf, dass Gott plante, den Messias zu schicken, einen Retter für die Welt. Daraus ergibt sich die offensichtliche Frage: Warum brauchen wir einen Retter? Sobald wir dieser Frage auf den Grund gegangen sind (so viel schon vorweg: Es geht um die Sünde), werden wir nachzeichnen, was die Bibel in den Psalmen und durch die Propheten über diesen kommenden Retter sagt. Sie werden staunen, wie viel das Alte Testament hier zu sagen hat und wie perfekt Jesus dem Bild entsprach, das Gott jahrhundertelang vorgezeichnet hatte.

Das Neue Testament. Der längste Teil unserer Reise, insgesamt 65 Texte, wird der Geschichte von Jesus im Neuen Testament folgen. Wir lesen die Erzählungen über

Jesus, die in den vier Evangelien zu finden sind: Matthäus, Markus, Lukas und Johannes. Wir werden uns mit seiner Geburt, seinem Dienst, seiner Lehre, seinen Wundern, seinem Tod, seiner Auferstehung und seiner Gemeinde beschäftigen. Und wir werden uns mit dem unvollendeten Teil seiner Geschichte befassen, nämlich der Zeit in der Zukunft, wenn Jesus auf die Erde zurückkehren und alle zu sich holen wird, die an ihn glauben. Wenn wir an diesem Punkt angelangt sind, werden Sie einen guten Überblick darüber haben, wer Jesus war und ist.

Wer ist Jesus ... für Sie? In den letzten fünf Texten bekommen Sie Gelegenheit, etwas sehr Wichtiges zu tun: sich eine eigene Meinung über Jesu zu bilden. Als Hilfestellung dazu werden wir fünf Personen betrachten, die Jesus persönlich begegnet sind. Einige haben ihn abgelehnt, einige haben ihn angenommen. Jesus wünscht sich eine Beziehung zu jedem Mensch – Sie eingeschlossen! Das war von Anfang an Gottes Plan, und aus diesem Grund kam Jesus auf die Erde.

Wie ich Jesus erlebt habe

Bevor wir weitermachen, möchte ich zwei Dinge klarstellen. Erstens: Obwohl ich selbst Jesus Christus entschieden nachfolge, werde ich Ihnen meine Glaubensüberzeugungen nicht aufzwingen. Was Sie glauben, liegt in Ihrer Verantwortung. Ich hoffe allerdings, dass dieses Buch Sie so durch die Bibel führen wird, dass Sie zu Ihren eigenen Schlussfolgerungen über Jesus gelangen können. Zweitens: Auf dieser gemeinsamen Reise werde ich Ihnen von einigen meiner persönlichen Erfahrungen und Beobachtungen erzählen. Ich habe gelernt, dass sowohl die Bibel als auch das Leben uns etwas über Jesus beibringen können.

Da Sie nun meinen Ausgangspunkt kennen, möchte ich Ihnen erzählen, wie meine Beziehung zu Jesus begann:
Ich wuchs in einer christlichen Familie auf und verbrachte viel Zeit in der Kirche, in der Sonntagsschule und auf christlichen Freizeiten. Darum kann ich mich nicht erinnern, jemals *nichts* von Jesus gewusst zu haben. Doch ich kann mich daran erinnern, wie ich das erste Mal bewusst Ja dazu sagte, ihm nachzufolgen. Ich war sechs Jahre alt und saß in einem Sonntagabend-Gottesdienst, den mein Vater leitete. Am Ende bat er alle, die Augen zu schließen, und sagte dann in etwa: „Wenn jemand sein Leben Jesus anvertrauen will, möge er bitte jetzt die Hand heben." Ich verstand nicht ganz, was er sagte. Ich wusste nur, dass ich Jesus mein Leben anvertrauen wollte. Also hob ich die Hand.

Viele Jahre später im Studium begann ich mich zu fragen: *Glaube ich wirklich das, was ich als Kind angenommen habe?* Besonders beunruhigte es mich, dass ich wohl viel über den christlichen Glauben wusste, aber nicht besonders viel spürte. Woher sollte ich wissen, ob mein Glaube echt war? Damals nahm ich an einer einwöchigen Reihe von evangelistischen Veranstaltungen teil. Am Ende bat der Prediger die Zuhörer, nach vorn zu kommen und öffentlich zu versprechen, Jesus nachzufolgen. Das brachte mich in eine Zwickmühle. Ich war jetzt alt genug,

um meine eigenen Entscheidungen zu treffen, aber ich glaubte bereits an Jesus – oder zumindest dachte ich das. *Kann ein Christ sich bekehren?*, fragte ich mich.

So unsicher, wie ich mich fühlte, ging ich nach vorn und hoffte, dass ein weiser Mensch mir einen guten Rat zu meiner Frage geben konnte. Doch keiner kam auf mich zu; alle beteten mit anderen Personen. Also flüsterte ich leise das kürzeste Gebet meines Lebens: *Danke, Jesus.* Mehr sagte ich nicht. Dann begann ich zu weinen und konnte nicht so schnell wieder aufhören. Wieder verstand ich nicht, was da geschah. Aber ich glaube, dass Gott mir in seiner Barmherzigkeit zeigte, dass er nicht nur meinen Verstand, sondern auch mein Herz berühren konnte. Wenn ich heute in der Kirche am Abendmahl teilnehme, flüstere ich auf dem Rückweg zu meinem Platz immer das gleiche Gebet wie damals: *Danke, Jesus.* Das ist meine Art zu bekräftigen, dass ich ihm immer noch nachfolge.

So war es bei mir. Doch Fakt ist, dass jeder eine andere Erfahrung macht. Manche Menschen kämpfen schwer um die Entscheidung, Jesus nachzufolgen. Anderen fällt es leichter. Dieses Buch lädt Sie ein, selbst herauszufinden, wer Jesus ist, und dann Ihre eigenen Schlussfolgerungen über ihn zu ziehen. Ich glaube, das ist die wichtigste Entscheidung Ihres Lebens.

Wozu dieses Buch gut ist

Inzwischen denken Sie vielleicht: *Moment mal – ich interessiere mich für Jesus, aber die Bibel kann ich nicht lesen! Die ist viel zu lang und verwirrend.* Wenn das der Fall ist, dann keine Sorge: So geht es den meisten Menschen. Darum habe ich mich bemüht, die Reise durch die Bibel mit diesem Buch so leicht, aber auch so tiefgründig wie möglich zu machen. Zu Anfang möchte ich deshalb einige Vorschläge machen, die Ihnen hoffentlich einen guten Start ermöglichen. Erstens ist dieses Buch dazu da, um genutzt zu werden – zusammen mit der Bibel. Zu jedem angegebenen Bibelabschnitt gibt es einige Gedankenanstöße zu den Hauptpunkten des Textes. Logischerweise wird sich der Inhalt dieses Buches nicht erschließen, ohne den jeweiligen Bibeltext zu lesen. Nutzen Sie eine Bibelübersetzung, die leicht zu lesen ist. Die Lutherbibel ist zwar wunderschön und weit verbreitet, aber für heutige Leser oft schwer zu verstehen, da sie ursprünglich in die Sprache des frühen 16. Jahrhunderts hinein übersetzt wurde. Ich empfehle Ihnen, eine der vielen ausgezeichneten modernen Übersetzungen zu nutzen, zum Beispiel die BasisBibel, die Gute Nachricht Bibel, die Neues Leben Bibel oder andere. Wenn Sie nicht wissen, welche Bibelübersetzung Sie nutzen sollen, dann fragen Sie doch einen Pfarrer, Pastor oder Priester.

Zweitens führt dieses Buch durch 100 kurze Bibeltexte, die alle mit Jesus zu tun haben. Diese Texte sind ohne Datum angeordnet, sodass Sie ganz in Ihrem eigenen Tempo lesen können – 100 Tage lang, über sechs Monate hinweg, über ein Jahr oder länger. Doch welchen Zeitrahmen Sie sich auch setzen: Sie müssen keine Schuldgefühle haben, wenn Sie einmal einen Tag auslassen (und glauben Sie mir, das wird passieren). Lesen

Sie den nächsten Text einfach dann, wenn Sie Zeit haben. Bevor Sie sich's versehen, haben Sie alle 100 geschafft. Ich habe die Texte jeweils zu Fünfer-Einheiten zusammengefasst und diese mit einer Einleitung versehen, die auf wichtige Themen hinweist. Ein mögliches Ziel wäre beispielsweise, eine Einheit von fünf Texten pro Woche zu schaffen.

Drittens folge ich bei jedem Text einem Fünf-Schritte-Schema – Gebet, Text, Entfaltung, Überlegung, Gebet –, das sich beim Bibellesen immer gut anwenden lässt. Durch die Bibel spricht Gott zu uns. Im Gebet können wir ihm antworten. So können wir regelmäßig mit Gott im Gespräch bleiben. Aber ich habe auch noch einige zusätzliche Ideen für Sie, wie Sie das Beste aus den fünf Schritten herausholen können:

❖ **Gebet.** Beten Sie, bevor Sie lesen, und bitten Sie Gott, dass er Ihnen hilft, sein Wort an Sie zu verstehen. Das ausformulierte Gebet kann eine Starthilfe sein; Sie können aber auch jederzeit Dank, Bekenntnis oder Lob hinzufügen oder was auch immer Sie Gott sagen möchten. Denken Sie daran, es geht um ein Gespräch mit Gott.

❖ **Text.** Lesen Sie den Bibelabschnitt sorgfältig. Wenn Sie Zeit haben, lesen Sie den Abschnitt vielleicht mehrmals, oder Sie lesen auch die umstehenden Abschnitte, um den Zusammenhang zu verstehen. Vielleicht ist es auch praktisch, wenn Sie einen Bleistift oder Textmarker bei der Hand haben, damit Sie sich Notizen machen oder wichtige Sätze oder Verse unterstreichen können.

❖ **Entfaltung.** Entdecken Sie das, was Sie gelesen haben. Fassen Sie zuerst Ihre eigenen Beobachtungen zu dem Bibelabschnitt in Gedanken oder in einem Notizbuch oder Tagebuch zusammen. Vielleicht hilft es, wenn Sie sich dazu einige Fragen stellen: Was war die Hauptaussage dieses Abschnitts? Welche Verse haben im Moment etwas mit meinem Leben zu tun? Ich habe immer auch einige weiterführende Gedanken zu dem jeweiligen Abschnitt eingefügt.

❖ **Überlegung.** Wenden Sie das, was Gott Ihnen in seinem Wort mitteilt, auf Ihr Leben an. Nehmen Sie sich Zeit, gründlich darüber nachzudenken. Enthielt der Abschnitt ein Beispiel, dem man folgen könnte, eine Warnung, auf die man hören sollte, ein Versprechen, das man in Anspruch nehmen kann? Vielleicht schreiben Sie auf, was Sie auf Ihr Leben anwenden möchten und wie.

❖ **Gebet.** Antworten Sie Gott im Gebet und bitten Sie ihn, dass er Ihnen hilft, nach seinem Wort zu leben. Binden Sie nun die Dinge, die Sie gelernt haben, in Ihr Gebet ein. Beten Sie auch für das, was Sie und andere brauchen, und danken Sie Gott für jede Gebetserhörung.

Zusammen geht es besser

Am Ende jedes Abschnitts habe ich eine Seite mit Diskussionsfragen eingefügt, denn dieses Buch lässt sich am besten zusammen mit einem Partner oder in einer Gruppe durcharbeiten. Versuchen Sie, jede Woche eine Einheit von fünf Texten allein durchzunehmen. Treffen Sie sich dann mit einem Freund oder einer Freundin oder in einer Gruppe, um über das zu sprechen, was Sie gelernt haben. Vielleicht ist es gut, wenn jeder zu Anfang von seinen eigenen Einsichten zu den Texten berichtet. Nutzen Sie dann die Diskussionsfragen als Hilfestellung für das restliche Gespräch. Sie werden sehen, dass das gemeinsame Lesen der Bibel motiviert, weiterzumachen und sich eingehender und tiefer mit Gottes Wort zu beschäftigen.

Eine weitere Idee könnte es sein, das EJesus Bibellese-Buch für Gruppen zu nutzen, ein Programm des Bibellesebundes, das es einer ganzen Gemeinde oder Gruppe ermöglicht, gemeinsam anhand dieses Buches zu erarbeiten, was die Bibel über Jesus sagt. (Mehr Informationen dazu erhalten Sie am Ende dieses Buches oder unter www.bibellesebund.net.)

Das eigentliche Ziel

Von der ersten bis zur letzten Seite erzählt die Bibel die Geschichte davon, dass Gott die Welt so sehr liebte, „dass er seinen einzigen Sohn hergab. Nun werden alle, die sich auf den Sohn Gottes verlassen, nicht zugrunde gehen, sondern ewig leben" (Johannes 3,16). Wenn Sie sich also auf die Reise durch die größte Geschichte der Bibel begeben, denken Sie daran, dass Ihr Ziel nicht ist, es bis zur 100 zu schaffen, mehr Bibelwissen anzusammeln oder auch viele geistliche Übungen zu absolvieren. Diese Dinge sind wichtig, aber das eigentliche Ziel ist, Jesus kennenzulernen. Die Bibel wird dann lebendig, wenn Sie das Bibellesen als Gelegenheit zur Begegnung mit dem auferstandenen Christus betrachten, der Sie liebt, für Sie starb und sich eine lebendige Beziehung zu Ihnen wünscht.

Ich wünsche Ihnen und bete dafür, dass die größte Geschichte der Bibel in den nächsten Monaten für Sie so lebendig wird wie nie zuvor. Doch dieses Buch soll nicht das Ende Ihrer Beschäftigung mit der Bibel sein. Lassen Sie diese Reise zum Anfang des lebenslangen Abenteuers werden, Gott jeden Tag in der Bibel und im Gebet zu begegnen.

WER
IST
JESUS?

WER IST JESUS?

Einführende Gedanken

Wer ist Jesus?

Was ist die wichtigste Frage der gesamten Menschheitsgeschichte?

Natürlich fragt sich jeder nach seiner eigenen Existenz: Wer bin ich? Woher bin ich gekommen? Wohin gehe ich? Außerdem machen sich viele Gedanken über die großen Herausforderungen in unserer heutigen Welt: Wie können wir dem Krieg ein Ende setzen und Frieden halten? Wie können wir Krankheiten heilen? Wie können wir Armut bekämpfen? Wie können wir die Umwelt schützen?

Doch es gibt eine Frage, die wichtiger ist als alles andere: Wer ist Jesus? – Warum? Weil Jesus behauptete, Gott auf Erden zu sein. Sie haben ganz richtig gelesen: Er sagte, er sei der von Gott versprochene Messias, der einzige Retter der Welt. Und wenn das stimmt, wenn das wirklich wahr ist, dann ist alles andere zweitrangig.

Wenn man darüber nachdenkt, ist unsere Welt voll von Informationen über Jesus – in Filmen und Theaterstücken, im Fernsehen und Radio, in Zeitschriften und Büchern. Manches davon ist zutreffend, manches nicht. Oft wird Jesus als Gründer einer Religion, des Christentums, dargestellt. Manchmal wird er als Morallehrer beschrieben, als Wundertäter oder Märtyrer. Manche betrachten ihn als Revolutionär, andere als Scharlatan. Es gibt sogar Menschen, die meinen, er habe nie existiert; sie halten die Geschichten von Jesus für Legenden und Mythen.

Wie finden wir also heraus, wer Jesus wirklich ist? Die beste Möglichkeit ist, an die umfangreichste Informationsquelle zu gehen, die wir über ihn haben – die Bibel. Wenn Sie die 100 Abschnitte über Jesus lesen, die Sie in diesem Buch finden, werden Sie schnell sehen, dass die Geschichte von Jesus der „rote Faden" ist, der sich vom Anfang bis zum Ende durch die Bibel zieht. Jesus ist es, um den es in der Bibel geht. In unseren ersten fünf Texten soll es um die Gedanken von drei Personen gehen, die Jesus nahestanden: Johannes und Petrus, die zwei seiner vertrautesten Jünger waren, und Paulus, der eine einzigartige Begegnung mit Jesus hatte. Jeder dieser Texte erzählt in beeindruckender Weise von Jesus. Später auf unserem Weg werden wir zu den Einzelheiten seines Lebens kommen. Doch erst einmal brauchen wir einen Überblick, und damit wollen wir beginnen.

Wahrheit, die über bloße Fakten hinausgeht

Gebet: Lieber Gott, ich will herausfinden, wer Jesus wirklich ist. Bitte öffne mir die Augen des Herzens, damit ich einen ehrlichen Blick auf ihn werfen kann.

Text: **Johannes 1,1-18**

Entfaltung: Journalisten betrachten ihren Beruf als eine Suche nach der Wahrheit: Wenn sie alle Fakten einer Geschichte akkurat wiedergeben, meinen sie, die ganze Wahrheit erzählt zu haben. Doch die Wahrheit geht über bloße Fakten weit hinaus. In Johannes' Darstellung des Lebens von Jesus wird dies gleich am Anfang deutlich. Der Mensch, an dessen Seite er drei Jahre lang lebte, war gleichzeitig Gott und Mensch. Wie beschreibt man eine solche Wahrheit?

Die anderen Evangelisten beginnen mit anschaulichen Einzelheiten aus dem Leben von Jesus – wer seine Vorfahren waren (Matthäus), wie sein öffentliches Wirken begann (Markus) und wie er geboren wurde (Lukas). Johannes beginnt anders: Er nennt Jesus „das Wort". Eine seltsame Aussage, doch sie deutet auf etwas Wichtiges hin: Das Leben von Jesus war eine Botschaft Gottes an die Menschheit. In Jesus hat Gott den Menschen gezeigt, wie er ist. Denn Jesus, das Wort Gottes, war Gott in allem gleich (V. 1). Er war nicht einfach ein großartiger Lehrer oder Heiler, eine Berühmtheit oder ein Anführer. Jesus war viel mehr: Er war Gott auf Erden (V. 14).

Das ist eine ziemlich kühne Behauptung. Doch wenn sie wahr ist, was bedeutet sie dann für uns?

Erstens ist Jesus das *Licht* für die Menschen (V. 5-9). Johannes benutzt das Bild von Licht und Dunkelheit, um den Auftrag von Jesus zu beschreiben. Eine Welt ohne Gott ist ein sündiger, finsterer Ort. Das können wir jeden Tag sehen, schon allein die Nachrichten im Fernsehen liefern den Beweis. Als Jesus kam, war er wie eine Kerze in einem dunklen Raum: Die Menschen konnten endlich einen Weg zu Gott sehen.

Zweitens ist Jesus das *Leben* (V. 4.). Wenn es keinen Gott gibt, wenn es kein Leben nach dem Tod gibt, dann gibt es keinen Sinn im Leben; der Tod ist das Ende. Doch Jesus bietet einen Ausweg aus dieser Sinnlosigkeit. Er lädt jeden ein, für immer zu Gottes Familie zu gehören (V. 12).

Am Anfang unserer Entdeckungsreise durch das Leben von Jesus müssen wir uns daran erinnern, dass die Fakten nur einen Teil der Geschichte erzählen. Die Wahrheit über Jesus widerspricht nicht den Fakten – sie ist einfach viel, viel größer.

Überlegung: Hat Gott je mit Ihnen kommuniziert? Wie? Wie haben Sie reagiert?

Gebet: Jesus, je mehr ich über dich lerne, umso mehr möchte ich dich auch in meinem Leben erfahren.

Leben wie Jesus

Gebet: Himmlischer Vater, inmitten meines geschäftigen, stressigen Lebens möchte ich still werden, nur für ein paar Minuten, damit ich dich hören kann.

Text: **Philipper 2,1-11**

Entfaltung: In den 1960er-Jahren kam in der westlichen Welt ein neues Interesse an Jesus auf. Junge Männer versuchten auszusehen wie er; sie hatten lange Haare, ließen sich Bärte wachsen und trugen sogar Ledersandalen (damals nannte man sie „Jesuslatschen"). Doch was bedeutet es, wie Jesus zu leben? Um diese Frage soll es heute gehen. Genau genommen war es eine konkrete Situation – in einer Stadt namens Philippi im 1. Jahrhundert – , die der Apostel Paulus in seinem Brief ansprach: Er wollte, dass die Christen weniger selbstsüchtig werden und dafür liebevoller, mitfühlender, mit mehr Einigkeit und Achtung voreinander (V. 1-4). Ein guter Rat für Christen in jeder Stadt und zu jeder Zeit. Doch die Frage war – wie? Die Antwort von Paulus war einfach: Lebt wie Jesus! Dann gibt er eins der erhebendsten Bekenntnisse zu Jesus in der ganzen Bibel (V. 5-11). Entblättern wir doch einmal, was er sagt, und wie wir es auf unser Leben anwenden können:

- Jesus ist Gott (V. 6). Seit Paulus eine Begegnung mit dem auferstandenen Christus hatte (Apostelgeschichte 9,1-9), war er ein furchtloser Zeuge für seinen Herrn. Sind wir das auch?
- Jesus wurde Mensch (V. 7). Er war kein geistliches „Gespenst". Er kam und lebte bei uns (Johannes 1,14). Wie real ist Jesus für uns heute?
- Jesus gab alle seine Vorrechte auf (V. 7). Der Schöpfer des Universums war bereit, seinen Geschöpfen zu dienen. Sind wir bereit, uns „klein" zu machen und anderen zu dienen?
- Jesus war seinem Vater gehorsam (V. 8). Für ihn bedeutete das den Tod am Kreuz. Was bedeutet es heute für uns, Gott zu gehorchen?
- Jesus wurde von Gott erhöht (V. 9). Gott tat dies, indem er Jesus zurück ins Leben holte. Wie wird in unserem Leben spürbar, dass Jesus heute lebt?

Ob im 1. Jahrhundert, in den 1960er-Jahren oder heute: Leben wie Jesus beginnt mit der Entscheidung, dem Einen zu folgen, der so gehorsam war, „dass er sogar den Tod auf sich nahm, ja, den Verbrechertod am Kreuz" (V. 8). Eine radikale Entscheidung!

Überlegung: Wo könnten Sie sich für andere Menschen einsetzen – rückhaltlos und „radikal"?

Gebet: Danke, Jesus, für deine bedingungslose Liebe.

Es geht nur um Jesus

Gebet: Gott, ich bitte dich, öffne mir die Augen, damit ich heute etwas Neues über deinen Sohn lernen kann.

Text: **Kolosser 1,15-23**

Entfaltung: Lange Zeit hatten wir in unserer Speisekammer mehrere Dosen mit konzentriertem Traubensaft stehen. Er sah aus wie normaler Traubensaft, doch wenn wir vergaßen, dass es Konzentrat war, und versuchten, den Saft direkt aus der Dose zu trinken, konnten wir ihn kaum hinunterschlucken. In gewisser Weise ist es mit dem heutigen Textabschnitt das Gleiche: Er enthält in konzentrierter Form Glaubensaussagen über Jesus, und vielleicht ist es schwierig, beim Lesen alles zu „schlucken". Das ist in Ordnung. Der Text ist dennoch wichtig. Denn er spricht in nur wenigen Versen mehrere Hauptthemen an, die uns auf unserer Reise durch das Leben von Jesus noch begegnen werden.

Der Kolosserbrief wurde vom Apostel Paulus geschrieben und sollte den falschen Lehrern entgegenwirken, die Einfluss auf die jungen Christen in der Stadt Kolossä nehmen wollten. Diese Lehrer hatten komplizierte Systeme entworfen, um zu beschreiben, in welchem Verhältnis die Menschen zu Gott leben sollten. Es klang beeindruckend, doch etwas Wichtiges fehlte: das Vertrauen auf Jesus. Theologie, Lehre und Gemeindeverständnis sind zentrale Fragen des christlichen Glaubens. Doch wenn Jesus nicht im Mittelpunkt all dessen steht, verfehlen sie das Ziel.

Um dem entgegenzuwirken, gibt Paulus hier eine konzentrierte Beschreibung der Bedeutung von Jesus, in der einige der Dinge anklingen, die wir bereits entdeckt haben. Der Hauptpunkt ist: Jesus ist Gott (V. 15.19; siehe auch Kolosser 2,9), durch ihn ist alles geschaffen, und alles hat in ihm sein Ziel (V. 16-17). Paulus baut auf diesem Fundament zwei weitere Aussagen auf, die das Bild von Jesus ergänzen. Erstens: Jesus ist das *Haupt der Gemeinde* (V. 18). Ohne den Kopf stirbt der Körper. Zweitens: Jesus ist der *Schlüssel zum Evangelium* (V. 20-23). Ohne ihn sind wir noch immer von Gott entfremdet.
Auch heute noch leiden Gemeinden unter falschen Lehren. Statt unsere Energie mit Angriffen oder Debatten zu verschwenden, können wir uns Paulus zum Vorbild nehmen. Er schaut zuerst auf das Positive in der Gemeinde (Kolosser 1,3-14) und ruft dann dazu auf, zu den Grundlagen zurückzukehren: Jesus ist der Mittelpunkt der Gemeinde. Um ihn dreht sich alles.

Überlegung: Wo zeigt sich in Ihrem Leben, dass Jesus Mittelpunkt und „Grundlage" ist? Gibt es Bereiche, die Sie noch verschlossen halten?

Gebet: Danke, Gott, dass du mir einen Weg zu einer Beziehung mit dir geebnet hast, und dieser Weg ist Jesus.

Wie ist Gott?

Gebet: Lieber Gott, ich möchte dich von Herzen besser kennenlernen und dich mehr erleben.

Text: **Hebräer 1,1-4**

Entfaltung: Ich habe einmal ein Video gesehen, in dem man kleinen Kindern eine einfache Frage stellte: „Wie ist Gott?" Ich musste lachen, als das erste niedliche Kind direkt in die Kamera schaute, lächelte und antwortete: „Ich weiß nicht." Sie fragten ein anderes Kind, das die Schultern zuckte und sagte: „Keine Ahnung." Und ein drittes erklärte: „Weiß nicht." Noch mehrere andere gaben die gleiche Antwort. Das letzte Mädchen schüttelte einfach den Kopf und senkte den Blick.

Aber wie ist Gott nun? Ganz gleich, wie alt man ist: Das ist keine leichte Frage. Doch der Verfasser des Hebräerbriefes (wir wissen nicht, wer das war) hat eine hervorragende Antwort. Wer wissen will, wie Gott ist, muss Jesus anschauen; er ist das „Abbild" oder „Ebenbild" Gottes (V. 3). Wer wissen will, was Gott über die Welt denkt, was ihm gefällt und was nicht, oder was Gott über die Menschen denkt – der muss nur Jesus anschauen.

Der Hebräerbrief beginnt mit einer wichtigen Aussage: Gott wollte schon immer, dass die Menschen wissen, wer er ist. Er sagt es ihnen schon seit Jahrhunderten durch die Propheten (V. 1). Doch in Jesus geht Gott noch weiter. Er tritt selbst auf die Bühne und sagt: „Schaut her! *Das* bin ich."
Jesus war zwar ein Mensch, aber kein gewöhnlicher. In ihm sind Gottes Herrlichkeit und sein Wesen sichtbar geworden. Er ist für unsere Sünden gestorben, ins Leben zurückgekehrt und hat seinen Platz bei Gott im Himmel eingenommen (V. 3). Das ist das Evangelium auf einen ganz kurzen Nenner gebracht. Wenn wir Jesus durch die Bibel folgen, werden wir einem Menschen wie keinem anderen begegnen – und zugleich einem Gott wie keinem anderen.

Überlegung: Wie würden Sie beschreiben, wie Gott ist? Wie könnten Sie das diese Woche jemandem weitersagen?

Gebet: Himmlischer Vater, ich bin so dankbar, dass du mich wissen lassen willst, wer du bist. Trotz aller Ablenkungen ist das mein Herzenswunsch.

Die große Gemeinde

Gebet: Es ist so gut, himmlischer Vater, dein Wort zu lesen und darüber nachzudenken. Bitte zeig mir heute etwas Neues über deinen Sohn Jesus.

Text: **1 Petrus 2,4-10**

Entfaltung: Manche Menschen sagen: „Jesus ist mein persönlicher Herr und Retter." Sie sind dabei zweifellos aufrichtig und wollen uns damit mitteilen, wie entschieden sie Jesus nachfolgen wollen. Das ist gut. Doch für manche mag diese Aussage zu exklusiv klingen, so als ob es beim christlichen Glauben nur um „Jesus und mich und niemanden sonst" gehen würde.

Im heutigen Abschnitt öffnet uns der Apostel Petrus die Augen für eine weitere wichtige Erkenntnis: Das Ja zu Jesus macht uns zu einem Teil einer großen Gruppe, der Gemeinde. Mit diesem Gedanken werden wir uns später auf unserer Entdeckungsreise noch näher beschäftigen (besonders in dem Abschnitt „Die ersten Gemeinden"). Für den Moment wollen wir versuchen, die Grundzüge zu verstehen.

Petrus benutzt Bilder, um die Gemeinde zu beschreiben. Die Gemeinde ist wie ein „geistiges Haus" (V. 5), das aus lebendigen Steinen besteht: mit Jesus als Grundstein oder Eckstein und allen, die Jesus nachfolgen, als weiteren lebendigen Steinen. Mit anderen Worten, die Gemeinde ist kein materielles Gebäude, sondern ein „erwähltes Volk" (V. 9), das von Jesus Christus getragen wird – so wie der Eckstein das Haus trägt (V. 6). Und Jesus ist kein lebloses Granitdenkmal aus der Vergangenheit. Jesus lebt und ist heute in seiner Gemeinde anwesend (V. 4). Wer nicht an ihn glaubt, wird sich an ihm stoßen, er wird stolpern und zu Fall kommen (V. 7-8). Doch alle, die sich dafür entscheiden, Jesus nachzufolgen – in Vergangenheit, Gegenwart und Zukunft –, sind miteinander verbunden als Gottes Gemeinde (V. 5).

Die Gemeinde, zu der ich gehöre, traf sich früher in einem alten Gebäude aus grauen Steinen. Über die Jahre wuchs die Gemeinde, also mussten wir kürzlich die Räume ausbauen. In dem neuen Gebäude wurde eine der Mauern um ein großes Steinkreuz herum errichtet. Das macht sichtbar, was wir glauben: Diese Gemeinde ist um Jesus Christus herum erbaut. Genau das sagt auch der Apostel Petrus in diesem Abschnitt, nur dass die Gemeinde, von der er spricht, viel, viel größer ist.

Überlegung: In welcher Weise könnten Sie ein „lebendiger Stein" in Gottes „geistigem Haus" sein? Sind Sie es vielleicht schon?

Gebet: Vater im Himmel, bitte gib mir ein tieferes Verständnis dafür, was es heißt, ein „lebendiger Stein" in der weltweiten Gemeinde zu sein.

Anregungen

1 Was ist Ihrer Meinung nach heute die am weitesten verbreitete Ansicht über Jesus, das heißt, was denken die meisten Menschen über Jesus?

2 Was wissen Sie aus Filmen, Theaterstücken, Fernsehsendungen oder Romanen über Jesus? Wie wird Jesus in der populären Kultur dargestellt?

3 Wie und wann haben Sie zum ersten Mal von Jesus gehört? Hat sich Ihr Verständnis über die Jahre hinweg gewandelt? Wenn ja, wie?

4 Wie würden Sie Ihre Sicht von Jesus heute beschreiben?

5 Spielt es eine Rolle, was die Menschen über Jesus denken? Warum?

6 Sollten Christen aktiv versuchen, Nichtchristen davon zu überzeugen, an Jesus zu glauben? Warum oder warum nicht?

7 Ist Jesus in Ihren Augen anders als andere große Religionsführer der Welt? Wenn ja, inwiefern?

Zusammenfassende Gedanken

Wer ist Jesus?

Welche Gedanken sind Ihnen in den zurückliegenden fünf Leseeinheiten für Ihren Glauben und Ihren Alltag wichtig geworden?

1

2

3

4

5

Bevor Sie sich auf die nächste Etappe Ihrer Reise durch das Leben von Jesus begeben, könnte es helfen, diese persönlichen Gedanken zur vorherigen Einheit noch einmal durchzusehen. So rufen Sie sich ins Gedächtnis, was Ihnen durch die Lektüre der biblischen Texte bereits wichtig geworden ist.

ALTES TESTAMENT

WARUM WIR EINEN RETTER BRAUCHEN

Einführende Gedanken

Warum wir einen Retter brauchen

Die Bibel lehrt, dass Jesus der Retter der Welt ist

Doch daraus ergibt sich die Frage: Warum müssen wir überhaupt gerettet werden? Welches Problem ist so groß, dass Gott selbst auf die Erde kommen musste, um es zu lösen? Kurz gesagt, das Problem ist die „Sünde". Sie ist das Thema unserer nächsten fünf Abschnitte.

Wir beginnen mit der Erzählung über die „erste Sünde", als Adam und Eva im Garten Eden Gott ungehorsam waren. Die Vorstellung von einer sprechenden Schlange mag dem heutigen Leser komisch erscheinen. Wer hat schon jemals eine sprechende Schlange gesehen? Doch die Realität des Bösen ist keineswegs zum Lachen.

Als Nächstes betrachten wir ein klassisches Beispiel dafür, wie die Sünde sich von einem Einzelnen auf eine ganze Gemeinschaft ausbreitet. Das ist geschehen, als Israel ein goldenes Kalb anbetete. Wir können nur darüber spekulieren, wie anders alles verlaufen wäre, wenn Aaron auf die Bitte nach einem Gott zum Anfassen einfach mit „Auf gar keinen Fall!" geantwortet hätte. Es mag simpel klingen, doch Nein zu sagen ist auch heute noch eine gute Strategie, um der Sünde aus dem Weg zu gehen.

Das Kapitel endet mit einigen Beispielen, was Psalmbeter und Propheten über die Sünde zu sagen hatten. Es ist nichts Positives. Wir werden Gott von seiner zornigen Seite kennenlernen. Er hat nichts für Sünde übrig. Gar nichts.

Manche Menschen fragen sich, ob all das Reden von der Sünde nicht unnötig negativ ist. Vermittelt es uns nicht einfach nur Schuldgefühle? Wer braucht das? Wäre es nicht besser, sich auf die positiven Themen in der Bibel zu konzentrieren wie Frieden und Liebe? Nein, das wäre nicht gut. Sünde ist nichts, das wir mit ein wenig Vorsicht vermeiden können (anders als zum Beispiel schlecht frisiert zu sein). Vielmehr ist Sünde wie ein angeborener Herzfehler – wir kommen damit auf die Welt.

Die gute Nachricht ist, dass Jesus kam, um unser Sündenproblem in Ordnung zu bringen. Doch zunächst einmal müssen wir unser Problem verstehen. Wir müssen begreifen, warum wir überhaupt einen Retter brauchen.

Es ist Sünde!

Gebet: Herr, Gott, ich sehne mich nach einer engeren Beziehung zu dir. Bitte mache mich fähig, deine Gegenwart zu spüren, wenn ich über dein Wort nachdenke.

Text: 1 Mose/Genesis 3,1-24

Entfaltung: Ich bin als ältestes von vier Kindern aufgewachsen. Von mir wurde erwartet, dass ich einen guten Einfluss auf meine Geschwister ausübe. Manchmal funktionierte es, und manchmal ... sagen wir einmal, manchmal hatte ich andere Pläne. Wenn ich also meiner Mutter auf den Nerven herumtanzte, spielte sie ihren letzten Trumpf aus: „Wenn du das noch einmal machst", sagte sie dann voller Überzeugung, „ist es *Sünde*!"

Doch was genau ist Sünde und woher kommt sie? Darum dreht sich der heutige Text. Adam und Eva hatten das perfekte Leben – keine Sorgen, keine Probleme. Sie mussten nichts weiter tun, als einer einfachen Regel zu gehorchen, und das Paradies konnte ihnen für immer gehören (1 Mose/Genesis 2,16-17). Das klingt einfach, ist es aber nicht. Etwas in der menschlichen Natur drängt uns, Regeln zu brechen. Als Kind stapfte ich einmal wütend die Treppe hoch, hielt mir die Ohren zu und schrie meinen Eltern entgegen: „Wenn ihr Nein sagt, muss ich es erst recht machen!"

Wir neigen zu der Ansicht, Sünde sei offensichtlich böses Handeln, wie zum Beispiel Morden oder Stehlen. Und natürlich ist das auch Sünde. Doch Sünde als Ganzes fängt bereits vorher an und geht viel tiefer. Es fällt auf, dass die Schlange von Eva nicht verlangt, Gott abzulehnen. Sie stellt einfach Gottes Autorität infrage (1 Mose/Genesis 3,1) und widerspricht Gottes Wort (V. 4). Ehrliche Fragen und sogar Zweifel können uns helfen, im Glauben zu wachsen. Doch Gottes Autorität insgesamt infrage zu stellen oder im Widerspruch zu dem zu leben, was Gott von uns Menschen will, ist etwas ganz anderes. Das ist Sünde.

Und die Sünde hat Folgen, wie wir in diesem Abschnitt sehen: Scham (V. 7), Angst (V. 10), Schmerz (V. 16) und Tod (V. 19). Doch die schlimmste Folge ist eine zerstörte Beziehung zu Gott: Wir sind aus seiner Gegenwart verbannt (V. 23), verdammt dazu, mit einem Loch in unserem Herzen zu leben, das nur Gott füllen kann, und unfähig, von uns aus wieder in Beziehung zu ihm zu treten (V. 24). Keine Frage, wir brauchen einen Retter.

Überlegung: Wie würden Sie Sünde definieren? Wie gehen Sie damit in Ihrem Leben um?

Gebet: Himmlischer Vater, es ist schwer anzuerkennen und noch schwerer zuzugeben, aber es ist wahr: Ich brauche einen Retter.

Dumme Sünde

Gebet: „Rede, Herr, denn dein Knecht hört." (1 Samuel 3,9)

Text: **2 Mose/Exodus 32,1–33,6**

Entfaltung: Wie konnten sie nur so dumm sein? Die Israeliten hatten Gottes Wirken und seine Wunder gesehen, seit er sie aus der Sklaverei in Ägypten befreit hatte. Und doch können sie nicht darauf warten, dass Mose mit den Zehn Geboten zurückkehrt. In ihrer Ungeduld stacheln sie sich gegenseitig zu einer wilden Orgie an, zum Tanz um einen selbst gemachten Gott. Hier zeigt sich schmerzlich das Wesen der Sünde. Ganz gleich, wie gut wir in der Vergangenheit waren, wir sind niemals immun gegen den Einfluss der Sünde in der Gegenwart. Denken wir nur einmal an Aaron. In gewisser Hinsicht kann man ihm keinen Vorwurf machen – er gab dem Volk nur, was es wollte (2 Mose/Exodus 31,12). Genau das sollen politische Anführer doch tun, oder? Aber Aaron war ein *geistlicher* Führer; sein Handeln beeinflusste das moralische und religiöse Leben der Gemeinschaft. Und auch für uns gilt, selbst wenn wir nicht ordiniert oder nicht besonders religiös sind: Unser Handeln beeinflusst die moralischen Entscheidungen von anderen – im Guten wie im Bösen.

Denken Sie nun im Gegensatz dazu an den Einfluss, den Mose auf das Volk Israel hatte. Er war ganz sicher nicht das „Herz der Party" (32,19-20.25-29). Er stellte sich entschieden gegen den Götzendienst und das ungezügelte Verhalten, das er um sich herum sah. Heute mag es als besonders aufgeklärt gelten zu meinen, Sünde sei „nur meine Sache und geht sonst keinen etwas an". Doch das stimmt nicht. Am Ende geht unsere Sünde Gott an; es sind seine Gebote, die wir verletzen (2 Mose/Exodus 32,8), und er legt auch die Konsequenzen fest, die uns treffen (2 Mose/Exodus 32,33-34).

Doch selbst inmitten dieser verfahrenen Situation gibt es ein wunderbares Beispiel für eine Lösung aus der Verstrickung in die Sünde. Mose bietet sich freiwillig an, um die Strafe auf sich zu nehmen, die das Volk verdiente (2 Mose/Exodus 32,31-32). Er war bereit, ein „Sühneopfer" zu bringen und so die Voraussetzungen zu erfüllen, die notwendig sind, um die Beziehung der Menschen zu Gott wiederherzustellen (2 Mose/Exodus 32,30). Tausende Jahre später brachte Jesus am Kreuz sich selbst als Sühneopfer dar: Er nahm die Strafe auf sich, die wir verdient hätten, und öffnete so einen neuen Weg zu Gott für alle Menschen.

Überlegung: Wer hat in Ihrem Leben den größten Einfluss auf Sie ausgeübt? Wessen Leben hat Sie am meisten beeinflusst? Worin bestand in beiden Fällen der Einfluss?

Gebet: Herr Jesus, ich kann dir gar nicht genug für das danken, was du am Kreuz getan hast. Danke, dass du bereit warst, meine Strafe auf dich zu nehmen.

Nicht nur die „schlechten Menschen“

Gebet: Himmlischer Vater, bitte hilf mir, das Problem der Sünde besser zu verstehen, wenn ich heute in deinem Wort lese.

Text: **Psalm 14,1-7**

Entfaltung: Vor Jahren freundeten meine Frau und ich mich mit einem Ehepaar an, das nicht in die Kirche gehen wollte. Sie waren glücklich verheiratet, waren liebevolle Eltern und engagierten sich in der Nachbarschaft. Aber sie waren entschieden gegen organisierte Religion. Warum? Sie wollten dem Selbstwertgefühl ihres Sohnes nicht dadurch schaden, dass in der Kirche über Sünde geredet wurde.

Es wäre schön, wenn Sünde nur die „schlechten Menschen“ der Welt betreffen würde – diejenigen, die Gott leugnen (V. 1) und aktiv böse Pläne verfolgen (V. 4). Natürlich ist das auch der Fall; Beweise dafür finden wir täglich in den Nachrichten. Doch David sagt, die Sünde trifft auch die „guten Menschen“. Wir alle sind „von ihm abgefallen“: „verkommen sind sie, alle miteinander, niemand ist da, der Gutes tut, nicht einmal einer!“ (V. 3).

Das mag zunächst hart klingen, zu negativ, besonders für Menschen, die sich gern zu den „Guten“ zählen würden. Doch wenn Sünde jeden betrifft, wie David sagt, dann können wir nicht leugnen, dass sie auch uns im Griff hat. Und darum ist eine gute Gemeinde so wichtig. Wie ein Krankenhaus hilft sie uns, das Problem zu diagnostizieren und zu behandeln.

Beim Nachdenken über die Sünde ist es wichtig, Gott nicht misszuverstehen. Gott hasst Sünde. Doch es stimmt nicht, dass es ihm Spaß macht, Menschen bei der Sünde zu ertappen, wie so viele zu denken scheinen. Tatsächlich wünscht er sich für uns genau das Gegenteil. Er sucht aktiv nach Menschen, die sich um eine tiefere Beziehung zu ihm bemühen (V. 2).

David beendet seinen Psalm mit dem Gebet um einen Retter: „Wie sehnlich warte ich darauf, dass Israels Retter vom Zionsberg kommt!“ (V. 7). In Jesus Christus hat sich diese Hoffnung erfüllt. Er ist gekommen, um alle Menschen aus der Gefangenschaft der Sünde zu befreien. Das ist ein Grund, sich zu freuen und fröhlich zu sein!

Überlegung: Wie stellen Sie sich Gott vor? Was wünschen Sie sich am meisten von ihm?

Gebet: Lieber Gott, trotz meiner Schwächen wünsche ich mir eine tiefere Beziehung zu dir. Hilf mir, dich besser zu verstehen und dich mehr zu erleben.

Er ist dagegen

Gebet: Lieber Gott, ich bitte dich, dass du meine Beziehung zu dir stärker machst, wenn ich mich mit deinem Wort beschäftige.

Text: **Jesaja 59,1-21**

Entfaltung: US-Präsident Calvin Coolidge war berühmt für seine einsilbigen Antworten. Man erzählt sich, dass man ihn eines Tages nach einem Gottesdienst fragte, den er besucht hatte, und angeblich verlief das Gespräch folgendermaßen:
Frage: „Hat Ihnen die Predigt heute gefallen?"
Coolidge: „Ja."
Frage: „Worum ging es in der Predigt?"
Coolidge: „Sünde."
Frage: „Und was hat der Prediger darüber gesagt?"
Coolidge: „Er ist dagegen."

Unser Abschnitt aus Jesaja erinnert uns erneut daran, dass Gott gegen Sünde ist. Wir sollten es auch sein – aus mehreren wichtigen Gründen.
Erstens, Sünde trennt uns von Gott (V. 2). Das erste Mal geschah das, als Adam und Eva aus dem Garten Eden verstoßen wurden (1 Mose/Genesis 3,23-24). Bis zur Zeit Jesajas hatten sich die Menschen noch weiter von Gott entfernt. Sie hatten die Fähigkeit verloren, seine Gegenwart zu erleben oder überhaupt mit ihm zu kommunizieren (V. 2). Heute ist die Entfernung so groß geworden, dass manche Menschen sogar meinen, Gott sei tot oder habe nie existiert.

Zweitens führt Sünde zu einem Zusammenbruch von fundamentalen Werten. Der Spruch „Keine Gerechtigkeit – kein Frieden" könnte ebensogut von Jesaja stammen (V. 8). Allein in diesem Abschnitt erwähnt er die Gerechtigkeit sechs Mal. Doch wenn wir uns heute, in unserer Zeit, für Gerechtigkeit einsetzen, sollten wir darauf achten, sie nicht nur anhand einer Liste politischer Themen zu definieren. Biblische Gerechtigkeit bedeutet zu tun, was für alle Menschen richtig ist, besonders für die Armen und Unterdrückten (Psalm 82,34).

Drittens führt Sünde auch zur Ablehnung der Wahrheit. Die meisten Menschen heute glauben in irgendeiner Form an ihre „eigene Wahrheit". Doch wenn die Wahrheit nur noch für Einzelne gilt und nicht mehr für alle, dann verliert die Gesellschaft ihre Orientierungspunkte. Sie entfernt sich immer weiter von Gott.

Es überrascht nicht, dass Gott gegen Sünde ist. Allerdings überrascht es, dass Gott trotz unserer ständigen Rebellion gegen ihn schon immer einen Plan hatte, um uns von der Sünde zu retten (V. 20-21). Der Plan war, einen Erlöser zu schicken (V. 20) – Jesus Christus –, der die zerbrochene Beziehung auf ewig wiederherstellen kann.

Überlegung: Wie können Sie in Ihrem Leben zeigen, dass Sie gegen Sünde sind?

Gebet: Danke, himmlischer Vater, dass du schon immer einen Plan hattest, wie ich Vergebung für meine Sünden und eine neue Beziehung zu dir finden kann.

Ho, ho, ho?

Gebet: Himmlischer Vater, du weißt, wie beschäftigt ich in meinem Alltag bin. Du weißt auch, wie sehr ich es brauche, still zu sein und mich darauf zu besinnen, dass du Gott bist.

Text: **Amos 5,1-27**

Entfaltung: Fragen Sie sich manchmal, wie es Gott geht, wenn wir sündigen? Vielleicht ist er ja wie der Weihnachtsmann im Einkaufszentrum. Er weiß eigentlich nicht, was wir getan haben, und es ist ihm auch egal. Er lacht nur leise und verspricht, uns zu geben, was wir wollen. – Nein, so ist er ganz und gar nicht.

Wie wir in diesem Abschnitt lesen, hat Gott klare Worte für die Menschen, die den Gottesdienst nur routinemäßig abwickeln, ohne ihr sündiges Handeln oder ihre innere Einstellung zu ändern: „Ich hasse ... ich kann nicht ausstehen ... es ist mir zuwider ... ich kann es nicht mehr sehen ... es ist mir lästig" (V. 21-23). Das ist kein Weihnachtsmann im Einkaufszentrum.

Wir reden uns die Sünde gern schön: „Niemand ist vollkommen!" oder „Wir haben doch alle unsere kleinen Sünden!" oder „So bin ich eben!". Doch es ist wichtig, nicht die Tatsache zu übertünchen, dass Gott die Sünde leidenschaftlich hasst.

Das ist die Botschaft, die der Prophet Amos für das Volk Israel im 8. Jahrhundert v. Chr. hatte. Sie nahmen fromm am Gottesdienst teil und sehnten sich nach dem Tag, an dem Gott alle anderen bestrafen würde („der Tag, an dem der Herr eingreift", V. 18). Doch Gott war zornig, weil die Menschen nicht taten, was sie predigten. Sie unterdrückten die Armen, um im Luxus leben zu können (V. 11); sie manipulierten die Gerichte und enthielten schutzlosen Menschen ihr Recht vor (V. 12). Kurz gesagt, die Gesellschaft war so verdorben, dass gute Menschen sich fürchteten, sich zu Wort zu melden (V. 13). Manche sagen, Amos' Beschreibung würde auch auf die westliche Gesellschaft und die Kirche unserer Zeit passen.

Die Vorstellung, dass Gott so zornig ist, kann erschreckend sein. Doch nur wenn wir verstehen, wie sehr er Sünde verabscheut, können wir richtig wertschätzen, wie sehr er uns liebt – so sehr, dass er uns seinen eigenen Sohn schickte. Jesus Christus starb für die Sünden der Welt, die Gott so sehr hasste. Das ist kein Zorn, sondern überwältigende Liebe.

Überlegung: Amos ermutigte die Menschen, wieder zu Gott zu kommen (V. 4.6). Wie könnten Sie das diese Woche tun?

Gebet: Himmlischer Vater, du weißt alles über meine Sünde. Trotzdem liebst du mich so sehr, dass du Jesus geschickt hast, um die Folgen meiner Sünde zu tragen. Ich danke dir dafür.

Anregungen

1. Wie ist Ihnen zum ersten Mal klar geworden, dass es so etwas wie Sünde gibt?

2. Wie definieren Sie Sünde heute?

3. Meinen Sie, dass die Kirche und die Christen zu viel oder nicht genug Augenmerk auf die Sünde legen?

4. Wie geht es Ihnen bei dem Gedanken, dass Gott Sünde hasst?
   Wie geht es Ihnen damit, dass Gott das Problem der Sünde selbst gelöst hat?

5. Kann man sagen, dass Gott eine „zornige Seite“ hat? Warum?

6. Haben Sie je gespürt, dass Sie einen Retter in Ihrem Leben brauchen?
   Wann und warum?

7. Ist es möglich, die gute Nachricht von der Errettung zu verstehen, ohne die schlechte Nachricht von der Sünde verstanden zu haben? Warum oder warum nicht?

Zusammenfassende Gedanken

Warum wir einen Retter brauchen

Welche Gedanken sind Ihnen in den zurückliegenden fünf Leseeinheiten für Ihren Glauben und Ihren Alltag wichtig geworden?

1

2

3

4

5

Bevor Sie sich auf die nächste Etappe Ihrer Reise durch das Leben von Jesus begeben, könnte es helfen, diese persönlichen Gedanken zur vorherigen Einheit noch einmal durchzusehen. So rufen Sie sich ins Gedächtnis, was Ihnen durch die Lektüre der biblischen Texte bereits wichtig geworden ist.

VORSCHAU AUF DEN RETTER

Vorschau auf den Retter

Wer fernsieht oder ins Kino geht, weiß, was eine Vorschau ist

Es ist eine kurze Werbung für eine kommende Sendung oder einen kommenden Film. Normalerweise gibt sie einen Vorgeschmack auf die spannendsten Teile der Sendung oder des Films, und wenn man mehrere Vorschauen gesehen hat, weiß man recht gut, was einen erwartet.

In unseren nächsten fünf Texten können wir einen Blick werfen auf einige faszinierende Vorschauen für kommende Ereignisse, die in der Bibel angekündigt werden. Diese werden oft als „Typus" oder „Urbild" bezeichnet. (Eine andere Art von Vorschau findet sich in den prophetischen Büchern, die wir in späteren Abschnitten betrachten werden.) Als biblischen Typus oder biblisches Urbild bezeichnet man Personen, Sachen oder Ereignisse im Alten Testament, die auf Jesus Christus im Neuen Testament hinweisen. Viele Menschen machen die Erfahrung, dass ihnen ein Grundverständnis von Typologie zu einem besseren Verständnis des Alten Testaments verhilft.

Wir sollten allerdings die Suche nach solchen Urbildern nicht übertreiben. Manch einer hat versucht, jeder Einzelheit im Alten Testament eine tiefe Bedeutung beizumessen, und infolgedessen sehr spekulative Schlussfolgerungen gezogen. Das mag gut sein, um Bücher zu verkaufen, ist einer gesunden Lehre aber nicht zuträglich. Trotzdem gibt es keinen Grund, „das Kind mit dem Bade auszuschütten". Jesus selbst sagt, dass das Alte Testament von ihm spricht (Johannes 5,46).

Um das Gleichgewicht zu halten, werden wir fünf alttestamentliche Urbilder betrachten, die im Neuen Testament ausdrücklich erwähnt werden: das Passafest, das Manna in der Wüste, Mose und die bronzene Schlange, der Tempel und Jona im großen Fisch. Wir werden sehen, dass jeder dieser Texte ein einzigartiges Bild von dem Retter zeichnet, der Jahrhunderte später erschien.

Bei unserer Beschäftigung mit den alttestamentlichen Vorausschauen auf Jesus darf es uns ermutigen, dass wir damit einer „Unterrichtsmethode" folgen, die Jesus bei den beiden Jüngern auf der Straße nach Emmaus einsetzte: „Und Jesus erklärte ihnen die Worte, die sich auf ihn bezogen, von den Büchern Moses und der Propheten angefangen durch die ganzen Heiligen Schriften" (Lukas 24,27).

Bedeutungsvolle Symbole

Gebet: Herr, Gott, bitte hilf mir, dich besser zu verstehen, wenn ich heute dein Wort lese.

Text: **2 Mose/Exodus 12,1-30**

Entfaltung: Unser heutiger Abschnitt mag etwas schaurig wirken – das Töten von Tieren, der Umgang mit Blut, plötzlicher Tod –, doch tatsächlich ist es einer der wichtigsten Abschnitte der Bibel. Das Passafest repräsentiert einen dramatischen Durchbruch im Alten Testament; es ist außerdem ein Symbol für das bedeutendste Ereignis im Neuen Testament. Gehen wir einen Schritt zurück und schauen uns den Zusammenhang an.

Die Israeliten waren 430 Jahre lang Sklaven in Ägypten gewesen (2 Mose/Exodus 12,40-41). In der letzten Zeit hatte Mose den Pharao neun Mal mit einer Botschaft von Gott aufgefordert: „Lass mein Volk ziehen!" Jedes Mal war diese Botschaft von einer schweren Plage begleitet (2 Mose/Exodus 7,14–10,29). In unserem heutigen Abschnitt entfesselt Gott die zehnte und letzte Plage: den Tod aller Erstgeborenen. Sie wird zum Wendepunkt für die Israeliten. Endlich lässt der Pharao sie ziehen (2 Mose/Exodus 12,31-42).

Unser Abschnitt enthält außerdem zwei eindrückliche Verbindungen zu Jesus:
Die erste ist das *Lamm* (V. 3), das geopfert wurde, um Gottes Gericht abzuwenden (V. 12-13). Die Schreiber des Neuen Testaments bezeichneten Jesus häufig als Lamm. Johannes der Täufer nannte ihn „das Opferlamm Gottes" (Johannes 1,29). Petrus bezeichnete ihn als „reines und fehlerloses Opferlamm" (1 Petrus 1,19). Und der Apostel Johannes nannte Jesus „das geopferte Lamm" (Offenbarung 5,12). Das Passalamm war eine der ersten großen Vorschauen auf Gottes Rettungsplan.

Eine zweite Verbindung zu Jesus ist die Bedeutung des *Blutes*. So wie das Blut des Passalammes zur Rettung der Israeliten vergossen wurde (V. 7.13), so wurde das Blut von Jesus am Kreuz vergossen, um der ganzen Menschheit die Rettung zu bringen. Durch den Tod von Jesus wurde der Preis gezahlt, den die Sünde forderte. Das Neue Testament verweist an vielen Stellen auf diesen Gedanken (Römer 5,9; Hebräer 9,11-14).

Jesus selbst griff dieses Thema auf, nämlich beim letzten Abendmahl. Er reichte seinen Jüngern einen Kelch mit Wein und sagte: „Dieser Becher ist Gottes neuer Bund, der in Kraft gesetzt wird durch mein Blut, das für euch vergossen wird" (Lukas 22,20). Damit gab er dem Passafest eine neue Bedeutung: Die Rettung, die er brachte, galt nun allen Menschen (1 Korinther 5,7).

Überlegung: Was bedeutet die Teilnahme am Abendmahl für Sie? Ist sie ein Ritual oder etwas Persönliches?

Gebet: So wie ich bin, so muss es sein, nicht meine Kraft, nur Du allein! Dein Blut wäscht mich von Flecken rein. O Gottes Lamm, ich komm, ich komm!
(Charlotte Elliott 1835/Übers.: P. W. Birkel, 1829-1914)

Wahres Brot

Gebet: Himmlischer Vater, du weißt, dass mir heute vieles durch den Kopf geht. Aber ich möchte innehalten und dir für die guten Dinge danken, die du in meinem Leben getan hast.

Text: 2 Mose/Exodus 16,1-35

Entfaltung: In meiner Kindheit machte meine Familie ein paar herrliche Ferienreisen. Doch ganz gleich, wie gut der Urlaub gewesen war, die Heimreise war immer eine Herausforderung. Stundenlang in unserem Kombi eingepfercht zu sein, führte oft dazu, dass meine drei Geschwister und ich jammerten und uns stritten, sehr zum Verdruss meiner Eltern. Etwas Ähnliches geschieht auch in unserem heutigen Text.

Gott hatte die Israeliten durch ein Wunder aus Ägypten heraus (2 Mose/Exodus 12, 31-42) und durch das Rote Meer (2 Mose/ Exodus 13,17–14,31) geführt. Doch die lange Reise durch die Wüste, bei der die Verpflegung zum Problem wurde, führte zum Krach. In den ersten zwölf Versen dieses Kapitels wird das Wort *murren* (je nach Bibelübersetzung auch „klagen" oder „beschweren") sieben Mal erwähnt!

Gott scheint über das Gezänk seines Volkes hinwegzusehen und sorgt wieder durch ein Wunder für sie. Zuerst zeigt er ihnen seine Anwesenheit – in einer Ehrfurcht gebietenden Demonstration seiner Herrlichkeit (V. 10). Dann gibt er ihnen das Essen, nach dem sie gejammert hatten (V. 13-15). Es ist ermutigend, dass Gott den schwachen Moment der Israeliten nutzt, um ihnen wachsen zu helfen (V. 4). Gott sei Dank, dass er nicht wartet, bis wir perfekt sind, bevor er uns hilft!

Doch eingebettet in diesen Reisebericht aus der Wüste deutet noch ein weiteres Zeichen auf den Retter hin: Im Neuen Testament verwies Jesus auf diesen Abschnitt, als die religiösen Führer ein Wunder von ihm verlangten (Johannes 6,30-31). Zunächst tadelte er seine Ankläger klug mit dem Satz, sie sollten aufhören zu *murren* (Johannes 6,43), eine Anspielung, die ihnen mit Sicherheit nicht entging. Doch dann kam er auf den eigentlichen Punkt: So, wie Gott in der Wüste Manna schenkte, um die körperlichen Bedürfnisse des Volkes zu stillen, so sei er, Jesus, das „wahre Brot", das das größte Bedürfnis aller Menschen stillt – das Bedürfnis nach einer wiederhergestellten und ewigen Beziehung zu Gott (Johannes 6,48-51). Das ist das größte Wunder von Jesus, und er bietet es auch Ihnen an.

Überlegung: Wo befinden Sie sich heute auf Ihrem Weg mit Jesus?

Gebet: Vergib mir, Herr, wo ich über Dinge in meinem Leben gemurrt habe. Hilf mir, mich auf das große Bild deines Segens zu konzentrieren, den du mir geschenkt hast.

Die Schlangen

Gebet: „Herr, öffne mir die Augen für die Wunder, die dein Gesetz in sich verborgen hält!“ (Psalm 119,18)

Text: 4 Mose/Numeri 21,4-9

Entfaltung: Alfred Hitchcock hätte dieser Abschnitt gefallen. Wie in seinem Klassiker „Die Vögel“, wo die Menschen von einer ominösen Überpopulation schwarzer Vögel heimgesucht werden, werden die Israeliten hier von noch furchterregenderen Kreaturen heimgesucht: Schlangen! Das war Gottes Strafe für die Sünde seines Volkes. Sie hatten Gott angeklagt (V. 5). Das ist das Herz aller Sünde.

Doch dieser Vorfall wirft eine schwierige Frage auf: Verursacht Gott Naturkatastrophen? Die Antwort hat zwei Teile. Erstens: Weil Gott die Welt erschaffen hat (1 Mose/Genesis 1,1), hat er die Macht, alles zu verursachen oder zuzulassen. Die Bibel nennt dafür viele Beispiele (2 Mose/Exodus 14,19-22; Matthäus 8,27). Zweitens: Gott wendet schlechte Dinge zum Guten. Er nutzt sie zu einem guten Zweck. In diesem Fall setzte die Schlangenplage dem sündigen Verhalten des Volkes ein Ende. Wir können vielleicht nicht erklären, warum manche Dinge in unserer heutigen Welt geschehen, und wir sollten auch kein „Happy End“ zu jeder Tragödie erzwingen wollen. Trotzdem können wir darauf vertrauen, dass nichts außerhalb von Gottes liebevollem Plan geschieht (Römer 8,28).

Gottes Hauptziel ist es, einen Weg zu schaffen, wie Menschen gerettet werden können. Wenn die Israeliten auf die bronzene Schlange schauten, wurden sie vor der Wirkung des Giftes gerettet (V. 8-9). Denn die Zuwendung zu dem Bronzebild bedeutete auch eine Rückbesinnung auf den, der es gegeben hat: auf Gott. Damit hatte Gott einen Weg eröffnet, das Problem der Israeliten zu überwinden.

Jesus erwähnte dieses Ereignis schon am Anfang seines Wirkens, um seinen Auftrag als Retter der Menschen zu erklären (Johannes 3,14-15). So wie die bronzene Schlange eine Hinwendung zu Gott bewirkte, und so das Mittel zur Rettung der Israeliten war, so sollte der Tod von Jesus am Kreuz zur Rettung für alle Menschen werden, die „sich im Glauben ihm zuwenden“ (Johannes 3,15). Wie erstaunlich, dass Gott selbst durch eine Truppe murrender Wüstenwanderer seinen Plan zur Rettung der Welt zeigen konnte!

Überlegung: Worüber beklagen Sie sich am meisten? Woran erkennen Sie den Unterschied zwischen „nur jammern“ und „wütend auf Gott sein“?

Gebet: Herr, manche Dinge, die in meinem Leben geschehen, verstehe ich nicht. Doch ich glaube, dass du alles in der Hand hast. Also bitte ich dich, dass du mir die Augen für das öffnest, was du mir beibringen willst.

Der neue Tempel

Gebet: Herr, Gott, ich bete dich an. Hilf mir, deine Gegenwart zu spüren, wenn ich jetzt in deinem Wort lese und zu dir bete.

Text: 1 Könige 8,1-21

Entfaltung: Die Israeliten hatten es endlich geschafft. Ihre Gefangenschaft in Ägypten war nur noch eine ferne Erinnerung; sie hatten jetzt ihr eigenes Land und ihren eigenen König. Nur eines fehlte noch: Sie hatten noch keinen passenden Ort, um den Gott Abrahams, Isaaks und Jakobs anzubeten. Deshalb ist der heutige Abschnitt so wichtig; er beschreibt die „Eröffnungszeremonie" für den prächtigen neuen Tempel, den König Salomo in Jerusalem erbaut hatte.

Das Gebäude war architektonisch beeindruckend (1 Könige 6,1-38) und extravagant ausgestattet (1 Könige 7,13-51). Doch seine wahre Bedeutung lag in dem, was dort geschehen sollte: Gottes Herrlichkeit würde dort gegenwärtig sein (1 Könige 8,10-13). Es muss unseren Verstand sprengen, dass der Schöpfer des Universums bereit sein sollte, einen solchen Schritt zu tun! Doch daran wird etwas sehr Wichtiges über Gott deutlich: Er möchte seinen Menschen begegnen. Über die Jahre wurde der Tempel zerstört und wieder aufgebaut, und zur Zeit von Jesus stand er im Zentrum von Israels religiöser, politischer und kultureller Identität. Doch er war auch zu einem kommerziellen Ort geworden und entsprach nicht mehr seinem ursprünglichen Zweck; er war mehr Einkaufszentrum als Gotteshaus.
Kein Wunder, dass Jesus zornig wurde und im Tempel gründlich aufräumte (Johannes 2,13-17), so radikal, dass die führenden Priester und Schriftgelehrten danach einen Beweis für seine Legitimation forderten. Doch im Grunde wollte Jesus vor allem zeigen, dass dieses wichtige alttestamentliche Gebäude von Anfang an auf ihn hingewiesen hatte. „Reißt diesen Tempel nieder", sagte Jesus, „und in drei Tagen werde ich ihn wieder aufbauen!" (Johannes 2,19). Weder seine Gegner noch seine Jünger verstanden diese Aussage. Doch Jesus meinte, dass er selbst durch seinen Tod und seine Auferstehung den Tempel Salomos ersetzen würde. Danach sollte die Begegnung mit Gott nicht mehr dem Hohepriester vorbehalten sein und hinter einem dicken Vorhang stattfinden (Matthäus 27,51). Jeder sollte Gott begegnen können, der an Jesus glaubt und ihm nachfolgt.

Überlegung: Wie könnte Ihre Gemeinde noch stärker zu einem Ort werden, an dem man Gott begegnen kann? Wann spüren Sie Gottes Gegenwart am meisten?

Gebet: Lieber Gott, ich möchte dich noch viel tiefer erleben. Ich möchte mich in Gedanken und im Herzen darauf konzentrieren, wie wunderbar und liebevoll du bist.

Am Ende

Gebet: Lieber Gott, ich glaube, dass alles aus einem bestimmten Grund geschieht. Und ich bin so dankbar, dass du diesen Grund kennst!

Text: Jona 1,1–4,11

Entfaltung: Fast jeder kennt die Geschichte von Jona, doch sie ist immer wieder eine gute Lektüre. Der Mann wurde von Gott berufen, den bösen Menschen von Ninive Gottes Gericht anzukündigen, und er weigerte sich. Vielleicht hatte Jona Vorurteile gegen Menschen außerhalb seiner eigenen Gemeinschaft, vielleicht wollte er lieber beliebt sein als ein unbequemer Prophet, vielleicht hatte er auch einfach Angst, das Ganze könnte tätliche Konsequenzen haben. Was auch immer der Grund gewesen sein mag, Jona versuchte, vor Gott und seinem Auftrag wegzulaufen. Doch dann machte er die einschneidende Erfahrung: Gott ist immer da. Vor ihm kann man weder weglaufen noch sich verstecken. Er kennt jeden unserer Schritte.

Vor Gott kann man keine Geheimnisse haben. Auch Jonas Schuld wurde offengelegt. Er half dabei sogar mit, indem er alles gestand (Jona 1,10). Sein offenbar schlechtes Gewissen ist letztlich ein Hinweis auf seine immer noch vorhandene Verbindung zu Gott: Wo käme sonst das Empfinden für richtig und falsch her?

Die Erzählung von Jona zeigt außerdem, dass Gott in unsere Umstände eingreift. In Jonas Fall wurde der Prophet von einem großen Fisch verschluckt (Jona 2,1) und dadurch gerettet. Vielleicht wird in unserem Leben nicht etwas so Drastisches geschehen, doch Gott lässt bestimmte Dinge aus einem bestimmten Grund zu. Darum ist es immer gut zu fragen: „Herr, was willst du mir damit sagen?"

Jesus kannte natürlich die Erzählung von Jona. Als die skeptischen Religionsführer seiner Zeit ein Wunder als Beweis für seine „Echtheit" verlangten, verwies Jesus auf dieses alttestamentliche Buch (Matthäus 12,38-41). Er nutzte die Geschichte, um den Gesetzeslehrern und Pharisäern deutlich zu machen, was mit ihm selbst geschehen würde: So wie Jona drei Tage lang in dem Fisch „begraben" war, würde Jesus nach seiner Kreuzigung drei Tage lang im Grab bleiben. Und so, wie der große Fisch Jona wieder hergab, würde auch das Grab Jesus wieder hergeben. Jesus würde wieder auferstehen. Den verlangten Beweis blieb Jesus allerdings schuldig. Er kam nicht, um Menschen durch Zaubertricks zu beeindrucken. Er kam, um sie durch seinen Tod und seine Auferstehung von der Sünde zu befreien. Und das ist kein Seemannsgarn.

Überlegung: Gibt es irgendetwas, weswegen Sie vor Gott weglaufen? Warum? Und was könnten Sie dagegen unternehmen?

Gebet: Herr, du weißt, dass ich gerade einige Probleme habe. Ich habe nicht alle Antworten, aber ich frage mich, was du mir dadurch sagen willst.

Anregungen

1. Welche der fünf alttestamentlichen Geschichten, die wir in diesem Abschnitt betrachtet haben, haben Ihnen das meiste über Jesus Christus gesagt? Warum?

2. Fallen Ihnen andere alttestamentliche Texte ein, die bereits ein Bild von dem zeichnen, was im Neuen Testament geschah?

3. Hat dieser Abschnitt Ihren Blick auf das Alte Testament – und auf die Bibel – verändert? Wie?

4. Fallen Ihnen bekannte Bücher, Fernsehsendungen oder Filme zur Bibel ein? Wo treffen sie die Aussagen der Bibel, wo verlieren sie sich in Fehlinterpretationen oder Spekulationen?

5. Wie kann man jemandem, der die Bibel auf andere Weise interpretiert, am besten antworten? Korrektur, Dialog, Toleranz ...?

6. Was sind für Sie die bedeutungsvollsten christlichen Symbole? Warum?

7. Was halten Sie in der heutigen Zeit für den besten Weg, christliche Wahrheiten zu vermitteln: Symbole, Beispiele, Lehre, Predigten oder etwas anderes? Warum?

Zusammenfassende Gedanken

Vorschau auf den Retter

Welche Gedanken sind Ihnen in den zurückliegenden fünf Leseeinheiten für Ihren Glauben und Ihren Alltag wichtig geworden?

1

2

3

4

5

Bevor Sie sich auf die nächste Etappe Ihrer Reise durch das Leben von Jesus begeben, könnte es helfen, diese persönlichen Gedanken zur vorherigen Einheit noch einmal durchzusehen. So rufen Sie sich ins Gedächtnis, was Ihnen durch die Lektüre der biblischen Texte bereits wichtig geworden ist.

PSALMEN ÜBER DEN RETTER

Messianische Psalmen

Das Buch der Psalmen ist einer der beliebtesten und vielleicht meistgelesenen Teile in der gesamten Bibel. Es enthält die Gebete, Gedichte, Lob- und Klagelieder einiger leidenschaftlicher Diener Gottes aus der Vergangenheit: Menschen wie David, Salomo, Mose, Asaf (der „Lobpreisleiter" zu Davids Zeit) und verschiedene andere.

Einige Psalmen erhalten eine zusätzliche Bedeutung dadurch, dass sie als Teil der Geschichte über Jesus Christus gelesen werden können, die wir durch die Bibel hindurch verfolgen. Diese Psalmen werden oft „messianische Psalmen" genannt, weil sie eine „Vorschau" auf den kommenden Retter enthalten (siehe Kapitel Vorschau auf den Retter, S. 32). Psalmen, die auf den Messias hinweisen, sind Psalm 2, 8, 16, 22, 24, 40, 41, 45, 69, 72, 89, 102, 110 und 118. Wenn Sie Zeit haben, können Sie ja alle diese messianischen Psalmen lesen, um ein Gesamtbild zu erhalten.

Um uns einen Eindruck zu verschaffen, worum es in diesen besonderen Psalmen geht, werden wir fünf der bekanntesten lesen.

Dabei werden wir entdecken, dass Jesus oft aus den Psalmen zitierte, was uns daran erinnert, dass wir mit dem Alten Testament die gleiche Bibel lesen wie Jesus zu seiner Zeit. Und natürlich wird klar, dass Jesus die Heilige Schrift studiert und auswendig gelernt hatte. Daran können auch wir uns ein Beispiel nehmen.

Außerdem werden wir entdecken, dass diese Psalmen uns ein erstaunlich lebhaftes Bild von dem vermitteln, was mit Jesus geschehen würde. (Die gleiche Dynamik werden wir auch in den prophetischen Büchern finden.) Einer der bekanntesten messianischen Psalmen ist Psalm 22, den Jesus am Kreuz zitierte: „Mein Gott, mein Gott, warum hast du mich verlassen?" Hier finden sich viele Details, die auf die Kreuzigung Jesu bezogen werden können. Mit Jesus erfüllte sich, was in diesem Psalm bereits lange vorher beschrieben worden ist. Das verdeutlicht noch einmal, dass das Kreuz kein Versehen war. Gott wusste von Anfang an, wie er der Welt – und uns – Rettung bringen wollte. Steigen wir also nun in die Psalmen über den Retter ein!

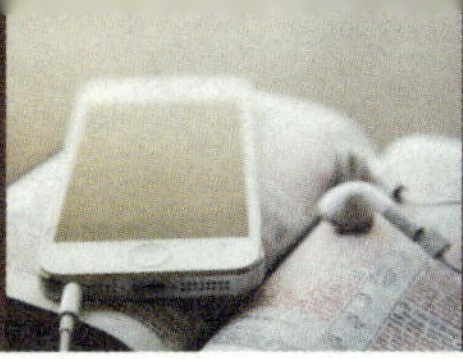

In Sachen Jesus Christus

Gebet: Himmlischer Vater, ich wünsche mir für heute eine engere Beziehung zu dir, so wie ein Kind sie zu liebevollen Eltern hat.

Text: **Psalm 2,1-12**

Entfaltung: Von 1945 bis 1991 war die Sowjetunion eine der beiden globalen Supermächte. Sie hatte eine starke Zentralregierung und war von gefürchteter militärischer Schlagkraft. Zum Verhängnis wurde der UdSSR aber etwas ganz anderes: Sie lehnte Gott ab. Ihre offizielle Politik war atheistisch und das Christentum wurde brutal unterdrückt. Am Ende war es keine nukleare Konfrontation, die das mächtige kommunistische Regime zum Sturz brachte. Nein, sein Ende war das treue Zeugnis und der mutige Widerstand der Kirche.

Den Verfasser dieses Psalms würde das nicht überraschen. Seine Absicht war es, den Königen von Israel den Schlüssel zu einer erfolgreichen Herrschaft zu vermitteln. Törichte Könige sind in „Aufruhr" und „schmieden Pläne", um Gott von seiner Erde zu verbannen (V. 1-3). So lächerlich das auch erscheinen mag – besonders für Gott (V. 4) –, geschieht es doch auch heute noch. Zunehmend vergessen westliche Demokratien, dass Gott ihre höchste Autorität ist und nicht die Wählermehrheit. Ganz gleich, welches politische System eine Nation hat – wenn sie Gott vergisst, steuert sie geradewegs ins Verderben. Weise Könige andererseits dienen dem Herrn (V. 11) und ernten dafür den Lohn für sich und ihr Volk (V. 8-9). Doch in diesem Psalm steckt noch mehr, als auf den ersten Blick zu erkennen ist. Aus der Perspektive des Neuen Testaments sehen wir mehrere Formulierungen, die auf Jesus hindeuten.

Der Psalm beschreibt, wie ein Vater sich anerkennend hinter seinen Sohn stellt (V. 7) und weist damit auf das hin, was Gott später zu Jesus sagen würde (Matthäus 3,17; Lukas 9,35). Der Psalm spricht außerdem von dem „Gesalbten" oder „Erwählten", auf den sich alle Hoffnung richtet (V. 2). Derselbe Titel – Messias – wird Jesus gegeben: In ihm sieht die christliche Gemeinde die Erwartung erfüllt, die der Psalm ausdrückt. Die Apostel Petrus und Johannes z. B. zitierten diesen Psalm, als sie dafür verfolgt wurden, dass sie nach der Auferstehung und Himmelfahrt über Jesus sprachen (Apostelgeschichte 4,23-31). Alles zusammengenommen lässt sich sagen: Was schon Jahrhunderte zuvor in dem Psalm formuliert worden war, ist in Jesus Christus zum Ziel gekommen.

Überlegung: In welcher Art und Weise lehnen Staaten in unserer heutigen Zeit Gott ab? Welche Versuche von politischen Führungskräften gibt es, Gott in die Politik zu bringen? Sind diese Versuche erfolgreich? Wie könnte Gott sinnvoll in politische Prozesse eingebunden werden?

Gebet: Herr Jesus, ungeachtet dessen, was andere tun, möchte ich dir folgen. Bitte hilf mir heute, auch andere in deine Richtung zu weisen.

Am Kreuz

Gebet: Lieber Gott, ich sehne mich heute danach, deine Liebe zu mir tiefer zu verstehen.

Text: Psalm 22,1-32

Entfaltung: Es ist nicht schwer zu sehen, was dieser Psalm mit Jesus zu tun hat: Er passt genau zu dem, was Jesus bei seiner Kreuzigung erlebt hat. Tatsächlich war es dieser Psalm, den Jesus betete, als er am Kreuz hing: „Mein Gott, mein Gott, warum hast du mich verlassen?“ (Psalm 22,2; Markus 15,34). Zweifellos hatte Jesus diese Worte schon als Kind auswendig gelernt. Es mag als veraltete Übung erscheinen, besonders bedeutsame Bibelverse auswendig zu lernen, doch in Zeiten der Anfechtung können diese Verse eine innere Kraftreserve sein (Psalm 119,11).

Um die Bedeutung von Psalm 22 ganz zu erfassen, müssen wir allerdings einbeziehen, was er in seinem ursprünglichen Kontext bedeutete. Dieser von David verfasste Psalm beschreibt die innersten Gefühle eines Menschen, der in Not ist – in großer Not. Hatten Sie schon einmal ein Problem, das so groß und niederschmetternd war, dass es Ihre ganze Haltung, Ihre Aktivitäten, Ihre Gesundheit, kurz Ihr ganzes Leben beeinflusste? So völlig am Boden fühlte David sich hier. Doch eine große Stärke Davids war seine Fähigkeit, seine Gefühle zum Ausdruck zu bringen.

Eine andere seiner Stärken war seine Gewohnheit, sich an Gott zu wenden, wenn es hart auf hart kam. Er tat dies, indem er sich das in Erinnerung rief, was Gott in der Vergangenheit getan hatte (V. 5); das gab ihm Hoffnung und machte ihn fähig zu vertrauen. Außerdem nahm er sich mitten in der Krise Zeit, um Gott zu loben und anzubeten (V. 26.29-30). So überstand David die Stürme in seinem Leben, und das machte ihn zu einem Mann nach Gottes Herzen (Apostelgeschichte 13,22).

Jesus fand sich zu seiner Todesstunde in den Worten des Psalms wieder und konnte sie sich zu eigen machen. Tatsächlich hat auch die christliche Gemeinde in vielen Einzelheiten dieses Psalms das Leiden von Jesus beschrieben gesehen: wie Jesus sterben würde (Psalm 22,17; Johannes 19,23), was am Fuß des Kreuzes geschehen würde (Psalm 22,19; Johannes 19,23-24), sogar was die Feinde von Jesus sagen würden (Psalm 22,9; Matthäus 27,41-43). Im Leiden von Jesus erfüllte sich, was David in seinem Gebet vorausahnend aussprach. Die Bibel ist Gottes Buch, und Jesus ist von der ersten bis zur letzten Seite die Hauptfigur.

Überlegung: Wie reagieren Sie, wenn Sie völlig den Boden unter den Füßen verlieren? Wie hat Gott Ihnen in vergangenen Zeiten der Not geholfen?

Gebet: Herr Jesus, ich kann mir nur schwer vorstellen, was du am Kreuz durchgemacht hast. Ich kann nichts weiter sagen als Danke, Danke, Danke!

Wenn das Wasser bis zum Hals steht

Gebet: Himmlischer Vater, bitte hilf mir, deine Gegenwart durchdringender zu spüren und deine Prioritäten besser zu erkennen, wenn ich heute in deinem Wort lese.

Text: Psalm 69,1-37

Entfaltung: Schon immer hatten die Psalmen für mich dann die größte Bedeutung, wenn ich in Schwierigkeiten war. Ich erinnere mich an eine Situation, in der ein christliches Werk, bei dem ich arbeitete, in derartige finanzielle Schwierigkeiten geriet, dass ich dachte, wir würden nie wieder aus dem Loch herauskommen. Nach außen hin führte ich mein Leben ganz normal weiter, doch innerlich konnte ich an nichts anderes denken als an die sich abzeichnende Krise. In meiner Verzweiflung las ich immer wieder die Psalmen. Es war unglaublich hilfreich zu sehen, wie Menschen, die keinen anderen Zufluchtsort als Gott mehr hatten, ihm ihr Herz ausschütteten.

Genau das geschieht auch in Psalm 69. David stand das Wasser bis zum Hals (V. 2-3.15-16) und er schrie zu Gott um Hilfe. Es ist nicht klar, was genau Davids Problem war. Doch es ist klar, dass der „Mann nach Gottes Herzen" (Apostelgeschichte 13,22, Lutherbibel 1984) tief „in der Tinte" steckte. Gott fragt nicht danach, ob wir perfekt sind. Er hilft uns, wenn wir uns in unserer Verzweiflung an ihn wenden.

Sehen wir uns einmal genauer an, wie David auf sein überwältigendes Problem reagierte. Zuerst schilderte er Gott die Situation ganz ehrlich (Psalm 69,2-5). Als Nächstes prüfte er zunächst sein eigenes Herz, statt mit dem Finger auf andere zu zeigen (V. 6). Manchmal benutzt Gott eine Krise, um die Sünden aufzudecken, die wir nicht fähig oder nicht bereit waren, ihm zu beichten. Schließlich bringt David Gott seine Bitte vor (V. 14-19) und nimmt sich Zeit, Gott zu loben (V. 31-37).

Dieser Psalm hatte für Jesus eine besondere Bedeutung; er zitierte ihn, als er erklärte, warum die Welt ihn und seine Anhänger hasst (Johannes 15,25). Zweifellos sah er auch sein eigenes Leiden am Kreuz in der Aussage „Denn den du geschlagen hast, haben sie verfolgt" (Psalm 69,27). Außerdem zeigt sich, dass die Erwähnung von Galle und Essig (V. 22) bereits auf die Umstände bei der Kreuzigung von Jesus vorausweist (Matthäus 27,35.48). Die Jünger waren ebenfalls mit diesem Psalm vertraut und sahen den verzehrenden Eifer, mit dem Jesus den Tempel reinigte, hier erklärt (Johannes 2,17).

Nehmen Sie sich etwas Zeit und lesen Sie diese Verse noch einmal. Es ist erstaunlich, wie eindrücklich sie zu notleidenden Menschen in allen Zeiten gesprochen haben – zu David, Jesus oder den Jüngern, aber auch zu mir oder Ihnen.

Überlegung: Was ist momentan Ihre größte Krise? Was könnte Gott Ihnen vielleicht dadurch sagen wollen?

Gebet: Herr, ich bin so dankbar, dass ich nicht perfekt sein muss, damit du mir hilfst oder mich liebst. Vergib mir bitte, wo ich mich nicht zuerst an dich gewandt habe, wenn ich in Schwierigkeiten war.

Wer spricht hier?

Gebet: Herr, ich bitte dich, dass du meine Stille Zeit, in der ich die Bibel lese, zu einer Zeit machst, in der ich dir begegne und dich höre.

Text: Psalm 110,1-7

Entfaltung: Psalm 110 fand ich immer verwirrend. Wer spricht hier? Es scheint, als gäbe es zwei „Herren" (V. 1). Und was ist die Hauptaussage? Das Ganze wirkt wie ein Mischmasch aus biblischen Anspielungen. Doch das Neue Testament zitiert diesen Psalm öfter als jeden anderen. Was ist so wichtig an diesen sieben Versen?

Als Erstes fällt auf, dass der Psalm um zwei direkte Aussagen Gottes aufgebaut ist (V. 1.4). Darauf folgt jeweils der Kommentar des Beters zu dem, was Gott gesagt hat. Als Nächstes hilft es, sich bewusst zu machen, was dieser Psalm für seine ursprünglichen Zuhörer bedeutete. Über die Jahre wurde er rezitiert, um die königlichen Nachkommen von König David zu verschiedenen Anlässen zu ehren. Aus dieser Perspektive ist der erste Teil (V. 1-3) eine Bestätigung der Macht des Königs. Gott („der HERR") lädt den König („meinen Herrn") ein, neben ihm Platz zu nehmen. Der zweite Teil (V. 4-7) ist eine Bestätigung der einzigartigen geistlichen Führungsposition des Königs. Melchisedek (V. 4) war sowohl König von Jerusalem als auch „Priester Gottes des Höchsten", der Abraham segnete (1 Mose/Genesis 14,18-20, Lutherbibel 1984).

Doch das Bedeutendste an diesem Psalm ist die Art und Weise, wie er auf den kommenden Messias hinweist. Jesus selbst zog ihn heran: Mit Versen aus diesem Psalm trat er den Religionsführern seiner Zeit entgegen, die bezweifelten, dass er der Sohn Gottes war (Matthäus 22,41-45). Sie dachten, der Messias wäre lediglich ein menschlicher Nachkomme Davids. Doch Jesus zeigte mit seinem Verweis auf Psalm 110, dass der Messias viel mehr als das sein musste: Wenn David ihn „Herr" nennt, kann der Messias nicht einfach sein leiblicher Nachkomme sein. Er muss zugleich etwas Göttliches an sich haben – Gottes Sohn sein. Jesus bezog die Stelle offensichtlich auf sich selbst. Mit anderen Worten, Jesus sagte über sich, dass er der Messias ist, der zugleich menschliche und göttliche Retter der Welt. Auch der Apostel Petrus verwies in seiner Pfingstpredigt auf Psalm 110, um zu zeigen, dass Jesus der Christus und Herr ist (Apostelgeschichte 2,29-36), ebenso wie der Verfasser des Hebräerbriefes (Hebräer 5,6 und 7,1-28).

Wenn wir uns erst einmal durch die komplexen Zusammenhänge dieses kurzen Psalms gearbeitet haben, bleibt uns noch ein einfacher Fakt: Jesus ist der Sohn Gottes. Und das ist die wesentliche Botschaft der gesamten Bibel.

Überlegung: Was sind für Sie die überzeugendsten Argumente dafür, dass Jesus war, wer er zu sein behauptete – der Sohn Gottes und Retter der Welt?

Gebet: Herr Jesus, es gibt viele Dinge, die ich in Bezug auf dich nicht ganz verstehe. Doch ich weiß genug, um zu glauben, dass du mich liebst, und dafür danke ich dir.

Erinnerungsversuch

Gebet: Herr, tausend Dinge wirbeln mir gerade durch den Kopf. Doch das, was ich am meisten will, ist, dich besser kennenzulernen und mehr von dir zu erfahren.

Text: Psalm 118,1-29

Entfaltung: Psalm 118 enthält einen der bekanntesten Psalmverse überhaupt: „Dies ist der Tag, den der HERR macht; lasst uns freuen und fröhlich an ihm sein" (V. 24, Lutherbibel 1984). Dieser Vers ist zum Eröffnungssatz für zahllose Gottesdienste auf der ganzen Welt geworden.

Ursprünglich erinnerte der Psalm an einen nicht näher bestimmten Sieg in Israels Geschichte. Offenbar war das Volk in einer ausweglosen Situation von Gott wie durch ein Wunder gerettet worden (V. 5-13). Daraus entstand dieser ungezügelte Ausdruck von Freude und Lob für Gott (V. 14-28). Wann loben wir Gott mit der größten Begeisterung? Menschen, die erst vor Kurzem Gottes Hilfe erlebt haben, loben ihn oft am temperamentvollsten. Darum ist es wichtig, sich an das zu erinnern, was Gott für uns getan hat. Es erhält unseren Glauben fröhlich und am Leben.

Mitten in diesem Jubel über Gottes vergangene Rettung finden sich allerdings zwei Hinweise auf eine noch größere Rettung, die Gott für die Zukunft plante.
„Der Stein, den die Bauleute als wertlos weggeworfen haben, ist zum Eckstein geworden" (V. 22). Jesus zitierte diesen Vers am Ende seines Gleichnisses über die bösen Weinbergspächter (Matthäus 21,33-46). Was wollte er damit sagen? Dass er, Jesus, der Stein war, den die religiösen Lehrer abgelehnt hatten, den Gott jedoch zum Eckstein seiner Gemeinde machen würde. Der 1. Petrusbrief greift dieses Thema auf: Hier wird Jesus „der „lebendige Stein" genannt (1 Petrus 2,4-7).

„Heil dem, der im Auftrag des HERRN kommt!" (Psalm 118,26). Dies ist einer der Sätze, den die Menschenmenge Jesus zurief bei seinem triumphalen Einzug in Jerusalem, eine Woche vor seinem Tod am Kreuz (Matthäus 21,1-11).

Die größere Rettung, die Gott plante, war, die Welt von der Sünde zu retten und den Menschen einen Weg zu einer Beziehung mit ihm zu eröffnen. Das wurde am Kreuz ermöglicht – durch das Ereignis, an das wir im Abendmahl erinnern. Wie fröhlich sind wir selbst, wenn wir Brot und Kelch nehmen?

Überlegung: Haben Sie schon einmal Gottes rettende Hilfe in Ihrem Leben gespürt? Was ist geschehen? Inwiefern hilft Ihnen diese Erfahrung, Gott heute zu loben?

Gebet: Guter Gott, ich denke daran, wie oft du mir in meinem Leben bereits geholfen und mich gerettet hast. Ich bin froh darüber und danke dir von ganzem Herzen.

Psalmen über den Retter

Anregungen

1. Welcher der fünf Psalmen in diesem Abschnitt hat Ihnen das meiste über Jesus Christus gesagt? Warum?

2. Wie würden Sie einem Freund antworten, der sagt: „Die Psalmen beschreiben die inneren und äußeren Kämpfe eines Menschen, der vor langer Zeit lebte, aber jede Parallele zu Jesus ist reiner Zufall.“?

3. Warum hat Ihrer Meinung nach Jesus die Heilige Schrift gelesen und auswendig gelernt? Fallen Ihnen andere Momente ein, in denen seine „Bibelkenntnis“ ins Spiel kam?

4. Was motiviert Sie am meisten, die Bibel zu lesen? Wann hat Ihnen die Bibel in Ihrem Leben am meisten bedeutet? Warum?

5. Was sind für Sie die größten Hindernisse, die Bibel regelmäßig zu lesen? Wie könnten Sie diese Hindernisse überwinden?

6. Haben Sie schon einmal versucht, einen Bibelvers oder -abschnitt auswendig zu lernen? Wie erging es Ihnen damit? (Können Sie jetzt einen Lieblingsvers oder -abschnitt zitieren?)

7. Viele Menschen stellen fest, dass ihnen die Bibel wichtiger wird, wenn sie in einer Krise stecken. Warum ist das wohl so? Haben Sie das auch schon einmal erlebt?

Zusammenfassende Gedanken

Psalmen über den Retter

Welche Gedanken sind Ihnen in den zurückliegenden fünf Leseeinheiten für Ihren Glauben und Ihren Alltag wichtig geworden?

1

2

3

4

5

Bevor Sie sich auf die nächste Etappe Ihrer Reise durch das Leben von Jesus begeben, könnte es helfen, diese persönlichen Gedanken zur vorherigen Einheit noch einmal durchzusehen. So rufen Sie sich ins Gedächtnis, was Ihnen durch die Lektüre der biblischen Texte bereits wichtig geworden ist.

PROPHEZEIUNGEN ÜBER DEN RETTER

Prophezeiungen über den Retter

Was sind biblische Prophetien?

Was fällt Ihnen ein, wenn Sie das Wort „Prophezeiung" oder „Prophetie" hören oder lesen? Vielleicht denken Sie an einen spannenden Film, in dem der Protagonist unwissentlich in eine verwirrende Reihe von Ereignissen stolpert, die sich auf eine seltsame alte Prophezeiung zurückführen lassen. Oder vielleicht denken Sie an eine Wahrsagerin vom Rummelplatz, die auf ihrem Schild behauptet, sie könne Ihnen die Zukunft in Liebe, Arbeit und Beruf voraussagen. Oder vielleicht denken Sie auch an einen religiösen Extremisten, der in seinem neuen Buch und auf seiner Vortragstournee das Ende der Welt voraussagt.

Ganz gleich, was Sie über Prophetie denken, es ist wichtig zu verstehen, dass die Bibel sie sehr ernst nimmt und sehr viel davon enthält. Genau genommen gibt es 17 prophetische Bücher im Alten Testament, fünf längere (die „großen" Propheten, Jesaja bis Daniel) und zwölf kürzere (die „kleinen" Propheten, Hosea bis Maleachi).

Was genau ist nun also biblische Prophetie? In ihrem Kern geht es darum, Gottes Wahrheit in eine bestimmte Situation hineinzusprechen. Über die Jahre hatten sich in Israel, dem Volk Gottes, schlimme Sünden eingenistet wie Götzendienst, Bestechlichkeit und Unterdrückung der Armen. Die Propheten verkündeten nachdrücklich, was Gottes Maßstäbe waren und welches Leben er sich von seinem Volk wünschte.

Ein weiterer Aspekt biblischer Prophetie ist, dass sie Gottes Plan für die Zukunft offenlegt. Im Alten Testament ist eines der häufigsten Themen in den prophetischen Büchern ein kommender Tag des Gerichts, der „Tag des Herrn". Viele Propheten warnten Gottes Volk, dass ihr Götzendienst und ihre Sünde früher oder später eine Strafe nach sich ziehen würde. Diese Prophezeiungen erfüllten sich alle, als Babylon Jerusalem zerstörte und Gottes Volk im Jahr 586 v.Chr. ins Exil führte.

Natürlich ist das wichtigste Merkmal biblischer Prophetie, dass sie – sowohl in ihren Aussagen für eine gegenwärtige Situation als auch in ihrer Vorausschau auf die Zukunft – nicht nur die Worte und Gedanken eines Menschen wiedergibt. Wie der Apostel Petrus sagte: „Keine Voraussage in den Heiligen Schriften [...] ist [...] durch menschlichen Willen entstanden. Die Propheten sind vom Geist Gottes ergriffen worden und haben verkündet, was Gott ihnen aufgetragen hatte" (2 Petrus 1,20-21). Ein Prophet war jemand, der für Gott sprach. Doch es gibt noch ein weiteres wichtiges Merkmal der alttestamentlichen Prophetie, um das es in den nächsten fünf Texten besonders gehen soll – sie kündigte mehrfach das Kommen des Messias an, der Gottes Rettung in die Welt bringen würde. Wir fangen beim allerersten Hinweis auf dieses Thema an, den wir in 1 Mose/Genesis bekommen. Dann werden wir einige konkrete Voraussagen über diesen Gesalbten lesen, die sich zu hunderten in den prophetischen Büchern finden. Am Ende dieses Kapitels wird es kein Geheimnis mehr sein – in Jesus Christus haben sich alle Prophezeiungen über den kommenden Messias vollständig erfüllt.

Erwählte Menschen

Gebet: Himmlischer Vater, ich bitte dich, dass du mir einen scharfen Verstand und ein offenes Herz schenkst, wenn ich heute dein Wort lese.

Text: **1 Mose/Genesis 12,1-9**

Entfaltung: Die Bibel hatte einen herrlichen Start hingelegt: Gott hatte eine perfekte Welt erschaffen und Adam und Eva hatten ein perfektes Leben. Doch die Sünde änderte all das. Schon bald waren die Menschen von Gott getrennt und gefangen in einer bösen Welt, die immer schneller außer Kontrolle geriet (1 Mose/Genesis 6,5). Klingt nach unserer Zeit. Doch genau das macht 1 Mose/Genesis 12,1-9 so wichtig: Die Ereignisse, die hier erzählt werden, markieren einen Neuanfang in Gottes Umgang mit dem Menschen.

Wir bekommen nicht viele Hintergrundinformationen zu Abram. Wir wissen nur, dass er im Alter von 75 Jahren (V. 4) von Gott den Auftrag bekam, alles hinter sich zu lassen und in ein unbekanntes Land zu gehen (V. 1). Könnten Sie – unabhängig von Ihrem Alter – alles loslassen, um Gottes Ruf zu folgen? Es war diese Bereitschaft, sich Gott ganz auszuliefern, die Abram zu einem der größten Glaubensvorbilder in der ganzen Bibel machte (1 Mose/Genesis 15,6).

Die Forderung, die Gott an Abram stellte, war kein willkürlicher, herzloser Akt. Gott setzte einen unglaublichen Plan in Bewegung, um die Folgen der Sünde umzukehren und den Menschen einen Weg zu eröffnen zurück zu einer engen Gemeinschaft mit ihm. Vorerst lieferte Gott nur eine kurze Zusammenfassung dessen, was er im Sinn hatte (1 Mose/Genesis 12,2-3). Es sollte Tausende Jahre dauern, bis sein Rettungsplan zur Vollendung kam.

Dieser Plan hatte zwei Hauptbestandteile. Der erste war, Abrams Familie zu einem „mächtigen Volk" (V. 2) zu machen – dem späteren Volk Israel. Diesem Volk offenbarte Gott sich über die Jahrhunderte auf einzigartige Weise: durch verschiedene unglaubliche Erlebnisse und Wunder, durch die Zehn Gebote und das Gesetz und durch die Propheten. So begannen die Menschen zu verstehen, wer Gott war und wie er sich ihr Leben vorstellte. Der zweite Teil des Plans war, dass durch sein erwähltes Volk alle Völker der Erde Glück und Segen erlangen (V. 3). Es sollte Tausende Jahre dauern und viel Schmerz und Leid kosten, doch in Jesus Christus, dem Retter der Welt, hat sich dieser Segen erfüllt.

Zunächst aber hatte Abram keine Ahnung, was Gott vorhatte. Er wusste nur, dass Gott gesagt hatte „Geh!", also ging er. Es ist erstaunlich, was Gott durch einen Menschen erreichen kann, der bereit ist, ihm zu vertrauen und zu gehorchen.

Überlegung: In welchem Bereich Ihres Lebens folgen Sie Gott mit ganzem Herzen? Wo könnten Sie ihm noch mehr Vertrauen entgegenbringen?

Gebet: Herr, ich möchte dir nicht aus einem Schuld- oder Pflichtgefühl heraus folgen. Aber ich möchte mehr Vertrauen zu dir und deinem Plan für mich entwickeln.

Der Gute Hirte

Gebet: Herr, es gibt so viele Probleme auf der Welt und in meinem Leben. Aber ich kann dich trotzdem immer dafür loben, wie gut und liebevoll du bist.

Text: **Jeremia 23,1-8**

Entfaltung: Nachdem Gott seinen Plan verkündet hatte, alle Völker der Welt durch sein auserwähltes Volk zu segnen (1 Mose/Genesis 12,2-3), könnte man meinen, die Israeliten hätten danach glücklich bis ans Ende ihrer Tage gelebt. Doch wie wir im Fortgang der Bibel sehen, war dem nicht so. Die Israeliten konnten einfach nicht der Versuchung widerstehen, so zu leben, wie sie es wollten, statt wie Gott es wollte (diese Abwendung von Gott ist der Kern der Sünde), und gerieten dadurch immer wieder in Schwierigkeiten.

Jeremia war einer der Propheten, die Gott schickte, um Israels Sünde anzuprangern und sie wieder zu Gott zurückzubringen. Das war keine Aufgabe, um die er sich gedrängt hatte (Jeremia 1,4-19), und sie bereitete ihm viel Kummer (Jeremia 20,1-18). Doch Jeremia brachte den Menschen in seiner Umgebung geduldig Gottes Willen zu Gehör. Das ist auch heute noch schwierig, doch unsere Welt braucht dringend Männer und Frauen, die die Wahrheit in Liebe sagen (siehe Epheser 4,15), ungeachtet der Konsequenzen.

Eine Gruppe, die die Wucht von Jeremias Prophezeiung besonders zu spüren bekam, waren die führenden Männer des Volkes („Hirten", Jeremia 23,1-2). Aus anderen Teilen des Buches wissen wir, dass sie Götzendienst, Ungerechtigkeit und Unmoral verfallen waren, statt für das Volk zu sorgen (V. 2). Daher sagte Gott, dass er diese Führungspersonen ihres Amtes entheben und die Zügel selbst in die Hand nehmen würde („Ich selbst ...", V. 3). Das sollte in jeder Zeit eine Warnung für die Leiter des Gottesvolkes sein.

Dann folgt eine weitere Prophezeiung über Gottes Plan. Jeremia sagt uns, dass der Retter, den Gott bald schicken würde, nicht nur ein Nachkomme Davids sein würde, sondern noch mehr: ein König, der „verständig und gerecht regieren" wird (V. 5); er soll „der Herr ist unsere Rettung" heißen (V. 6). Mit anderen Worten, Gott selbst plante, die Bühne zu betreten, um die richtige Beziehung zwischen uns und ihm wiederherzustellen, die die Sünde zerstört hatte. Das alles würde er tun, indem er seinen eigenen Sohn schickte, Jesus Christus (1 Korinther 1,30). Aus unserer Perspektive betrachtet spielte selbst der tragische Einfluss dieser schlechten Hirten eine Rolle in Gottes Plan: Durch sie wurde deutlich, wie dringend der Gute Hirte nötig war (Johannes 10,11-18).

Überlegung: Gibt es Situationen in Ihrem Leben, in denen Sie spüren, dass Sie sich für Gott und die Wahrheit einsetzen sollten? Wie könnten Sie das tun?

Gebet: Jesus, bitte hilf mir zu erkennen, was deiner Art und Weise entspricht, mit schwierigen Dingen in meinem Leben umzugehen.

O Betlehem, du kleine Stadt ...

Gebet: „Auf, mein Herz, preise den Herrn! Alles in mir soll den heiligen Gott rühmen!“ (Psalm 103,1)

Text: Micha 5,1-5

Entfaltung: Micha war kein Fernsehprediger. Seine Botschaft war nicht geschmeidig, nicht schick präsentiert und noch nicht einmal positiv. Sie war rau, leidenschaftlich und knallhart (zum Beispiel Micha 3,1-4). Er wäre ein schrecklicher Spendensammler gewesen, denn sein Hauptthema war die Sünde. Besonders die der Wohlhabenden und Mächtigen prangerte er an. „Komm schon, Chef. So wirst du dir nie einen Spenderstamm aufbauen!“ Doch Micha versuchte nicht, beliebt zu sein. Er versuchte, der Botschaft treu zu sein, die ihm anvertraut worden war: Gott würde Israel für seine Sünden bestrafen. Michas Prophezeiung erfüllte sich, als die Babylonier Jerusalem zerstörten und das Volk Israel in die Gefangenschaft führten.

Mitten in diesem herausfordernden prophetischen Buch finden wir jedoch unseren heutigen Abschnitt, der einer der außergewöhnlichsten im ganzen Alten Testament ist. Darin schaute Micha über seine aktuelle Situation hinaus in eine Zeit, die weit in der Zukunft lag, wenn Gott einen Retter schicken würde, dessen Herrschaft bis an die „Enden der Erde“ reichen würde (Micha 5,3, Lutherbibel 1984). In diesen wenigen Versen erfahren wir mehrere wichtige Dinge über den kommenden Retter, die sich alle in Jesus Christus erfüllt haben.

Seine Herkunft. Der Retter kommt aus der kleinen Stadt Betlehem (V. 1). Zur Zeit der Geburt von Jesus war dies die allgemein verbreitete Auffassung (Matthäus 2,3-6). Es war ein Ort, den man wohl am wenigsten vermutet hätte, und doch lenkte Gott in einer unglaublichen Kette von Ereignissen – einer Volkszählung des römischen Kaisers, der Reise der schwangeren Maria mit ihrem Verlobten und der Geburt im Stall (Lukas 2,1-7) – alles so, dass durch Jesus diese Prophezeiung erfüllt wurde, die schon Jahrhunderte vor seiner Geburt ausgesprochen wurde.

Sein Charakter. Micha greift das Bild vom Hirten auf, so wie andere Propheten. Doch er fügt hinzu, dass die Kraft und Majestät des Retters nicht auf menschlichen Fähigkeiten beruhen werden, sondern darauf, dass er „im höchsten Auftrag des Herrn, seines Gottes“ handelt (Micha 5,3). Und der Retter wird nicht nur eine Friedenszeit bringen, sondern „er wird der Friede sein“ (V. 4, Lutherbibel 1984). Micha sagte hiermit keinen anderen als Jesus Christus voraus, der durch seinen Tod am Kreuz den Frieden mit Gott wiederherstellte.

Überlegung: Fühlen Sie sich im Frieden mit Gott? Warum?

Gebet: Himmlischer Vater, ich staune über deinen sorgsamen Plan zu unserer Rettung und dass du mir die Möglichkeit gegeben hast, ihn zu verstehen.

Der demütige König

Gebet: Himmlischer Vater, hier ist alles, was mir jetzt Sorgen macht:

____

____

____

Ich brauche deine Hilfe, damit meine Gedanken und mein Herz zur Ruhe kommen, damit ich hören kann, was du mir sagen willst.

Text: Sacharja 9,9-17

Entfaltung: Viele alttestamentliche Propheten warnten vor einem kommenden Tag des Gerichts, der schließlich mit dem Fall Jerusalems und Israels Verschleppung nach Babylon im Jahr 586 v. Chr. eintraf. Sacharja lebte nach diesen schrecklichen Ereignissen zu einer Zeit, nachdem die Israeliten wieder in ihr Land hatten zurückkehren dürfen. Im ersten Teil seiner Prophezeiung ermutigte Sacharja das Volk, den Wiederaufbau des Tempels weiter voranzutreiben und sich davor zu hüten, wieder in die Sünden der Vergangenheit zu verfallen (Sacharja 1–8). Im zweiten Teil sah er dem Kommen eines ganz besonderen Königs entgegen (Sacharja 9–14). Die Frage ist: Was für ein König würde das sein?

Nachdem die Israeliten über 70 Jahre in Gefangenschaft gelebt hatten, war es nur normal, dass sie sich einen starken König wünschten, einen, der Feuer mit Feuer bekämpfte. Doch Rache und Gewalt machen alles nur noch schlimmer. (Da müssen wir uns nur die Geschichte des Nahen Ostens ansehen oder – noch näherliegend – unsere eigenen Beziehungen.) Der König, den Sacharja beschrieb, war ganz anders als alles, was Israel bisher gesehen oder erlebt hatte. Erstens würde er demütig sein (Sacharja 9,9), nicht stolz oder arrogant. Zweitens würde er echten Frieden auf der ganzen Welt herstellen (V. 10) und nicht nur für den Schutz Israels sorgen. Und schließlich würde er eine ganz neue Art von Freiheit bringen, die auf seinem „Bund" und „Opferblut" beruht (V. 11).
Es ist nicht schwer zu sehen, wie diese Prophezeiungen sich etwa fünf Jahrhunderte später erfüllten. Jesus war *demütig* – er ritt auf nicht auf dem hohen Ross, sondern auf einem Esel nach Jerusalem hinein (Matthäus 21,1-11); er war der Inbegriff eines dienenden Herrschers (Johannes 13,1-17). Jesus brachte *Freiheit* – indem er am Kreuz starb, befreite er die Menschen vom Gefängnis der Sünde und ermöglichte ihnen wieder eine Beziehung mit Gott (Epheser 1,7). Jesus wird *Frieden* bringen – eines Tages wird Jesus wiederkommen und ewigen Frieden für diejenigen schaffen, die an ihn glauben (1 Thessalonicher 4,16-17).

Wenn wir all diese Teile zusammensetzen, wird das Bild deutlich erkennbar: Jesus Christus war und ist der Retter und König, den Gott durch Sacharja vor so vielen Jahren versprochen hat.

Überlegung: Kennen Sie das Gefühl, sich an jemandem rächen zu wollen, der einem Unrecht getan hat? Wie könnte man zu der Demut finden, die Jesus zeigte, und Frieden schaffen?

Gebet: Guter Gott, hilf mir, meinen Mitmenschen zu verzeihen, wenn sie mir Unrecht getan haben. Erfülle mein Herz mit deinem Frieden.

Hinweise auf die Zukunft

Gebet: Herr, Gott, bitte mach mich fähig, deine Stimme zu hören, wenn ich heute diesen Abschnitt lese und darüber nachdenke.

Text: **Sacharja 12,1–13,9**

Entfaltung: Was haben biblische Bücher wie Sacharja oder auch die anderen alttestamentlichen Propheten mit dem Leben heute zu tun? Immerhin beschreiben sie alte Zeiten, die uns heute völlig fremd sind. (Und außerdem haben sie seltsame Namen!) Die Antwort ist einfach: Sie zeigen uns, wie Gott ist. Indem wir lesen, wie er in der Vergangenheit auf eine bestimmte Situation reagiert hat, lernen wir, wie wir heute nach seinem Willen leben sollen. Außerdem enthalten die prophetischen Bücher oft Hinweise auf oder Bezüge zu bedeutenden Ereignissen in der Zukunft.

So ist es auch in unserem heutigen Abschnitt. Er beschreibt eine Zeit, in der Jerusalem von seinen Feinden umzingelt und ihnen zahlenmäßig unterlegen sein würde (Sacharja 12,2-3). Leider ist das eine Situation, die in der Geschichte häufiger auftrat. Doch Israel wird siegen, sagt Sacharja, nicht aus eigener Kraft und Stärke, sondern vielmehr, weil sie „fest auf den Herrn [vertrauen], den Herrscher der Welt, ihren Gott" (V. 5). Das gilt auch uns heute noch; der letztendliche Ursprung unserer Sicherheit und unseres Erfolges sind nicht unsere eigenen Kräfte und Fähigkeiten, sondern vielmehr Gottes Einsatz für uns. Darum ist Lob so angebracht und Stolz fehl am Platz.

Unser Abschnitt enthält auch mehrere jener Verweise auf Jesus, die den prophetischen Büchern eine besondere Bedeutung geben. Einer davon ist Sacharjas Hinweis auf den Mann, „den sie durchbohrt haben" (V. 10). In seinem Evangelium bringt Johannes diesen Vers mit Jesus und seinem Tod am Kreuz in Zusammenhang (Johannes 19,36-37). Auch dass dieses Ereignis die Reinigung von der Sünde brachte, ist bei Sacharja bereits zu finden (Sacharja 13,1). Ein weiterer Bezug zu Jesus findet sich in dem Gedicht über den Hirten und seine Schafe (Sacharja 13,7-9) – ein bekanntes biblisches Thema, wie wir gesehen haben. Jesus zitierte genau diesen Abschnitt, als er voraussagte, wie Petrus und der Rest der Jünger ihn bei seiner Verhaftung im Stich lassen würden (Matthäus 26,31-35).

Doch noch etwas anderes macht die alten prophetischen Bücher für uns heute lebendig: Sie zitieren Gott oft direkt („Wort des Herrn", Sacharja 12,1). Gott sprach zu den Propheten, und sie schrieben es auf. Wenn Gott spricht, sollten wir Menschen zuhören.

Überlegung: Ist Stolz immer schlecht? Wo gibt es in Ihrem Leben falschen Stolz? Wie könnten Sie dem Lob Gottes in Ihrem Tagesablauf mehr Raum geben?

Gebet: Lieber Gott, du bist ein Gott, der in der Vergangenheit gesprochen hat und der auch heute noch spricht. Ich danke dir dafür. Hilf mir, ein Täter deines Wortes zu sein und nicht nur ein Hörer (Jakobus 1,22-25).

Anregungen

1 Wie sehen Sie das Thema der Prophetie in unserer heutigen Kultur dargestellt?

2 Was bedeutet für Sie Prophetie? Wie würden Sie sie mit eigenen Worten beschreiben?

3 Wie viel Bedeutung messen die Menschen heute der biblischen Prophetie wohl bei? Viel oder wenig? Welche Auswirkungen hat das?

4 Wie können Sie sicher sein, dass Ihr Verständnis von Prophetie zutreffend ist?

5 Gibt es eine korrekte Interpretation der Bibel? Wie sollten wir mit Menschen umgehen, die ein anderes Bibelverständnis haben als wir?

6 Welche der Prophezeiungen in diesem Abschnitt ist für Sie das bedeutsamste Zeugnis dafür, dass Jesus der Messias war? Warum?

7 Denken Sie, dass es in unserer heutigen Welt noch echte Propheten gibt – Menschen, die Gottes Wort in aktuelle Situationen hineinsprechen und zukünftige Ereignisse in seinem Auftrag ankündigen? Wer sind diese Menschen und warum halten Sie sie für Propheten?

Zusammenfassende Gedanken

Prophezeiungen über den Retter

Welche Gedanken sind Ihnen in den zurückliegenden fünf Leseeinheiten für Ihren Glauben und Ihren Alltag wichtig geworden?

1

2

3

4

5

Bevor Sie sich auf die nächste Etappe Ihrer Reise durch das Leben von Jesus begeben, könnte es helfen, diese persönlichen Gedanken zur vorherigen Einheit noch einmal durchzusehen. So rufen Sie sich ins Gedächtnis, was Ihnen durch die Lektüre der biblischen Texte bereits wichtig geworden ist.

WEITERE PROPHEZEIUNGEN ÜBER DEN RETTER

Der Prophet Jesaja

Unter den alttestamentlichen Propheten ist Jesaja der wohl bedeutendste. Er war etwa 40 bis 60 Jahre aktiv und sein Dienst überdauerte vier Könige. Das Buch Jesaja ist außerdem das längste der prophetischen Bücher – insgesamt 66 Kapitel – und das meistzitierte prophetische Buch im Neuen Testament. Doch das Wichtigste an Jesaja ist, dass seine Prophezeiungen uns viel über den kommenden Messias offenlegen. Darum werden wir in den nächsten fünf Texten dem nachgehen, was Gott durch Jesaja sagte.

Die anschaulichsten Aussagen über den Messias finden sich in den sogenannten vier Liedern vom Gottesknecht, die wir im Buch Jesaja finden (Jesaja 42,1-9; 49,1-6; 50,4-9; 52,13–53,12). Sie alle beschreiben verschiedene Aspekte des Gottesknechts. Wer genau ist dieser Knecht? Theologen haben diese Frage bereits ausführlich diskutiert, doch für unsere Zwecke können wir es auf folgende Aussage reduzieren: Der Begriff bezeichnet sowohl das Volk Israel als auch den kommenden Messias.

Wenn man ins Neue Testament weiterblättert, sieht man, dass Jesus sich mit der Rolle als Gottesknecht identifizierte. Bereits am Anfang seines Auftretens zitierte er aus einem der genannten vier Lieder:
Der Synagogendiener reichte ihm die Buchrolle mit den Worten des Propheten Jesaja. Jesus rollte sie auf und wählte die Stelle aus, an der es heißt: „Der Geist des Herrn hat von mir Besitz ergriffen, weil der Herr mich gesalbt und bevollmächtigt hat. Er hat mich gesandt, den Armen gute Nachricht zu bringen, den Gefangenen zu verkünden, dass sie frei sein sollen, und den Blinden, dass sie sehen werden. Den Misshandelten soll ich die Freiheit bringen, und das Jahr ausrufen, in dem der Herr sich seinem Volk gnädig zuwendet."
Jesus rollte das Buch wieder zusammen, gab es dem Synagogendiener zurück und setzte sich. Alle in der Synagoge blickten gespannt auf ihn.
Er begann und sagte: „Heute, da ihr dieses Prophetenwort aus meinem Mund hört, ist es unter euch in Erfüllung gegangen" (Lukas 4,17-21).

Jesus war zutiefst bewusst, dass Jesajas Prophezeiung durch ihn erfüllt wurde; das prägte auch seinen Dienst auf dieser Erde.
Doch die vielleicht berühmteste Passage im Buch Jesaja ist die, in der der „leidende Gottesknecht" beschrieben wird (Jesaja 52,13–53,12). Die Christen haben später viele der hier beschriebenen Einzelheiten in der Kreuzigung von Jesus wiedergefunden. Und Jesus selbst bezog sich auf diesen Text, indem er mehrfach erklärte, dass es sein Auftrag war zu leiden (Matthäus 16,21). Doch keiner verstand es – nicht die Volksmenge, nicht die Priester und Schriftgelehrten und nicht einmal seine eigenen Jünger. Man kann sich nur schwer vorstellen, dass der Gott des Universums seinen eigenen Sohn schicken würde, um für die Sünden der Menschheit zu sterben, doch genau das tat er. Und genau das hatte Jesaja vorausgesagt – fast 800 Jahre, bevor es geschah!

Gott mit uns

Gebet: Himmlischer Vater, ich wünsche mir von Herzen, heute deine Gegenwart ganz neu zu erleben.

Text: Jesaja 7,1-25

Entfaltung: Der Abschnitt Jesaja 7,1-25 enthält eine der bekanntesten und meistdiskutierten Prophezeiungen über den kommenden Messias im gesamten Alten Testament. Jesaja sagt, eine Jungfrau wird einen Sohn zur Welt bringen, der Immanuel genannt werden wird, was wörtlich bedeutet „Gott mit uns" (V. 14). Das Neue Testament macht deutlich, dass diese Prophezeiung in der Geburt von Jesus Christus erfüllt wurde (Matthäus 1,18-25). Doch um diese Verse ganz zu verstehen, müssen wir überlegen, was sie für ihre ursprünglichen Hörer bedeuteten.

Seit 925 v. Chr. war Gottes erwähltes Volk in zwei rivalisierende Königreiche geteilt, Juda im Süden (die Stämme Juda und Benjamin) und Israel im Norden (die übrigen zehn Stämme). Am Anfang von Jesaja 7 erfahren wir, dass Pekach, der König von Israel, und Rezin, der König von Aram (Syrien), König Ahas in Jerusalem angriffen, der Hauptstadt des Südreiches. Gottes Botschaft ist beruhigend; er sagt im Grunde: „Bleibt ruhig. Ich werde mich schon um Pekach und Rezin kümmern" (V. 3-9).

Wenn wir heute mit Auseinandersetzungen konfrontiert sind – sei es bei der Arbeit, in unserer Umgebung oder sogar in der Gemeinde –, müssen wir uns daran erinnern, dass der Erfolg letztlich von Gott abhängt, nicht von unserer Klugheit oder unserem politischen Geschick. Viele Jahre lang arbeitete ich mit Chuck Colson zusammen in einer Organisation namens *Prison Fellowship*. Auf seinem Schreibtisch stand ein Schild, auf dem stand: „Treue, nicht Erfolg."

Gott zu vertrauen, wenn man unter Druck steht, kann schwer sein. Selbst als Gott Ahas ein bestätigendes Zeichen anbot, zögerte er (V. 10-12), weil er ein eigenes Bündnis mit Assyrien schließen wollte. Gott gab ihm das Zeichen trotzdem: die Geburt eines Sohnes namens Immanuel. Für die ursprünglichen Hörer bedeutete das wahrscheinlich, dass, wenn Gott Juda vor den Angriffen Pekachs und Rezins rettete, junge Mütter ihren Söhnen Namen geben würden, die an Gottes Rettung erinnerten, so wie Jesaja seinen Sohn nach einer zukünftigen Rettung Gottes benannt hatte (Schear-Jaschub [V. 3] bedeutet wörtlich „ein Rest wird zurückkehren"). Doch das Zeichen wies auch auf Gottes größte Rettung voraus, nämlich, dass er seinen Sohn Jesus Christus schickte, um alle Menschen von der Sünde zu befreien. Das größte Wunder ist, dass durch den Eintritt von Jesus in die Menschheitsgeschichte Gott für immer bei uns ist.

Überlegung: Sind Sie bei der Arbeit, in Ihrer Umgebung oder in der Gemeinde mit Situationen konfrontiert, in denen „politischer Druck" herrscht? Wie könnten Sie bei all dem Druck in noch mehr Treue zu Gott leben?

Gebet: Gott, bitte hilf mir, bei allem Druck und allen Kämpfen, mit denen ich heute konfrontiert werde, dir treu zu bleiben.

Hoffnung für die Zukunft

Gebet: Herr, ich bitte dich, dass du mir ganz neu Freude schenkst, wenn ich heute Zeit mit dir verbringe.

Text: Jesaja 9,1-6

Entfaltung: In diesen Versen gibt Jesaja Gottes Volk eine Botschaft der Hoffnung. Das konnten sie gut gebrauchen. Wie wir in Jesaja 7 gesehen haben, wurde Jerusalem von zwei Armeen angegriffen. Gott rettete sein Volk vor dieser Bedrohung, nur um eine noch größere zuzulassen: Die mächtige Nation Assyrien würde als Strafe für ihre Sünde bald das Land angreifen (Jesaja 7,17 und 8,6-8).

Es ist nur natürlich, wenn wir uns wünschen, dass Gott die Probleme löst, in denen wir uns befinden. Das kann er, und oft tut er es auch. Doch wirklich wichtig ist es ihm, uns verstehen zu helfen, wie wir in der richtigen Beziehung zu ihm leben können. Manchmal lässt er dafür zu, dass wir Anfechtungen durchmachen, damit unser Glaube stärker wird. Manchmal lässt er schmerzliche Erfahrungen zu, um unsere verborgenen Sünden aufzudecken. Doch dabei arbeitet er ständig auf unser Bestes hin (Römer 8,28).

Trotz Judas Sünde und trotz aller seiner Probleme plante Gott etwas Gutes für die Zukunft. Er würde nicht nur ihre Dunkelheit und Verzweiflung wegnehmen (Jesaja 8,23), sondern er plante auch eine Zukunft, die wenigstens in dreierlei Hinsicht wunderbar sein würde:
Licht. Gott würde die Dunkelheit in Licht verwandeln (Jesaja 9,1). Mit anderen Worten, er versprach eine letztendliche Rettung vor der assyrischen Invasion.
Freude. Diese Rettung würde zu ungehinderter Freude führen (V. 2). Wenn Gott eingreift, um unsere Probleme zu lösen, ist es schwer, ihn nicht ausgelassen zu loben.
Der kommende Messias. Schließlich würde diese Vision von der Zukunft in der Geburt eines Kindes gipfeln, das ein einzigartiger Herrscher sein würde (V. 5-6), der verheißene Messias. Diese Prophezeiung hat sich in Jesus Christus erfüllt, der uns von der Finsternis der Sünde erlöste und ein ewiges Königreich für die aufrichtete, die ihr Vertrauen auf ihn setzen.

Unsere Hoffnung entspringt nicht aus der Abwesenheit von Problemen, wie Gottes Kinder zu allen Zeiten feststellen mussten. Vielmehr liegt die Hoffnung in dem Wissen, dass Gott da ist und alles in der Hand hat, ganz gleich, was passiert.

Überlegung: Wie hat Gott Umstände in Ihrem Leben benutzt, um Sie zu sich zu ziehen?

Gebet: Himmlischer Vater, ungeachtet dessen, wie die Dinge manchmal scheinen, bin ich so dankbar, dass du diese Welt und mein Leben in der Hand hältst und führst!

Erwählter Diener

Gebet: Guter Gott, du weißt, dass ich Sünden auf mich geladen habe. Ich danke dir für deine Vergebung.

Text: Jesaja 42,1-9

Entfaltung: Unser Text für heute ist das erste der vier „Gottesknechtslieder“, die wir im Buch Jesaja finden (siehe „Weitere Prophezeiungen über den Retter“, S. 60). Als Jesaja die Prophezeiung aussprach, dachte er zweifellos an das Volk Israel. Aber Gott gebrauchte Jesajas Worte, um auch etwas über den kommenden Messias auszusagen. Was erfahren wir also über diesen einzigartigen Diener?

Er ist von Gott erwählt (V. 1). Israel wurde schon vor langer Zeit von Gott erwählt, als Gott Abram versprach, aus seiner Familie ein „großes Volk“ zu machen (1 Mose/Genesis 12,2). Jesaja sagte voraus, dass eines Tages ein Retter kommen würde, der einmalig von Gott erwählt wurde.

Er ist Gottes Instrument zur Rettung (V. 6). Von der Geburtsstunde des erwählten Volkes an war es Gottes Absicht, durch Israel allen Völkern Segen zu bringen (1 Mose/Genesis 12,3). Jesaja baut auf diesem Thema auf und sagt, der Knecht würde mit Gottes Geist erfüllt sein und Gerechtigkeit für alle schaffen, auch für die Schwachen und Unterdrückten (die „geknickten Schilfrohre“ und die „glimmenden Dochte“, Jesaja 42,3). Bei seiner Taufe wurde Jesus mit dem Heiligen Geist erfüllt (Matthäus 3,16); durch seinen Tod und seine Auferstehung schuf er den Weg zur Rettung für alle Menschen. Matthäus sieht in Jesus die Erfüllung dieses Versprechens aus der Heiligen Schrift (Matthäus 12,15-21). Als die Pharisäer sich verschworen, um ihn umzubringen, nahm Jesus seine Jünger beiseite und erklärte ihnen anhand dieses Abschnittes, wer er ist – Gottes verheißener Messias.

Wie ein roter Faden zieht sich die Geschichte des Retters, den Gott schicken wollte, durch das ganze Alte Testament. Es sollte der Retter sein, der die Menschen von ihrer Sünde erlösen und ihnen eine echte Beziehung mit dem lebendigen Gott geben würde. Im Neuen Testament erfahren wir, dass dieser Retter kein anderer war als Jesus Christus. Je mehr wir in der Bibel lesen, desto mehr erkennen wir, dass sie seine Geschichte ist.

Überlegung: Wer sind die Schwachen und Unterdrückten – die „geknickten Schilfrohre“ und die „glimmenden Dochte“ – in Ihrer Welt? Wie könnten Sie mithelfen, ihnen Gottes Gerechtigkeit zu bringen?

Gebet: Herr, Gott, es gibt so viel Ungerechtigkeit in dieser Welt. Ich bitte dich, dass du mir den Mut und die notwendige Überzeugung schenkst, mich in den kommenden Tagen in einer konkreten Situation für Gerechtigkeit einzusetzen.

Mann der Schmerzen

Gebet: Himmlischer Vater, bitte lass mich besser verstehen, was dein Sohn für mich durchgemacht hat.

Text: Jesaja 52,13–53,12

Entfaltung: In diesem bekannten Abschnitt stellt Jesaja uns den „leidenden Gottesknecht“ vor und zeichnet uns dabei ein detailliertes Bild von dem, was Jesus später am Kreuz erlitten hat. Auch wenn Jesaja diese Verse etwa 800 Jahre schrieb, bevor Jesus lebte, passen sie doch genau auf ihn! Das unterstreicht die Einzigartigkeit der Bibel; sie ist von Gott inspiriert (2 Timotheus 3,16).

Das Seltsame ist, dass die Menschen, die Jesus am nächsten standen – seine Jünger –, nicht begriffen, was dieser Abschnitt aussagt. Es ist leicht, heute den gleichen Fehler zu machen. Wir nehmen an, dass Gott durch die Machtstrukturen unserer Zeit wirken wird, also wenden wir viel Zeit und Energie dafür auf, sie zu beeinflussen. Doch die Wahrheit ist, dass Gott oft lieber die Schwachen und Niedrigen einsetzt, um seine Ziele in der Welt zu erreichen (Lukas 1,46-55).
Was wurde Jesaja also vom Heiligen Geist über diesen einzigartigen Gottesknecht offenbart? Das Erste und Offensichtlichste ist, dass er *leiden* muss (Jesaja 53,3.7.10). Es ist interessant, dass „der HERR ... ihn leiden lassen und zerschlagen [wollte]“ (V. 10). Manchmal lässt Gott guten Menschen schlimme Dinge zustoßen, nicht weil er gemein ist oder gern sieht, wie Menschen leiden. Vielmehr weiß er, dass der schwere Weg oft der einzige ist, um unser Herz und Leben zum Besseren zu verändern.
Der zweite Punkt ist, dass das *Leiden des Gottesknechtes den Preis für die Sünden anderer zahlen würde* (Jesaja 53,5-6.12). Das ist der Schlüssel zu diesem Abschnitt, und genau das tat Jesus am Kreuz. Schließlich sagt Jesaja voraus, dass der *leidende Gottesknecht am Ende wiederhergestellt und verherrlicht werden würde* (Jesaja 53,11-12). Das geschah, als Gott Jesus durch die Auferstehung ins Leben zurückbrachte.

Jesaja konnte nicht vollends verstehen, was seine Voraussagen im Einzelnen bedeuteten, und die Apostel brauchten auch eine Weile, um es zu begreifen (1 Petrus 2,21-25). Doch wir haben heute den großen Vorteil, das ganze Bild von Gottes Rettungsplan sehen zu können. Die Herausforderung für uns besteht darin, wie wir darauf reagieren.

Überlegung: Warum wählt Gott Ihrer Meinung nach oft die Schwachen und Niedrigen, um seine Pläne auszuführen?

Gebet: Antworten Sie im Gebet auf das, was Jesus am Kreuz getan hat. Vielleicht wollen Sie ihm Ihre Fragen und Zweifel eingestehen oder zum ersten Mal sagen: „Ja, ich glaube“ oder Jesus aus tiefstem Herzen dafür danken, dass er Sie gerettet hat.

Auftragsbeschreibung

Gebet: Herr, manchmal sehe ich nur das Schlechte und halte das Glas immer für halb leer. Das belastet mich. Ich bitte dich, dass du mir die Augen für die guten Dinge öffnest, die du heute in meinem Leben und in der Welt tust.

Text: **Jesaja 61,1-11**

Entfaltung: Höchste Zeit für gute Nachrichten! Nach allen Beschreibungen von Weltuntergangsstimmung und Leid, die die Propheten bisher geliefert haben, ist es schön, etwas von Freiheit, Trost und einer Zeit zu lesen, in der „der HERR sich seinem Volk gnädig zuwendet" (V. 2). O ja – das ist schon viel besser!

Aber dieser Abschnitt ist mehr als nur etwas zum Wohlfühlen; er lässt uns einen Blick auf die zukünftige Wiederherstellung von Gottes Volk werfen. Die wirklich gute Nachricht in diesen Versen ist, dass Gott sein Volk niemals verlässt. Wie wir bereits festgestellt haben, waren die Israeliten von mächtigen Nationen in ihrer Umgebung angegriffen und gefangen genommen worden. Ihre wichtigste Stadt und der Tempel waren zerstört worden. Und all das geschah, weil sie gegen Gott gesündigt hatten. Doch hier beschreibt Jesaja eine Zeit, in der alles wieder in Ordnung gebracht und die Verzweiflung Israels in Jubel verwandelt werden würde (V. 3).

Das hebt zwei Aspekte von Gottes Charakter hervor. Erstens ist er ein Gott der *Hoffnung*. Ganz gleich, was wir getan haben und wie sehr wir unser Leben in den Sand gesetzt haben, bei Gott können wir einen Neuanfang machen und eine neue Zukunft bekommen. Das heißt nicht, dass all unsere Probleme sich wie von Zauberhand auflösen werden. Bei manchen Problemen dauert es Jahre, bis sie gelöst werden können, und andere verschwinden nie ganz. Doch trotzdem arbeitet Gott immer auf unser Bestes hin (Jeremia 29,11-14; Römer 8,28), so wie er es für die Israeliten tat. Ein zweiter Aspekt von Gottes Charakter ist, dass er von Herzen *Gerechtigkeit liebt* und *Unrecht hasst* (V. 8). Der sicherste Weg, um Gottes Segen zu erfahren, ist, sich von Herzen seine Prioritäten zu eigen zu machen.

Dieser Abschnitt hatte eine besondere Bedeutung für Jesus; er nahm ihn als „Auftragsbeschreibung" seines Lebens auf dieser Erde. Kurz nach Beginn seines öffentlichen Wirkens stand Jesus im Tempel und las diesen Abschnitt; dabei behauptete er kühn, dass er diese Worte erfüllt habe (Lukas 4,14-21). Jesus verstand, dass er gekommen war, um denen Gottes Vergebung und Hoffnung anzubieten, die Gefangene der Sünde sind, und den Armen und Unterdrückten Gottes Gerechtigkeit zu bringen. Das ist die Gute Nachricht!

Überlegung: Wie würden Sie die „Auftragsbeschreibung" Ihres Lebens formulieren? Wenn Sie können, nehmen Sie sich ein paar Minuten Zeit, um sie einmal aufzuschreiben.

Gebet: Gott, ich möchte, dass mein Leben bei dir etwas zählt. Bitte hilf mir, den Auftrag, zu dem du mich berufen hast, klar zu sehen, und erfülle mich mit deinem Geist, um zu erreichen, was du mir aufgetragen hast.

Anregungen

1. Welche der Prophezeiungen in diesem Kapitel ist für Sie der überzeugendste Hinweis darauf, dass Jesus der Messias ist? Warum?

2. Das Volk Israel stand durch feindliche Armeen auf allen Seiten unter Druck, Jesus durch den Widerstand, den er erlebte, und durch seine Kreuzigung. Sind auch Sie wegen Ihres Glaubens Druck ausgesetzt? Wie gehen Sie damit um?

3. Hatten Sie schon einmal das Gefühl, von Gott verlassen zu sein? Wann? Spüren Sie manchmal, dass Gott bei Ihnen ist? Wann?

4. Wodurch würden Sie sich versucht fühlen, die Hoffnung für die Zukunft aufzugeben? Was gibt Ihnen die meiste Hoffnung für die Zukunft?

5. Jesus sagte, dass er kam, um den Armen, Gefangenen, Blinden und Unterdrückten die Gute Nachricht zu bringen. Was könnten Sie zur Verbreitung dieser Guten Nachricht beitragen?

6. Warum war es wohl nötig, dass Jesus solch unglaubliches Leid durchmachte?

7. Jesus schien den Abschnitt in Jesaja 61 als seine persönliche Auftragsbeschreibung zu betrachten. Was ist Ihre?

Weitere Prohezeiungen über den Retter

Welche Gedanken sind Ihnen in den zurückliegenden fünf Leseeinheiten für Ihren Glauben und Ihren Alltag wichtig geworden?

1

2

3

4

5

Bevor Sie sich auf die nächste Etappe Ihrer Reise durch das Leben von Jesus begeben, könnte es helfen, diese persönlichen Gedanken zur vorherigen Einheit noch einmal durchzusehen. So rufen Sie sich ins Gedächtnis, was Ihnen durch die Lektüre der biblischen Texte bereits wichtig geworden ist.

NEUES TESTAMENT

JESUS WIRD GEBOREN

Gott mit uns

Seit 1965, als es zum ersten Mal als Fernseh-Special ausgestrahlt wurde, hat der Charlie-Brown-Film *„Fröhliche Weihnachten“* wohl mehr dazu beigetragen, den Kern des Evangeliums zu verbreiten, als jede dreißigminütige Predigt. In dem Film sucht Charlie Brown, die Zeichentrickfigur aus dem *Peanuts-Comic*, nach der wahren Bedeutung von Weihnachten, nur um enttäuscht und ernüchtert zu werden. Schließlich betritt Charlies daumenlutschender Freund Linus eine leere Bühne und rezitiert aus dem Lukasevangelium: „Denn euch ist heute der Heiland geboren, welcher ist Christus, der Herr, in der Stadt Davids“ (Lukas 2,11, Lutherbibel 1984). Linus endet mit dem einfachen Satz: „Und darum geht es bei Weihnachten, Charlie Brown.“

Trotz der zunehmenden Kommerzialisierung und Säkularisierung von Weihnachten wollen doch auch heute die meisten Menschen noch gern wissen, worum es bei diesem Fest geht. Genau das sollen die nächsten fünf Texte über die Geburt von Jesus uns helfen zu verstehen. Wir werden die bekannte Geschichte lesen, wie Josef und Maria nach Betlehem reisten, wie die Geburt ausgerechnet in einem Stall stattfand und wie Hirten, Engel und himmlische Heerscharen dieses besondere Kind willkommen hießen.
Die Erzählungen machen klar, dass die Geburt von Jesus kein zufälliges Ereignis war. Wir sehen Gott am Werk, wie er dieses wunderbare Geschehen in seine Bahnen lenkt. Mehrmals schickt Gott Engel, um wichtige Botschaften zu überbringen oder die Menschen in kritischen Momenten zu führen. Wenn man darüber nachdenkt, war der Umstand, dass dieses Kind von einer Jungfrau zur Welt gebracht wurde und der verheißene Messias sein sollte, vom menschlichen Verstand kaum zu begreifen. So etwas war noch nie zuvor geschehen. Gott musste besondere Maßnahmen ergreifen, um den Menschen diese Wahrheiten mitzuteilen.

Außerdem gibt es mehrere Hinweise auf alttestamentliche Prophezeiungen zu entdecken. Wie wir bereits in früheren Lesungen in diesem Buch festgestellt haben, hat Gott viele Hinweise auf die Zukunft gegeben, Vorschauen auf ein kommendes wichtiges Ereignis: Er plante, einen Retter in die Welt zu senden. Die gute Nachricht ist, dass nun der Moment gekommen war. Keine Vorschauen mehr; es war endlich Zeit für das Hauptereignis. In der Person seines Sohnes Jesus betrat Gott selbst die Welt.

Schließlich ist es faszinierend zu untersuchen, wie die verschiedenen Personen in den folgenden Texten auf die Geburt von Jesus reagierten. Josef und Maria, die Hirten und Weisen, die Priester und Schriftgelehrten und König Herodes – alle mussten sich mit dem auseinandersetzen, was geschah. Jahrhunderte später können wir die Wahrheit, die in einem der Namen steckt, die Jesus verliehen wurden, noch mehr wertschätzen: Immanuel, „Gott mit uns“. Aber verlassen Sie sich nicht auf mein Wort. Sie müssen die wahre Bedeutung von Weihnachten selbst entdecken. Und darum geht es in diesem Kapitel, Charlie Brown.

Gnade bei Gott

Gebet: „Mein Herz preist den Herrn, alles in mir jubelt vor Freude über Gott, meinen Retter! Ich bin nur seine geringste Dienerin, und doch hat er sich mir zugewandt" (Lukas 1,46-48).

Text: **Lukas 1,26-56**

Entfaltung: Wie würden Sie sich fühlen, wenn Ihnen ein Engel erscheinen würde? Ich wäre natürlich gern ganz gelassen und unerschütterlich; wahrscheinlich würde ich aber einfach davonlaufen. Die Bibel deutet an, dass Maria erschrocken war (V. 29) und Angst hatte (V. 30), doch wenigstens blieb sie da und hörte zu. Vielleicht spürte sie, dass dies ein Bote Gottes war (V. 26).
Maria ist eine der großen Heldinnen der Bibel – ein Umstand, den der Engel auf ganz unglaubliche Weise bestätigt: Maria hat Gnade bei Gott gefunden (V. 30). Doch damit stellt sich eine wichtige Frage: Wie können wir heute Gnade bei Gott finden? Werfen wir einmal einen näheren Blick darauf, wie Maria auf diesen Überraschungsbesuch reagiert; vielleicht finden wir ja einige Hinweise.

Zunächst fällt auf, dass sie in ihrer *Beziehung zu Gott* sicher ist. Sie ist nicht stolz, zeigt aber auch keine falsche Bescheidenheit. Sie betrachtet sich einfach als „Dienerin des Herrn" (V. 38, Neues Leben Bibel). Als Menschen, die Jesus heute nachfolgen, haben wir ebenfalls Gnade bei Gott, nicht aufgrund von irgendetwas, das wir getan haben, sondern vielmehr aufgrund dessen, was er für uns getan hat (Epheser 2,8-10). Maria zeigt uns, dass Gott Menschen gebraucht, die demütiges Zutrauen zu ihm besitzen.

Zweitens stellen wir fest, dass sie bereit ist, *aus dem Glauben* zu leben (V. 38.45). Sie erinnert uns an einen anderen Helden der Bibel: Abraham, der alles zurückließ, um Gottes Ruf zu folgen (1 Mose/Genesis 12,1-9). Sein Vorbild wird in der Bibel immer wieder aufgegriffen (Römer 4,3; Hebräer 11,8-12). Maria lehrt uns, wie gut es ist, Gottes Wort zu glauben und danach zu handeln. Schließlich sehen wir ihr *Herz für Gott* (V. 46-55). Marias Lied (das oft nach den ersten Worten des lateinischen Textes das „Magnificat" genannt wird) steckt voller Bilder aus dem Alten Testament und zeigt, dass sie eine junge Frau ist, die viel über die Heilige Schrift nachgedacht hat. Maria lehrt uns, welchen Wert es hat, von Gottes Wort durchdrungen zu sein.

Unser Abschnitt enthält auch einen der beliebtesten Verse in der Bibel: „Für Gott ist nichts unmöglich" (V. 37). Kurz und positiv gibt uns dieser Satz Hoffnung, wenn das Leben stressig wird. Im Zusammenhang betrachtet zeigt er uns auch, dass Gott in das Leben von Menschen wie Maria eingreift, die ihn in ihrem täglichen Leben treu suchen, ganz gleich, ob sie im Rampenlicht stehen oder nicht.

Überlegung: Welche von Marias Eigenschaften sehen Sie auch in Ihrem eigenen Leben? Welche wünschen Sie sich mehr in Ihrem Leben?

Gebet: Gott, ich möchte dich in meinem Leben mehr suchen, aber ich weiß nicht immer, wie. Zeig mir bitte ganz praktisch, wie ich heute bei dir Gnade finden kann.

Fakten, Fakten, Fakten

Gebet: Herr, Gott, ich bitte dich, dass du mir etwas Neues über Jesus mitteilst, wenn ich heute diesen Bibelabschnitt lese.

Text: Matthäus 1,18-25

Entfaltung: Diese Version des Berichtes über die Geburt von Jesus scheint von einem Buchhalter geschrieben worden zu sein. Matthäus beginnt sein Evangelium mit einem Geschlechtsregister (V. 1-17) – nicht gerade spannende Lektüre. Jetzt beschreibt er das aufregendste Ereignis der Weltgeschichte, als wäre es eine Fußnote in einem Finanzbericht. „Seine Mutter Maria war mit Josef schon rechtsgültig verheiratet, aber sie hatten die Ehe noch nicht vollzogen. Da stellte sich heraus, dass Maria ein Kind erwartete – durch die Wirkung des Heiligen Geistes" (V. 18). Ist das alles, was du darüber sagen kannst, Matthäus?

Doch wir sollten seinen Bericht nicht einfach abtun, weil er nicht dramatisch genug ist. Matthäus hat das Entscheidende verstanden: Jesus wurde geboren, um die Menschen von ihrer Sünde zu retten (V. 21). Einen solchen Fakt muss man nicht künstlich aufplustern.

Ein weiterer Fakt, mit dem die Menschen sich heute schwertun, ist die Vorstellung von der Jungfrauengeburt (V. 20-23). Immerhin kennen wir uns in den Naturwissenschaften aus. Wir kennen uns in der Biologie aus. Wir wissen, dass das niemals passieren könnte, oder? Doch nur weil etwas unseren Verstand übersteigt, heißt das nicht, dass es nicht wahr sein kann. Auch Matthäus präsentiert die Jungfrauengeburt nicht als irgendein leicht eingängiges Märchen. Selbst Maria und Josef hatten Schwierigkeiten zu verstehen, was da geschah (Matthäus 1,19; Lukas 1,34). Doch diese realistische Auseinandersetzung mit den Fakten führt zu einem stärkeren Glauben und verleiht der Bibel das, was J. B. Phillips als „Klang der Wahrheit" bezeichnete.

Der vielleicht größte Fakt, der aus Matthäus' Darstellung hervortritt, ist, dass die Geburt von Jesus kein Zufall war. Gottes Handeln hatte dazu geführt. Wie wir in diesem und verschiedenen anderen Texten über die Geburt von Jesus sehen können, schickte Gott Engel, um seine Absichten zu erklären und wo nötig die Handlung zu lenken. Nicht nur das: Wie wir in unseren Texten aus den prophetischen Büchern gesehen haben und auch hier wieder sehen, hatte er schon lange zuvor durch die Propheten gesprochen und vorausgesagt, dass diese Dinge sich ereignen würden.

Matthäus' schnörkelloser Bericht über die Geburt von Jesus führt uns zu einer wichtigen Schlussfolgerung: Gott ist in dieser Welt aktiv und spricht zu seinen Leuten. Und das ist ein Fakt.

Überlegung: Was sind für Sie die wichtigsten Fakten über Jesus? Gibt es auch Fakten, mit denen Sie sich noch schwertun?

Gebet: Danke, Gott, für alles, was ich über Jesus schon weiß. Bitte hilf mir, auch die Dinge zu verstehen, die mir jetzt noch nicht klar sind.

33

Jesus wird geboren

Sensationelle Wahrheit

Gebet: Herr, manchmal scheint die Welt außer Kontrolle geraten zu sein. Doch ich bin so dankbar, dass ich die solide Wahrheit deines Wortes habe! Sie schenkt mir die richtige Perspektive.

Text: **Lukas 2,1-40**

Entfaltung: Wenn Matthäus wie ein Buchhalter schreibt, schreibt Lukas wie ein Drehbuchautor. Seine Erzählung über die Geburt von Jesus fängt die Dramatik ein, die einen guten Film ausmacht: das Dilemma des Hauptdarstellerpaares (V. 4-7), das überraschende Element durch die verwirrten Hirten (V. 8-12.16-20) und das große Spektakel eines Engelchores (V. 13-14). Die Bibel zeigt uns, dass Gott verschiedene Persönlichkeiten und Perspektiven einsetzte, um viele Seiten der Wahrheit des Evangeliums zu vermitteln.

Ich bin überzeugt davon, dass die am häufigsten übersehenen Protagonisten in diesem Abschnitt die Hirten sind. Trotzdem scheinen sie am tiefsten verstanden zu haben, was hier wirklich geschah. Nicht besonders wohlriechend und in der Hackordnung der damaligen Gesellschaft ziemlich weit unten, waren Hirten nicht die Art von Menschen, bei denen man erwarten würde, dass Gott zu ihnen spricht. Doch Gott wirkt nicht nur unter den Reichen und Berühmten. Genau genommen lehrt uns die Bibel, dass er ein besonderes Herz für die Armen und Unterdrückten hat (Psalm 35,10; Psalm 82,3-4; Sprüche 14,31). Das sollte bei uns auch so sein.

Ebenso lehrreich für uns heute ist, wie diese außergewöhnlichen Figuren auf die guten Nachrichten reagierten. Die Hirten waren nicht zu beschäftigt, um dem nachzugehen, was ihnen über Jesus gesagt worden war (Lukas 2,15). Sie begriffen instinktiv, dass es wichtig war, Jesus zu finden, also räumten sie dieser Aufgabe die höchste Priorität ein (V. 16). Zweitens betrachteten sie die Wahrheit über Jesus nicht als Privatangelegenheit. Stattdessen begannen sie sofort, anderen zu erzählen, was sie entdeckt hatten (V. 17) und schämten sich nicht, Gott begeistert zu loben (V. 20). Das alles sind Kennzeichen für wahre Nachfolge.

Lukas 2,1-40 endet mit Kurzauftritten von Simeon und Hanna (V. 25-38). In einem modernen Film wären diese Szenen vielleicht dem Schnitt zum Opfer gefallen. Doch Lukas schloss sie in seinen Bericht ein, weil sie ein wichtiger Teil der Geschichte sind. Gott wusste, dass die Ereignisse um die Geburt von Jesus für Josef, Maria und vielleicht sogar für uns unglaublich erscheinen würden. Also bestätigt er sein Handeln durch diese Prophezeiungen. So werden wir daran erinnert, dass Gott alles Erdenkliche getan hat, um uns die Wahrheit über seinen Sohn mitzuteilen.

Überlegung: Mit welcher Person in der Geschichte der Geburt von Jesus können Sie sich am besten identifizieren? Warum?

Gebet: Danke, Gott, dass du so viel getan hast, um mir die Wahrheit über Jesus zu vermitteln. Gib mir den Mut, anderen die Gute Nachricht weiterzusagen.

Suche nach Jesus

Gebet: Gott, ich bitte dich, dass du mir beim Lesen heute hilfst zu verstehen, wer dein Sohn Jesus wirklich ist.

Text: **Matthäus 2,1-23**

Entfaltung: Im Jahr 1985 gründete eine Gruppe liberaler Geisteswissenschaftler das Jesus-Seminar, angeblich, um den wahren Jesus zu suchen. In den nächsten zehn Jahren isolierten sie 176 Ereignisse im Leben von Jesus, wie es in den Evangelien erzählt wird, und stimmten dann über jedes einzelne ab, ob es ihrer Meinung nach tatsächlich passiert sei. Das Ergebnis? Sie kamen zu dem Schluss, dass nur 16 Prozent der Ereignisse stattgefunden (oder wahrscheinlich stattgefunden) hatten. Doch die Geisteswissenschaftler des Jesus-Seminars wurden über die Jahre immer wieder für ihre Voreingenommenheit kritisiert; es ist schwer, den Sohn Gottes zu finden, wenn man eigentlich gar nicht glaubt, dass er existiert.
In Matthäus 2,1-23 begaben sich die Weisen aus dem Morgenland auf die aufrichtige Suche nach Jesus. Sie stellten gute Fragen, folgten den Hinweisen und blieben offen für die Möglichkeit, dass Jesus der Messias war (V. 2). Am Ende fanden sie ihn und beteten ihn an (V. 11). Herodes andererseits war bereits gegen Jesus voreingenommen, und seine Suche nach ihm war erfolglos.

Ein weiteres Thema dieses Abschnitts ist die Odyssee von Josef und Maria. Stellen Sie sich die Situation einmal vor. Sie wussten, dass Gott zu ihren Gunsten handelte; sie waren von Engeln, Hirten und weisen Männern besucht worden. Und sie wussten besser als irgendjemand sonst von den wundersamen Umständen der Geburt von Jesus. Ihr Sohn war der verheißene Messias. So wäre es nur natürlich gewesen, wenn sie gemeint hätten, dass ihr Leben sicher verlaufen würde. O nein. Gott machte sie zu schutzlosen Flüchtlingen (V. 13-15).

Wenn wir im Zentrum von Gottes Willen stehen, bedeutet das manchmal, dass unser Leben nicht erfolgreich oder leicht verläuft; manchmal muss es sein, dass wir den schweren Weg gehen. Doch wir können sicher sein, dass Gott einen Plan im Sinn hat, ganz gleich, wohin er uns führt (Römer 8,28). In diesem Fall schützte er diese besondere Familie (V. 19-20) und erfüllte dabei den Plan, den er schon Jahrhunderte zuvor verkündet hatte (V. 23). Gott weiß immer, was er in unserem Leben tut, selbst wenn uns sein Plan nicht klar ist.

Überlegung: Wo können Sie Gottes Wirken sehen, wenn Sie auf Ihr Leben zurückblicken? Hat er Ihnen schon einmal dadurch etwas Wichtiges beigebracht, dass Sie einen schweren Weg gehen mussten?

Gebet: Guter Gott, du kennst die Schwierigkeiten, vor denen ich heute stehe. Bitte zeige mir, was du für mich tust. Hilf mir, darauf zu vertrauen, dass du für mich sorgen wirst.

Vaters Sohn

Gebet: Himmlischer Vater, meine Gedanken rasen; ich habe so viel zu tun. Ich muss innehalten und zur Ruhe kommen, damit ich hören kann, was du mir heute zu sagen hast.

Text: **Lukas 2,41-52**

Entfaltung: Ich weiß genau, wie Josef und Maria sich fühlten (V. 48). Einmal habe ich in einem großen Bekleidungsgeschäft unsere jüngste Tochter Stephanie aus den Augen verloren. Sie war etwa fünf Jahre alt, und nach zehn Minuten verzweifeltem Suchen war ich kurz vor dem Durchdrehen. Als ich sie endlich fand – sie hatte sich in einem drehbaren Kleiderständer versteckt und grinste mich an –, verspürte ich eine Mischung aus Wut und Erleichterung. Doch wie wir in diesem Abschnitt sehen, spielte Jesus im Tempel nicht Verstecken. Die Ereignisse werfen vielmehr ein erstes Schlaglicht auf sein einzigartiges Wesen. Obwohl er noch nicht einmal ein Teenager war, besaß er bereits eine Weisheit, die weit über seine Jahre hinausging (V. 47). Es ist, als würde dieser Abschnitt uns zeigen, wie der größte Lehrer, den diese Welt je gesehen hat, in der Sonntagsschule war.

Auffällig ist, wie Jesus darauf reagiert, als Maria sagt „dein Vater" (V. 48-49). (Als Kind hörte ich diese Worte selbst einige Male, wenn auch in einem ganz anderen Zusammenhang: „Wenn *dein* Vater nach Hause kommt ...!") Ohne zu zögern antwortet Jesus: „Habt ihr nicht gewusst, dass ich im Haus meines Vaters sein muss?" Jesus verstand bereits, dass er der Sohn Gottes war. Das war keine Behauptung, die er später erfand, um die Menschenmassen anzuziehen. Er wusste es von Anfang an.

Der Wortwechsel zwischen Maria und Jesus führt uns zudem in eine Spannung hinein, die sich durch alle Evangelien hinweg aufbaut. Jesus sagte häufig Dinge, die seine göttliche Natur und seine einzigartige Beziehung zu Gott voraussetzen. Manche begriffen nicht, was er damit sagen wollte, oder waren von seinen Worten verwirrt. Andere verstanden ganz genau, was Jesus meinte, und wurden wütend oder lehnten ihn ab. So war es bei den jüdischen Religionsführern, solange Jesus lebte. Genau genommen machten seine Worte sie so wütend, dass sie ihn am Ende dafür umbrachten. Ich frage mich, ob einige der Schriftgelehrten, die an jenem Tag im Tempel mit Jesus redeten, 21 Jahre später anwesend waren, als man ihn kreuzigte.

Überlegung: Was sind Ihre Lieblingsaussagen von Jesus? Gibt es unter den Dingen, die Jesus sagte, auch solche, die Sie nur schwer akzeptieren können?

Gebet: Herr Jesus, ganz gleich, ob deine Worte ermutigend oder herausfordernd sind, ich bitte dich um die Fähigkeit, ehrlich zu hören, was du zu mir sagst.

Anregungen

1 In den Erzählungen über die Geburt von Jesus lesen wir immer wieder, dass Gott Engel schickt, um die Gute Nachricht zu verkünden und die Handlung zu lenken. Warum tat er das wohl?

2 Führt Gott auch heute noch Menschen? Wenn ja, wie? Können Sie Beispiele nennen?

3 Als Jesus geboren wurde, erklärte der Engel, dies sei eine gute Nachricht. Was genau ist die „gute Nachricht“? Können Sie sie mit Ihren eigenen Worten wiedergeben?

4 Denken Sie, dass die meisten Menschen die eigentliche Bedeutung von Weihnachten kennen? Wie würden Sie einem Freund oder Kollegen, der nicht an Gott glaubt, erklären, was Weihnachten ist?

5 Sollte man sich dafür einsetzen, Jesus in der Weihnachtsdekoration deutlicher hervorzuheben? Wie kann man Jesus ganz praktisch wieder ins Weihnachtsfest einbinden?

6 Haben Sie schon einmal etwas erlebt, das Ihnen zunächst unverständlich schien, Sie aber später überzeugt hat, dass hier Gott am Werk war? Was war Ihr Erlebnis?

7 Warum macht die Behauptung von Jesus, der Sohn Gottes zu sein, manche Menschen wütend?

Zusammenfassende Gedanken

Jesus wird geboren

Welche Gedanken sind Ihnen in den zurückliegenden fünf Leseeinheiten für Ihren Glauben und Ihren Alltag wichtig geworden?

1

2

3

4

5

Bevor Sie sich auf die nächste Etappe Ihrer Reise durch das Leben von Jesus begeben, könnte es helfen, diese persönlichen Gedanken zur vorherigen Einheit noch einmal durchzusehen. So rufen Sie sich ins Gedächtnis, was Ihnen durch die Lektüre der biblischen Texte bereits wichtig geworden ist.

DAS ERSTE ÖFFENTLICHE HANDELN VON JESUS

Mehr als ein Zimmermann

Einmal sah ich eine Fernsehdokumentation über das Leben des bekannten Sängers Bob Dylan. Es war toll, die Filmaufnahmen von dem Star mit den wüsten Haaren zu sehen, wie er seine größten Hits sang, darunter „Blowin' in the Wind“, „The Times They Are A-Changin'“, „Like a Rolling Stone“ und viele mehr. Doch der Teil der Sendung, der mich am meisten interessierte, war seine frühe Karriere, besonders das Jahr, als aus dem unbekannten Folk-Sänger namens Robert Zimmerman in Minnesota ein „entdeckter“ Rockstar namens Bob Dylan in New York City wurde.

Natürlich war Jesus viel mehr als ein Rockstar, doch in unseren nächsten fünf Texten werden wir eine ähnliche Übergangszeit in seinem Leben betrachten, als aus einem unbekannten Zimmermann aus Nazareth ein beliebter Prediger und Heiler wurde, der große Menschenmengen anzog. Leider gibt es keine Fernsehaufnahmen aus diesen aufregenden Tagen, doch die Darstellungen in den Evangelien liefern uns jede Menge anschauliche Details.

Zunächst werden wir uns anschauen, was quasi das öffentliche Debüt von Jesus war, nämlich seine Taufe. Johannes der Täufer hatte mit seinen harten Bußpredigten ziemlich viel Aufsehen erregt, und die Menschen standen Schlange, um von ihm im Jordan untergetaucht zu werden. Doch als Jesus an der Reihe war, sprach Gott laut und deutlich: „Dies ist mein Sohn, ihm gilt meine Liebe, ihn habe ich erwählt“ (Matthäus 3,17). Von Anfang an war klar, dass Jesus mehr war als ein Zimmermann.

Darum griff ihn auch unmittelbar danach der Teufel in der Wüste an, wie wir als Nächstes sehen werden. Manchmal denken wir, die Versuchung kommt, wenn wir das Falsche tun oder zulassen, dass wir in eine falsche Situation geraten. Das stimmt wohl. Doch Versuchung kann auch auftauchen, wenn wir uns bemühen, das Richtige zu tun. Jesus steckte mitten in einer 40-tägigen geistlichen Klausur. So oder so, wir erfahren, wie Jesus mit der Versuchung umging, was auch für uns heute wichtig ist.

Schließlich beginnt seine Arbeit Fahrt aufzunehmen. Wir hören, wie Jesus seine „Auftragsbeschreibung“ formuliert, wir werden untersuchen, worin sein Dienst bestand, und wir werden zuschauen, wie er anfängt, sein Team zusammenzustellen. Das ist alles ziemlich spannend!

Ein Leitmotiv, das bereits in den ersten Tagen seines Wirkens auftaucht, ist seine Entschlossenheit, Menschen zu finden, die mit ihm gehen, ihm nachfolgen. Tatsächlich sehen wir in den Evangelien immer wieder, wie Jesus Menschen einfach auffordert: „Folge mir nach.“ Dieser kurze Satz hatte eine gewaltige Bedeutung sowohl für die ursprünglichen Zuhörer von Jesus als auch für uns, wie Sie gleich sehen werden.

Dies ist mein Sohn

Gebet: „Tag für Tag sei der Herr gepriesen; denn er trägt uns, er ist unser Helfer!“ (Psalm 68,20). Alle meine Sorgen lege ich bei dir, Gott, ab!

Text: **Matthäus 3,1-17**

Entfaltung: Ich frage mich, ob Johannes der Täufer jemand war, mit dem man gern zusammen war. Immerhin war er ein eher negativer Gesprächspartner (V. 2) und hatte das Talent, Menschen zu beleidigen (V. 7). Nicht nur das, er kleidete sich auch seltsam und hatte seltsame Essgewohnheiten (V. 4). Wie konnte ein so seltsamer Vogel ein so beliebter Prediger werden (V. 5)? Die Antwort ist einfach: Er hatte eine einzigartige zweifache Botschaft, nach der die Menschen sich sehnten.

Ändert euer Leben! Der erste Teil seiner Botschaft hatte etwas mit Umkehr, mit „Buße“ zu tun. Johannes sagte den Menschen, dass sie Sünder waren, und er sagte ihnen, was sie dagegen unternehmen sollten (V. 8). Man mag kaum glauben, dass dieses Thema so beliebt war. Doch für Menschen, die von Sünde niedergedrückt sind, ist ein Aufruf zur Umkehr ein Segen. Wer einmal erlebt hat, wie ihm etwas vergeben wurde, das er falsch gemacht hatte, weiß, wovon ich spreche. Nicht eingestandene Sünde hat die Angewohnheit, uns von innen heraus aufzufressen. Doch wenn wir umkehren und endlich frei von unserer Schuld werden, erleben wir Erleichterung und Freude. Vielleicht haben diejenigen, die Buße für etwas Negatives halten, es noch nicht damit versucht.

Gott wird seine Herrschaft aufrichten! Der zweite Teil von Johannes' Botschaft hatte mit Jesus zu tun. Das war gemeint, wenn er sagte, „Gott wird jetzt seine Herrschaft aufrichten“ (V. 2). Johannes der Täufer war der Erste, der öffentlich verkündete, dass sein jüngerer Cousin in Wahrheit der Messias war (Johannes 1,29-34). Dazu gehörte viel Demut (Matthäus 3,11), doch das entsprach Johannes' Berufung (V. 3).

All das war die Vorbereitung für einen Meilenstein im Evangelium (V. 13-17). Obwohl Johannes es nicht verstand (V. 14), wusste Jesus, dass es für ihn wichtig war, sich taufen zu lassen (V. 15). Dieses Ereignis wurde zu einer einzigartigen Demonstration seiner göttlichen Natur (V. 17). Alle drei Personen der Dreieinigkeit waren daran beteiligt: Der Sohn wurde getauft, der Heilige Geist kam herab und der Vater sprach.

Überlegung: Welcher Teil der Botschaft von Johannes dem Täufer spricht Sie momentan am meisten an? Der Aufruf zur Umkehr? Oder dass Jesus nahe ist? Warum?

Gebet: Herr Jesus, es gibt viele Dinge, die ich nicht verstehe, aber ich möchte dir näherkommen. Bitte zeig mir, was dem im Weg steht.

Erlöse uns vom Bösen

Gebet: Himmlischer Vater, diese Welt kann manchmal ein dunkler, böser Ort sein. Bitte zeig mir, wie ich ein Werkzeug deines Lichts sein kann.

Text: Lukas 4,1-13

Entfaltung: Ob es den Teufel wirklich gibt? Früher glaubten das wohl alle Christen, heute ist man oft skeptisch. Wie auch immer man dazu steht, in der Figur des Teufels nimmt das Böse Gestalt an. Und wie real dieses Böse ist, wie sehr es das Leben eines Menschen zerstören kann, können wir immer wieder sehen – auch in unserer eigenen Umgebung.

In Lukas 4,1-13 will der Teufel Jesus in Versuchung führen, und zwar auf dreierlei Weise: *Mit dem Versprechen, körperliche Wünsche zu erfüllen.* Nach vierzig Tagen des Fastens war der Hunger groß. Etwas zu essen ist ja auch nichts Falsches. Doch der Teufel versuchte das natürliche Bedürfnis auszunutzen, um Jesus zu provozieren: „Wenn du Gottes Sohn bist ..." (V. 3). Aber Jesus wusste: Dass er Gottes Sohn ist, zeigt sich nicht in großartigen Selbsthilfe-Wundern, sondern in seinem Gehorsam gegenüber Gott. Gott soll nicht zum Mittel werden, um die eigenen Ziele zu erreichen, auch wenn diese noch so natürlich sind.

Mit dem Versprechen weltlicher Macht. Dies ist der klassische „Pakt mit dem Teufel", der Grundlage für so viele Theaterstücke und Romane ist: „Alles soll dir gehören, wenn du dich vor mir niederwirfst und mich anbetest" (V. 7). Auch hier geht es nicht darum, dass der Drang zum Erfolg falsch wäre. Doch der Erfolg darf nicht durch die Abwendung von Gott erkauft werden. In einer guten Beziehung zu Gott zu leben ist wichtiger als Macht und Ruhm.

Mit dem Versprechen geistlicher Macht. Noch einmal versuchte der Teufel, Jesus dazu zu bringen, seine Stellung als Gottes Sohn auszunutzen. Diesmal argumentierte er sogar mit einem Zitat aus Psalm 91. Doch Jesus ließ sich nicht dazu verleiten, seine Machtposition auszuspielen und Gott herauszufordern. Gottes Wille kam für ihn an erster Stelle.

Jesus widerstand allen Versuchungen. Dabei half ihm auch die Kenntnis der Heiligen Schrift (V. 4.8.12.). Genauso kann die Bibel uns heute helfen, dem Bösen zu widerstehen. Unser Kampf mit der Versuchung wird erst enden, wenn Gott den Teufel ein für alle Mal entmachtet hat (Offenbarung 20,10).

Überlegung: Fühlen Sie sich auch manchmal zum Bösen verführt? Was sind Ihre Versuchungen? Was können Sie ihnen entgegensetzen?

Gebet: Beten Sie das Vaterunser (Matthäus 6,9-13) Satz für Satz. Sie können jeweils Ihre eigenen Bitten anfügen.

Für wen hält der sich?

Gebet: „Das Gras verdorrt, die Blumen verwelken; aber das Wort unseres Gottes bleibt für immer in Kraft“ (Jesaja 40,8). Herr, bitte öffne mir heute die Augen für etwas Neues aus deinem ewigen Wort.

Text: Lukas 4,14-30

Entfaltung: Es muss schwer gewesen sein, in der Umgebung von Jesus aufzuwachsen. Der „Mütterklub“ hatte wahrscheinlich jahrelang über die Umstände von Marias Schwangerschaft und der Geburt ihres Sohnes geredet. Als Jesus aufwuchs, diskutierten die Religionslehrer vielleicht darüber, was aus diesem Wunderkind einmal werden würde. Und seine Freunde aus der Nachbarschaft müssen verblüfft gewesen sein, als Jesus an jenem Tag ins Rampenlicht der Synagoge trat. Jeder, der Jesus kannte, fragte sich wohl das Gleiche: *Für wen hält der sich?* Die Antwort auf diese grundlegende Frage beginnt sich in Lukas 4,14-30 abzuzeichnen. Als Jesus aufstand und aus dem Buch Jesaja zitierte, zeigte er damit mindestens zwei wichtige Dinge über sich selbst. Erstens: Er hatte eine konkrete Mission: „Er hat mich gesandt, den Armen gute Nachricht zu bringen“ (V. 18). Jesus ist für die gekommen, die benachteiligt und unterdrückt waren.

Als Zweites sagte Jesus, dass er mehr als nur der Sohn eines Zimmermanns war (V. 22). In einem der zurückliegenden Texte sahen wir bereits, dass der Abschnitt aus Jesaja, den Jesus las, eine der vier Stellen in jenem Buch war, die den kommenden Messias beschreiben (die „Gottesknechtslieder“). Indem er sagte, diese Schriftstelle sei jetzt erfüllt (V. 21), beanspruchte Jesus eindeutig für sich, dieser verheißene Messias zu sein. Man kann sich die verblüffte Stille vorstellen, die darauf folgte. „Ähm, gut. Gibt es heute noch weitere Ansagen zu machen?“
Seither sind die Menschen geteilter Meinung über Jesus. Manche nehmen ihn an (V. 22), während andere sich über ihn ärgern (V. 28). Und wie wir auf unserer restlichen Reise durch die Bibel sehen werden, machte Jesus noch viele weitere verblüffende Aussagen über das, wozu er gekommen war (beispielsweise Johannes 5,24-27). Ein Mensch, der sagte, was Jesus sagte, und tat, was Jesus tat, forderte zu einer Antwort heraus.

Überlegung: Wenn Sie an jenem Tag mit Jesus in der Synagoge gewesen wären, wie hätten Sie wohl auf seine Behauptung reagiert? Warum?

Gebet: Jesus, manchmal sind deine Worte und Taten für mich unfassbar. Ich will dir vertrauen und meine eigene Antwort auf dich finden. Hilf mir bitte dabei.

Mit Vollmacht!

Gebet: Trotz allem Stress und aller Probleme in meinem Leben bin ich gespannt darauf, heute dein Wort zu lesen, Herr, weil ich weiß, dass du mir etwas zu sagen hast.

Text: Lukas 4,31-44

Entfaltung: Durch meine Arbeit bei Prison Fellowship freundete ich mich mit einem Mann namens Aaron Johnson an, einem Baptistenpastor, der im US-Bundesstaat North Carolina zum Minister für Strafvollzug ernannt worden war. Nachdem er seine Stelle angetreten hatte, war seine erste Entscheidung, in allen Staatsgefängnissen Fluchen und Pornografie zu verbieten. Als seine Mitarbeiter anzweifelten, ob dieser Vorschlag praktikabel sei, antwortete Pasotor Johnson mit der Überzeugung, die nur ein Prediger aufbringen kann: „Habe ich die *Bevollmächtigung,* diese Entscheidung zu treffen?" – „Ja, natürlich, Herr Minister." – „Gut! Kein Fluchen und keine Pornografie mehr in den Gefängnissen!"

Unser Abschnitt heute zeigt, wie Jesus mit seinem Dienst in die Öffentlichkeit trat. Er ist kein „regionales Phänomen" mehr, sondern er fängt an, umherzureisen und Menschenmassen anzuziehen (V. 31.40-42). Dabei ist das entscheidende Merkmal, das für alle sichtbar ist, seine Vollmacht. Das zeigt sich sowohl an seinen Predigten (V. 32) als auch bei seinen Heilungen (V. 36). Wir haben bereits gesehen, dass Jesus von der Heiligen Schrift durchdrungen und vom Heiligen Geist befähigt war. Kein Wunder, dass sein Handeln solche Kraft hatte.

Es ist von Bedeutung, dass der von Dämonen besessene Störenfried Jesus in der Synagoge begegnete und nicht in irgendeiner Seitengasse (V. 33). Heute gehen wir manchmal davon aus, dass Kirchen und Gemeinden für die „guten" Menschen da sind. Doch wenn die Gemeinde ihre Arbeit richtig macht, werden auch Menschen, die aus dem Rahmen fallen, von ihr angezogen: Kranke, Unangepasste oder Menschen mit schweren Problemen. Statt sie abzuweisen oder zu meiden, müssen wir sie mit Jesus bekannt machen; er ist der Einzige mit der Vollmacht, ihr Leben zu ändern (V. 35).

Unser Abschnitt gibt uns auch einen Hinweis auf die Quelle, aus der Jesus seine Kraft bezieht. „Am nächsten Morgen verließ Jesus die Stadt und zog sich an eine abgelegene Stelle zurück" (V. 42). Im geschäftigen Alltag seiner wachsenden Popularität nahm sich Jesus Zeit, um im Gebet mit Gott allein zu sein. Für ihn, den Sohn Gottes, hatte es oberste Priorität, mit seinem Vater zu reden. Und diese Kraftquelle ist auch uns heute zugänglich.

Überlegung: Stellen Sie sich einmal vor, wie es wohl war, in der Menschenmenge zu stehen und Jesus zuzuhören. Wie hätten Sie sich gefühlt? Was hätten Sie getan?

Gebet: Guter Gott, wenn ich im Gebet mit dir spreche, kann ich wirklich auftanken. Bitte gib mir Kraft für die Herausforderungen, die mich heute erwarten.

Der Führungsstil von Jesus

Gebet: Himmlischer Vater, bitte gib mir ein klareres Bild davon, wer du bist, wenn ich heute in deinem Wort lese.

Text: Lukas 5,1-11

Entfaltung: In seinem Buch *Managing for the Future* trifft der Wirtschaftsexperte und Autor Peter Drucker die folgende, faszinierend tiefgründige Aussage: „Ein Anführer ist jemand, der Anhänger hat." Was er damit sagen will, ist einfach dies: Ganz gleich, welchen Titel man führt, wie man sich kleidet oder wie man redet, und ungeachtet jeder anderen Managementtheorie – wer nicht Menschen dazu motivieren kann, ihm zu folgen, ist kein Anführer. In Lukas 5,1-11 erhalten wir einen einmaligen Einblick, wie der größte Anführer der Welt seine Jünger rekrutierte.

Als Erstes sehen wir, dass die Menschenmengen von Jesus angezogen waren, nicht, weil er so eine gute Show hinlegte, sondern vielmehr, weil er Gottes Botschaft verkündete (V. 1). Das ist immer noch der Schlüssel zu Gemeindewachstum. Wenn wir die Evangelien lesen, gewinnen wir nie den Eindruck, dass Jesus etwas tat, um sich mehr Popularität zu verschaffen. Sein Ziel war nicht Popularität, sondern Menschen zu gewinnen, die ihm nachfolgten (Matthäus 9,9; Markus 1,17; Lukas 18,22; Johannes 21,19).

Als Nächstes fällt auf, dass Jesus seine Jünger oft einzeln rekrutierte; das sehen wir am Beispiel von Petrus (Lukas 5,4-11). Jesus machte sich die Mühe, in einer Sprache zu sprechen, die Petrus verstand: Er bezog sich auf die Fischerei. Wir denken oft fälschlicherweise, dass Gott nur in einer Kirche oder einem anderen religiösen Umfeld wirkt. Gott ist überall in seiner Welt an der Arbeit. Das Leben bekommt einen neuen Sinn, wenn wir in den Einzelheiten unseres Alltags nach Gott suchen.

Die berstenden Netze überzeugten Petrus davon, dass in Jesus eine höhere Macht am Werk war (V. 8). Es ist interessant, dass sein erster Gedanke dabei nicht war, wie stolz er auf die Begegnung mit Jesus sein konnte, welche Ehre es war, von diesem besonderen Menschen ausgewählt und angesprochen worden zu sein. (In heutiger Zeit hätte er ein Foto für die Wohnzimmerwand schießen können: Petrus und Jesus Arm in Arm vor einem unglaublichen Berg Fische.) Stattdessen dachte er an seine Sünde. So ist es immer bei einer echten Begegnung mit Gott: Sie offenbart die Kluft zwischen Gottes Heiligkeit und unserer Sündhaftigkeit. Trotzdem haben wir nichts zu fürchten (V. 10). Jesus kam, um die Beziehung zwischen uns sündigen Menschen und dem heiligen Gott wiederherzustellen. Das ist der Grund, warum man ihm folgen soll.

Überlegung: Gibt es Momente, in denen Sie sich von Gott direkt angesprochen und zu einer Antwort herausgefordert fühlen?

Gebet: Herr, ich bitte dich, dass du mir die Augen dafür öffnest, wie du in meinem Alltag und meinem Leben wirkst.

Anregungen

1. Jesus verbrachte 40 Tage in der Wüste. Was können wir heute tun, um mit Gott allein zu sein?

2. Jesus wurde vom Teufel versucht. Zeigt sich der Teufel auch in unserer heutigen Welt? In welcher Form?

3. Inwiefern könnte die Kombination aus Fasten und Beten eine gesunde geistliche Übung sein? Haben Sie Erfahrung mit solchen Übungen gemacht?

4. Ziehen unsere christlichen Gemeinden Menschen an, die krank oder mit Problemen belastet sind? Was könnten die Gemeinden noch besser machen, damit diese und alle Menschen mit Jesus in Kontakt kommen?

5. Was heißt es Ihrer Meinung nach heute, Jesus nachzufolgen?

6. Jesus forderte seine Jünger auf: „Kommt, folgt mir! Ich mache euch zu Menschenfischern“ (Matthäus 4,19). Was meinte er wohl damit? Wie können wir heute „Menschen fischen“?

Zusammenfassende Gedanken

Das erste öffentliche Handeln von Jesus

Welche Gedanken sind Ihnen in den zurückliegenden fünf Leseeinheiten für Ihren Glauben und Ihren Alltag wichtig geworden?

1

2

3

4

5

Bevor Sie sich auf die nächste Etappe Ihrer Reise durch das Leben von Jesus begeben, könnte es helfen, diese persönlichen Gedanken zur vorherigen Einheit noch einmal durchzusehen. So rufen Sie sich ins Gedächtnis, was Ihnen durch die Lektüre der biblischen Texte bereits wichtig geworden ist.

DIE PREDIGTEN VON JESUS

Worte des größten Predigers der Welt

Wie viele Predigten haben Sie in Ihrem Leben schon gehört? Wahrscheinlich zu viele, als dass Sie noch mitzählen. Ich habe sicher Tausende gehört, aber ich weiß nicht, ob ich jemals auch nur die Hälfte von dem umsetzen werde, was ich gehört habe. Eines allerdings weiß ich ganz sicher: Ich würde alle Predigten, die ich in meinem Leben gehört habe, dagegen eintauschen, auch nur eine Predigt von Jesus zu hören. In unseren nächsten fünf Texten haben wir das Vorrecht, drei wichtige Predigten von Jesus zu lesen, die wir in den Evangelien finden.

Die Bergpredigt (Matthäus 5–7) ist zweifellos die berühmteste Predigt aller Zeiten. Jesus hielt sie am Anfang seines öffentlichen Wirkens, um seine Weltsicht zu erklären. Und es fällt sofort auf, dass die Weltsicht von Jesus sich radikal von unserer unterscheidet. Er beginnt mit dem, was als die Seligpreisungen bekannt geworden ist, eine Reihe von Aussagen, die wie spirituelle Denkimpulse wirken, bis man tatsächlich einmal darüber nachdenkt, was er da sagt. Jesus will, dass die Menschen, die ihm nachfolgen, vor Gott arm sind, freundlich, hungrig nach Gerechtigkeit und barmherzig, sie sollen ein reines Herz haben, Frieden stiften und bereit sein, Verfolgung dafür zu ertragen, dass sie so leben.

Auch im Weiteren setzt er unglaublich hohe Maßstäbe für die, die ihm nachfolgen: Wir sollen unsere Feinde lieben, Menschen in Not helfen, uns keine Sorgen mehr ums Geld machen und das Kommen der Herrschaft Gottes soll oberste Priorität in unserem Leben haben. An einem Punkt sagt er sogar: „Seid vollkommen, wie euer Vater im Himmel vollkommen ist!" (Matthäus 5,48, BasisBibel).

In seiner nächsten Predigt werden wir entdecken, dass Jesus auch manchmal harte Dinge sagte, was vielleicht überrascht. In seiner Predigt der „Sieben Weherufe" greift Jesus die Pharisäer und Gesetzeslehrer wegen ihrer Heuchelei an. Gnadenlos prangert er sie dafür an, dass sie nicht praktizieren, was sie predigen. Doch selbst mitten in dieser wütenden Strafpredigt hört Jesus nie auf, seine Zuhörer zu lieben. Wie er am Ende der Predigt sagt: „Wie oft wollte ich deine Bewohner um mich scharen, wie eine Henne ihre Küken unter die Flügel nimmt! Aber ihr habt nicht gewollt" (Matthäus 23,37).

In der letzten Predigt, die wir in diesem Kapitel behandeln werden, sagt Jesus kühn das Ende des religiösen Establishments seiner Zeit voraus und schlägt dann den Bogen zu einer Beschreibung vom Ende der Welt. Eine packende Predigt.

Also schnallen Sie sich an – Sie werden gleich die Worte des größten Predigers der Welt hören.

Die neue Wirklichkeit

Gebet: Herr, Gott, ich möchte mehr über dich wissen, damit ich noch besser so leben kann, wie es dir gefällt. Bitte hilf mir heute dabei.

Text: **Matthäus 5,1-48**

Entfaltung: Was wir heute die „Bergpredigt" nennen, ist zur berühmtesten Predigt aller Zeiten geworden. Manche meinen, es sei nur eine Sammlung von „netten kleinen Moralregeln". Doch ein sorgfältiger Blick zeigt, dass Jesus über ein großes, herausforderndes Thema predigte: das Himmelreich oder die neue Welt Gottes (je nach Übersetzung wird es auch Reich Gottes oder die Herrschaft Gottes genannt). Was genau ist das?

Ganz allgemein gesprochen bezeichnet Himmelreich Gottes Herrschaft auf der Erde. Jesus kam, um es anzukündigen und aufzurichten; und dazu gehören zwei unterschiedliche Wirklichkeiten. Die erste ist *innerlich*. Wer zum Himmelreich gehört, hat ein Herz, das den Werten verschrieben ist, die Gott wichtig sind: Er ist demütig, sanftmütig, barmherzig, friedliebend, gerecht, rein und so weiter (V. 3-10). Jesus sagt, solche Menschen werden von Gott belohnt (V. 12). Sie werden auch verfolgt (V. 11), weil diejenigen, die Gottes Werte ausleben, in der Finsternis und Schlechtigkeit der Welt deutlich hervorstechen (V. 13-16).

Die zweite Wirklichkeit ist *äußerlich*. Im ganzen Alten Testament wurde Gottes Volk angewiesen, Gottes Gesetze zu befolgen oder andernfalls die Folgen zu tragen. Das führte zu einem gesetzlichen System: Tu einfach das Richtige, und du bist mit Gott im Reinen. Doch Jesus wiederholt diesen Satz etwas anders: „Ihr wisst, dass unseren Vorfahren gesagt worden ist ..." (V. 21.27.31.33.38.43). Er stellt sich hinter verschiedene alttestamentliche Gesetze und verbindet sie mit der neuen Motivation des Himmelreichs.

Im Grunde sagt er: „Es reicht nicht aus, einfach das Richtige zu tun (äußere Wirklichkeit); man muss es auch aus dem richtigen Grund tun (innere Wirklichkeit)."
Eine neue innerliche und äußerliche Wirklichkeit leben – das heißt es, zu diesem neuen Königreich zu gehören. Und das hatte Gott von Anfang an vor (V. 17-20).

Überlegung: Wir alle wollen das Richtige tun. Welche verschiedenen Motivationen könnte es dafür geben? Was ist Ihre eigene Motivation?

Gebet: Guter Gott, wie gern würde ich so leben, wie Jesus es in der Bergpredigt gesagt hat. Du weißt, wo es in meinem Leben noch fehlt. Bitte hilf mir, mich immer wieder und immer mehr an deinem Willen zu orientieren.

Sehnsucht nach Gott

Gebet: Himmlischer Vater, ich möchte dir heute trotz Sorgen und Stress näherkommen. Bitte nimm das alles weg, damit ich deine Gegenwart spüren kann.

Text: Matthäus 6,1-34

Entfaltung: Ich weiß noch, wie ich zum ersten Mal *Nachfolge feiern* las, Richard Fosters Buch über die klassischen geistlichen Übungen. Ich saß gerade allein beim Mittagessen in einem Schnellrestaurant mitten in Philadelphia und war so bewegt, dass mir Tränen in die Augen traten. Damals war es mir noch nicht bewusst, aber ich hatte einen größeren Hunger als nur den nach physischer Nahrung. Ich wünschte mir eine tiefere Beziehung zu Gott, und Richard Foster beschrieb einen Weg dorthin, der mir neu war.

Ich hätte an dem Tag auch die Bergpredigt lesen sollen, denn genau dieses Thema spricht Jesus in unserem heutigen Text an: geistliche Übungen. Zunächst spricht er über drei, die man von ihm erwarten würde. Über das Geben (V. 1-4) sagt er, man solle es nicht wegen der Öffentlichkeitswirkung tun, sondern vielmehr im Verborgenen. Über das Beten (V. 5-15) sagt er, das Hauptaugenmerk solle darauf liegen, Zeit allein mit Gott zu verbringen. Und über das Fasten (V. 16-18) sagt er, man solle sich dabei nicht wie ein superfrommer Märtyrer benehmen.
Ich wuchs mit der Vorstellung auf, mit dem „Herunterleiern" von Gebeten „wie die Heiden" (V. 7) meinte Jesus die Menschen in den liturgischen Kirchen, die jede Woche die gleichen Gebete lesen. Inzwischen habe ich gelernt, dass spontanes Gebet ebenso, wenn nicht noch mehr, „Plappern" sein kann, wenn es aus dem falschen Grund geschieht. Ganz gleich, welche geistliche Übung es betrifft, das Wichtigste dabei ist laut Jesus, dass man sich auf den Vater („euer Vater"!) konzentriert und nicht darauf, was die Leute denken könnten. Es fällt auf, wie oft er diesen Ausdruck in diesem Kapitel gebraucht.

Jesus beschließt diesen Abschnitt mit zwei unerwarteten Themen: *Geld* (V. 19-24) und *Sorgen* (V. 25-34). Meistens betrachten wir diese beiden Punkte nicht als geistliche Fragen, doch oft halten sie uns davon ab, Gott näherzukommen. Für mich ist Sorge ein viel größeres Problem als Geld. Ich sorge mich um meine Kinder, meine Arbeit, meine Gesundheit und die Zukunft. Manchmal sorge ich mich, um zu zeigen, dass mir die Sache nicht egal ist; ich betrachte es irgendwie als „Verantwortungsbewusstsein". Doch mit den Jahren habe ich festgestellt, dass Sorge emotional und geistlich ermüdend ist. Darum hilft es, immer wieder zur größten geistlichen Übung von allen zurückzukehren: „Sorgt euch zuerst darum, dass ihr euch seiner Herrschaft unterstellt, und tut, was er verlangt" (V. 33). Damit rückt alles andere in die richtige Perspektive.

Überlegung: Worum sorgen Sie sich? Was beherrscht Ihr Leben? Gibt es etwas, was Sie ändern möchten?

Gebet: Guter Gott, du weißt, welche Rolle die Macht des Geldes und die Sorgen in meinem Leben spielen. Bitte zeige mir, wie ich dein Reich zu meinem höchsten Anliegen machen kann.

Der große Kommunikator

Gebet: Himmlischer Vater, du weißt besser als jeder andere, was ich jetzt hören muss. Bitte hilf mir, offen zu sein für eine besondere Mitteilung von dir durch diesen Abschnitt.

Text: Matthäus 7,1-29

Entfaltung: Jesus brach alle Regeln für effektive Rhetorik. Die Bergpredigt war lang (viel länger als die durchschnittliche Aufmerksamkeitsspanne von 15 Minuten), wurde im Freien gehalten (ohne Beschallungsanlage) und enthielt keine Witze (nicht einmal eine lustige Geschichte).

Doch Jesus brachte die Menschen zum Staunen, weil er das eine besaß, das kein Kommunikationstrainer lehren kann: Vollmacht (V. 29). Der Sohn Gottes konnte das Wort Gottes vermitteln wie niemand sonst, und in diesem letzten Teil der Bergpredigt geht Jesus auf drei wichtige Punkte ein.

Verurteilen: auf keinen Fall. Christen müssen in dieser Sache eine Gratwanderung absolvieren; einerseits müssen sie Sünde hassen, andererseits aber den Sünder lieben. Leichter gesagt als getan. Vielleicht schlug Jesus deshalb vor, dass wir uns darauf konzentrieren, zuerst unsere eigene Sünde zu beseitigen. Wenn wir das tun, bleibt nicht mehr viel Zeit für etwas anderes.

Gott suchen: auf jeden Fall! Manche Menschen haben in Bezug auf Gott ein gewisses Anspruchsdenken. Sie meinen, er schulde ihnen etwas, ganz gleich, ob sie an ihn glauben oder nicht. Doch Jesus rät zu einem proaktiven Ansatz, wenn wir Gott finden wollen (V. 7-8): Gott segnet die, die ihn von Herzen suchen (V. 9-11; siehe auch Hebräer 11,6).

Falsche Propheten: Vorsicht! Unsere Welt ist voller religiöser Gurus, die gut wirken, aber in Wirklichkeit gefährlich sind (Matthäus 7,15). Dem Falschen zu folgen, kann ernste Folgen haben. Um das zu verhindern, müssen wir zuerst das Handeln („die Früchte", V. 16 in der BasisBibe]) jedes Lehrers prüfen. Dann müssen wir feststellen, ob seine Botschaft mit Gottes Willen übereinstimmt, der für uns am deutlichsten in der Bibel ausgedrückt ist.

Jesus beendet die größte Predigt der Welt mit einem einfachen Vergleich: Er spricht von Häusern, die auf Sand beziehungsweise Fels gebaut sind. Was will er damit sagen? Dass wir unser Leben auf die felsenfesten Worte von Jesus bauen sollen. Ganz unkompliziert.

Überlegung: Wir alle kennen das Gefühl, von anderen – womöglich auch ungerechtfertigt – verurteilt zu werden. Was könnten Sie selbst tun, um anderen nicht verurteilend, sondern akzeptierend zu begegnen, ohne dabei ihre Sünden gutzuheißen?

Gebet: Herr, du kennst meine Fehler und Schwächen. Hilf mir, den „Balken" aus meinem eigenen Auge zu ziehen, bevor ich bei anderen danach suche.

Kein „netter Kerl“

Gebet: Himmlischer Vater, dein Wort soll mein Bezugspunkt sein. Bitte führe mich durch das, was ich heute lese.

Text: **Matthäus 23,1-39**

Entfaltung: Niccoló Machiavelli (1469–1527) war ein politischer Denker aus Italien, der unter anderem für seine Philosophie des „der Zweck heiligt die Mittel“ und seine Abneigung gegen das Christentum berühmt-berüchtigt wurde. Machiavellis Ansicht nach war Jesus zu demütig und zu schwach, um in der „richtigen“ Welt Einfluss zu nehmen.

Doch vielleicht hätte Machiavelli Matthäus 23,1-39 lesen sollen. Darin wäre er einem leidenschaftlichen, zornigen Jesus begegnet, der kein Problem damit hatte, seine Gegner direkt zu konfrontieren, wenn es nötig war. Es ist eine Fehlannahme zu meinen, Christ zu sein bedeutet, dass man sich wie ein „Waschlappen“ verhalten muss. Die Protagonisten der Bibel werden oft angehalten, „stark und mutig“ zu werden (Josua 1,7; 1 Chronik 28,20). Das Entscheidende ist jedoch, sich sicher zu sein, dass man in Konfrontationen Gottes Willen vertritt und keinen eigenen.

Worüber war Jesus also so wütend? Die Antwort lässt sich in einem einzigen Wort zusammenfassen: *Heuchelei.* Die Gesetzeslehrer und Pharisäer (so hieß damals eine führende Glaubensgruppe) praktizierten nicht, was sie predigten (Matthäus 23,3). Es fällt auf, welch starke Ausdrücke Jesus hier verwendet: Er bezeichnet sie als blind (V. 16) und töricht (V. 17), als Nattern und Schlangenbrut (V. 33). Niemand mag Heuchler. Tatsächlich hatten sich die Spannungen zwischen Jesus und dieser damals führenden religiösen Gruppe über lange Zeit aufgebaut. In den vorangegangenen Kapiteln versuchten sie, Jesus Fallen zu stellen und ihn in Misskredit zu bringen (Matthäus 22,15.18). Sie wollten Jesus um jeden Preis loswerden (Matthäus 12,14). Die Pharisäer und Gesetzeslehrer wollten gern wie heilige Männer wirken. Doch echte Heiligkeit kommt nicht von einem schicken religiösen Titel oder vom äußeren Anschein. Wir können viele Dinge tun, um heilig zu erscheinen, aber mehr ist es auch nicht – ein Schein. Wahre Heiligkeit erfordert völlige Übereinstimmung zwischen Gottes Maßstäben und unserem Handeln (Matthäus 23,23).

Für Machiavelli waren diejenigen starke Menschen, die ohne Skrupel alles tun, was notwendig ist, um an der Macht und am Hebel zu bleiben, selbst wenn dazu Lügen und Betrug nötig sind. Jesus zeigte, dass zu wahrer Stärke auch gehört, sich für Gottes Plan einzusetzen – ungeachtet der Umstände.

Überlegung: Gibt es Situationen in Ihrem Leben, in denen Sie für Gott und seine Ziele eintreten könnten? Wie könnte das praktisch aussehen?

Gebet: Herr, hilf mir, mich auch in schwierigen Situationen stark und mutig für deinen Willen einzusetzen.

Das Ende

Gebet: Herr, ich bitte dich, dass du mir hilfst, die Welt und mein Leben aus deiner Perspektive zu sehen, wenn ich heute dein Wort lese.

Text: **Matthäus 24,1-51**

Entfaltung: Für seine kurze Bemerkung über den Tempel (V. 2) bekam Jesus mächtige Schwierigkeiten. Es klang fast so, als plante er einen terroristischen Anschlag auf das ehrwürdigste Gebäude des ganzen Judentums, und die Priester und Schriftgelehrten vergaben ihm seine Worte nie (Matthäus 26,61). Obwohl sich in unserer heutigen Zeit nichts direkt damit vergleichen lässt, wäre es wohl etwa, als würde jemand öffentlich seine Absicht bekunden, die National Cathedral, das Kapitol und das Weiße Haus auf einmal in die Luft zu jagen. Darauf würden die Menschen doch empfindlich reagieren.

Doch Jesus sprach eigentlich gar nicht von einem physischen Gebäude, sondern von dem Tempel seines „Leibes" (Johannes 2,19-22) – also einerseits von seinem Tod und seiner Auferstehung, andererseits aber auch von der christlichen Gemeinde, die als „Leib Christi" (1 Korinther 12,27) auch der „Tempel Gottes" ist (1 Korinther 3,16). Sie würde den Tempel aus Stein ersetzen, so eindrucksvoll er auch war. Die Jünger hatten Schwierigkeiten, all das zu begreifen (Matthäus 24,3), also nahm sich Jesus später Zeit, um es ihnen zu erklären – das macht den Hauptteil von Matthäus 24 aus. Eine sorgfältige Untersuchung dieser privaten Predigt zeigt, dass Jesus mit dem, was er sagt, mindestens drei Perspektiven im Sinn hatte:
Er kündigte an, dass der Tempel irgendwann zerstört werden würde (V. 2), doch er war nicht derjenige, der es tun würde. Wie sich herausstellte, besorgten das die römischen Legionen, als sie ihn im Jahr 70 n. Chr. niederbrannten. Zunächst sagt Jesus also: „Setzt euren Glauben nicht auf Steine und Mörtel oder irgendetwas sonst in dieser Welt; das alles ist vergänglich."
Er kündigte an, dass seinen Jüngern schwere Zeiten bevorstanden (V. 4-14): „Dann werden sie euch an die Gerichte ausliefern, euch misshandeln und töten. Die ganze Welt wird euch hassen, weil ihr euch zu mir bekennt" (V. 9). Bald nach dem Tod und der Auferstehung von Jesus geschah genau das. Seine Anhänger wurden verfolgt, zuerst von einigen Juden (Apostelgeschichte 8,1-3) und dann von den Römern. Jesus sagte, dass ihm nachzufolgen nicht immer ein Zuckerschlecken sein wird. Das gilt auch noch heute.
Er kündigte das Ende der Welt an (V. 15-51). Auch das wird eine Zeit mit großem Druck und weltweitem Aufruhr sein; manche sagen, diese Zeit hat bereits begonnen. Doch die Menschen, die Jesus Christus nachfolgen, haben nichts zu fürchten. Denn ganz gleich, wann diese Zeit kommt oder was dann geschieht, das Wichtigste ist, dass Jesus eines Tages zurückkehren wird. Jesus sagte, dass wir bereit sein und auf diesen Tag warten sollen (V. 44).

Überlegung: Welche Rolle spielt die Erwartung, dass Jesus zurückkehrt, in Ihrem Leben?

Gebet: Vater im Himmel, ich bitte dich, dass du mir hilfst, mich in meinem Leben mehr auf das zu konzentrieren, was ewig ist, und weniger auf das, was vergänglich ist.

Anregungen

1. Welche Bedeutung haben die Seligpreisungen (Matthäus 5,1-12) für das Leben heute? Sind es (unerreichbare) Ideale? Kann man versuchen, wirklich so zu leben?

2. Dürfen Christen sich Feinde machen? Warum oder warum nicht?

3. Welche Erfahrungen haben Sie mit den geistlichen Übungen, die in diesem Abschnitt erwähnt sind – Fasten und Gebet?

4. Jesus sagte: „Macht euch keine Sorgen um euer Leben“ (Matthäus 6,25). Wie geht es Ihnen mit dieser Aufforderung?

5. Was beherrscht Ihr Leben mehr – Gott oder das Geld? Woran zeigt sich das?

6. Welche Beispiele für Heuchelei haben Sie in der Gemeinde/Kirche erlebt? Und in Ihrem eigenen Leben?

7. Hat der Umstand, dass die Welt enden und Jesus eines Tages zurückkehren wird, einen Einfluss auf Ihr tägliches Leben und Ihre Entscheidungen? Welchen?

Zusammenfassende Gedanken

Die Predigten von Jesus

Welche Gedanken sind Ihnen in den zurückliegenden fünf Leseeinheiten für Ihren Glauben und Ihren Alltag wichtig geworden?

1

2

3

4

5

Bevor Sie sich auf die nächste Etappe Ihrer Reise durch das Leben von Jesus begeben, könnte es helfen, diese persönlichen Gedanken zur vorherigen Einheit noch einmal durchzusehen. So rufen Sie sich ins Gedächtnis, was Ihnen durch die Lektüre der biblischen Texte bereits wichtig geworden ist.

DIE GLEICHNISSE VON JESUS

Eindrückliche Geschichten

In unserer Gemeinde in Philadelphia habe ich früher Kinderpredigten gehalten. Mitten im Gottesdienst holten wir alle Kinder in der Gemeinde in die ersten Stuhlreihen. Meine Aufgabe war es, in drei bis fünf Minuten die Grundzüge dessen zusammenzufassen, was unser Pastor später in der Predigt für die Erwachsenen sagen würde.

Die ersten Male liefen nicht allzu gut. Die Kinder zappelten und kicherten und hörten mir nicht zu. Warum? Ich war langweilig. Ich sagte ihnen einfach, was sie tun sollten: „Seid brav. Hört immer auf eure Eltern. Bla, bla, bla ..."

Eines Sonntags erzählte ich dann den Kindern eine Geschichte aus meiner Kindheit, als ich etwas falsch gemacht hatte und was ich daraus lernte. Das gefiel ihnen und sie waren sehr aufmerksam. Bei der nächsten Kinderpredigt erzählte ich ihnen eine weitere Geschichte mit ähnlichen Ergebnissen. Bald tat ich fast nichts anderes als Geschichten über den „unartigen kleinen Whitney" zu erzählen.

Nach einer Weile fiel mir noch etwas anderes auf: Den Erwachsenen gefielen meine Geschichten ebenfalls. Oft kamen sie beim Kirchenkaffee auf mich zu, redeten mit mir über das, was ich gesagt hatte, und erzählten mir ihre eigenen Geschichten. Einmal sagte ein Gemeindeältester zu mir: „Whitney, du bist ein richtiger Geschichtenerzähler geworden." Offenbar gefielen selbst ihm meine Geschichten.

Wie Sie in unseren nächsten fünf Texten sehen werden, setzte Jesus häufig Geschichten oder Gleichnisse ein. Gemessen an dem Material, was in den vier Evangelien aufgezeichnet ist, erzählte er sogar mehr Geschichten als dass er in der üblichen Form predigte. Manchmal verwirrte dieser Lehrstil seine Jünger. Einmal fragten sie ihn ganz direkt danach: „Warum sprichst du in Gleichnissen, wenn du zu den Leuten redest?" (Matthäus 13,10). Er tat es vor allem, weil Geschichten Inhalte eindrücklich vermitteln können, und auch, weil er vor so unterschiedlichen Menschen sprach. Manche seiner Zuhörer waren leidenschaftliche Anhänger von Jesus, andere waren Erzfeinde, manche waren verwirrte Schaulustige, andere waren Menschen mit verletzten Seelen, und manche – wie Sie und ich – würden seine Worte Jahrhunderte später nur noch lesen können. Doch wir alle können uns mit einer guten Geschichte identifizieren.

Also machen Sie sich bereit für eine Entdeckungsreise durch die Gleichnisse von Jesus, dem größten Geschichtenerzähler der Welt.

Seid barmherzig

Gebet: Gott, lieber Vater, ich wünsche mir von Herzen, dich heute besser zu verstehen und dich zu erfahren. Bitte hilf mir dabei, wenn ich heute über dein Wort nachdenke.

Text: Lukas 10,25-37

Entfaltung: Vor Kurzem war ich bei einer Diskussionsrunde mit einem Experten zum globalen Klimawandel. Obwohl ich überzeugt bin, dass dies ein sehr ernstes Thema ist, ging ich früher, weil viele im Publikum eigentlich nicht an dem interessiert waren, was der Wissenschaftler zu sagen hatte. Stattdessen wollten sie mit klug klingenden Fragen die Aufmerksamkeit auf sich selbst ziehen.

Das gleiche Problem hatte Jesus in seiner spontanen Frage-und-Antwort-Runde. Anfangs war der Gesetzesexperte nicht an echten Einsichten interessiert. Seine Absicht war es, Jesus auf die Probe zu stellen (V. 25). Jesus ließ ihm seine fünfzehn Sekunden Ruhm. Vers 26 könnte im Originalton vielleicht so geklungen haben: „Okay, Herr Neunmalgescheit, dann zeigen Sie doch mal allen, wie gut Sie die Heilige Schrift kennen."
Vielleicht wollte der Experte sich mit seiner folgenden Frage über den „Nächsten" oder „Mitmenschen" (V. 29) auf sichereres theologisches Gelände zurückziehen. Doch das Ziel von Jesus war es nicht, über Theologie zu debattieren, sondern den Menschen – damals und heute – zu zeigen, wie Gott ist. In dieser Situation tat er es anhand der wunderbaren Geschichte, die wir das Gleichnis vom barmherzigen Samariter nennen (V. 30-35). Darin taten der Levit und der Priester, die religiösen Experten jener Zeit, nicht, was die Heilige Schrift lehrte oder was Gott wollte. Der Samariter hingegen – in jener Zeit ein Außenseiter, weil die Samariter keine rein israelitische Abstammung hatten und sich auch im Glauben von den anderen Juden unterschieden – gehorchte der Heiligen Schrift und tat, was Gott gefiel. Der springende Punkt ist: Wer Gott wirklich kennt, der ist barmherzig. Wer nicht barmherzig ist, hat das Wesentliche nicht verstanden.

Warum? Weil Barmherzigkeit der Grund ist, aus dem Gott seinen Sohn auf die Erde schickte. Wie der barmherzige Samariter gab Jesus alles, um uns zu finden. Wie der barmherzige Samariter bezahlte Jesus den Preis, um uns wiederherzustellen. Und wie der barmherzige Samariter brachte Jesus ein enormes Opfer, um uns zu retten. Trotz seines eindrucksvollen theologischen Wissens hatte der Gesetzesexperte keine Ahnung von Gottes Barmherzigkeit. Die kann man nur verstehen, wenn man versteht, was am Kreuz geschah.

Überlegung: Gibt es Situationen in Ihrem Leben, in denen Sie barmherzig sein könnten? Wie könnte das aussehen?

Gebet: Himmlischer Vater, Barmherzigkeit klingt gut, aber es ist zunächst nur ein Wort. Barmherzigkeit zu leben ist schwer. Bitte hilf mir, diese Woche in einer konkreten Situation barmherzig zu sein.

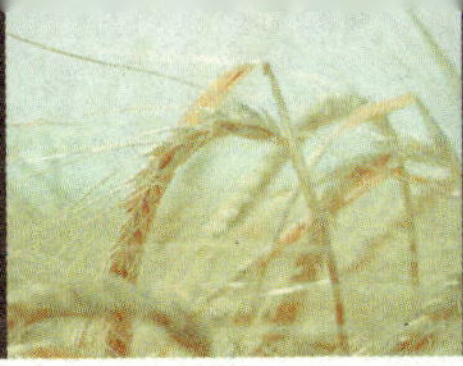

Reich bei Gott

Gebet: Himmlischer Vater, mehr als alles andere wünsche ich mir eine tiefere Beziehung zu dir. Bitte zeig mir, was ich heute dafür tun kann.

Text: **Lukas 12,13-21**

Entfaltung: Das nenne ich Chuzpe (Frechheit)! Dieser Mann hatte den Mumm, Jesus vor Tausenden (Lukas 12,1) mit einer Frage zu Erbstreitigkeiten zu unterbrechen (V. 13). Man kann förmlich die Frustration in der Stimme von Jesus hören (V. 14). Doch bevor wir zu hart über diesen armen Kerl urteilen, sollten wir uns fragen, ob unser Geld und Besitz schon einmal dazu geführt haben, dass wir die wichtigen Dinge im Leben aus den Augen verlieren. Kein Kommentar. Was sagte Jesus also zu diesem Mann (und anderen planlosen Anhängern von Jesus – wie uns) über Geld und Besitz?

Jesus legt den Finger auf die Wurzel des Problems: Habgier (V. 15). Jahre später sagte der Apostel Paulus genau das Gleiche: „Geldgier ist die Wurzel alles Bösen“ (1 Timotheus 6,10). Natürlich brauchen wir bestimmte Dinge zum Leben. Doch Jesus warnte uns, dass sie unser Herz nur allzu leicht über die feine Grenze zur Habgier ziehen können. Deshalb müssen wir wachsam sein.

Jesus erinnert uns daran, dass das Leben mehr ist als nur Besitz (V. 15). Dem kann ich nur jedes Mal aus tiefstem Herzen zustimmen, doch tatsächlich ist es leichter gesagt als getan. Ich verbringe den Samstagmorgen gern damit, bei einer Tasse Kaffee die Hochglanz-Broschüren zu studieren, die in der Wochenendausgabe meiner Zeitung liegen. Seltsam nur, dass ich danach oft den überwältigenden Drang verspüre, etwas zu kaufen. Ich weiß, das Leben ist mehr als Besitz, aber ...

Jesus illustriert seine Aussage mit einer Geschichte über einen reichen Narren (V. 16-20), die sich etwa folgendermaßen zusammenfassen lassen könnte: Wer mit dem meisten Spielzeug stirbt, stirbt trotzdem. Und wir sollten auch beachten, dass der Mann diesen unglaublichen Reichtum nicht selbst produziert hatte. Vielmehr brachten „die Felder“ ihn hervor (V. 16, Basis Bibel). Selbst unsere Fähigkeit, Reichtum zu produzieren, ist ein Geschenk von Gott. Alles gehört ihm. Unser Ziel im Leben sollte es nicht sein, großen Reichtum für uns selbst anzuhäufen. Vielmehr sollten wir uns darauf konzentrieren, „reich bei Gott“ zu werden (V. 21, Lutherbibel 1984). Wir sollten „Gutes tun, freigebig sein“ und unseren „Reichtum gerne mit anderen teilen“ – so werden wir „an guten Taten reich werden“ (1 Timotheus 6,18).

Überlegung: Was können Sie ganz konkret tun, um Ihr Augenmerk mehr darauf zu richten, „reich bei Gott“ zu werden?

Gebet: Herr, ich danke dir für den großen materiellen Segen, den du mir geschenkt hast. Bitte zeig mir, wie ich ihn so einsetzen kann, dass es dir gefällt.

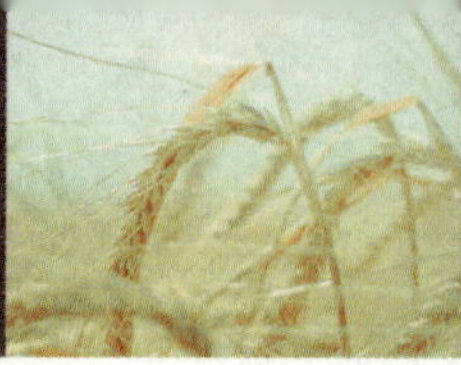

Fröhlich sei's beim Abendessen ...

Gebet: Herr, bitte schenk mir ein tieferes Bewusstsein deiner Gegenwart, wenn ich heute in deinem Wort lese, darüber nachdenke und bete.

Text: Lukas 14,1-24

Entfaltung: Es ist schwer, das Gleichnis vom großen Festmahl (V. 16-24) zu verstehen, ohne sich zunächst die angespannte Situation bewusst zu machen, in der Jesus sich befand, als er das Gleichnis erzählte(V. 1-15): ein festliches Abendessen mit einer einflussreichen Gruppe seiner Feinde. Wir sollten nicht übersehen, dass Jesus sich auch mit denen abgab, die nicht seiner Meinung waren; er aß mit ihnen und betete für sie (Matthäus 5,44). Doch er ärgerte sich auch über sie, weil sie sich mehr um ihre kleinlichen Regeln kümmerten (V. 3) als um einen bedürftigen Menschen (V. 2). Wenn uns das, was „man" tut oder nicht tut, wichtiger wird als barmherzig zu sein, haben wir Gottes Prioritäten aus den Augen verloren, ganz gleich, wie korrekt unsere Regeln sein mögen. Religion, die nur auf Rechthaberei basiert, sieht von außen gut aus, führt innerlich aber zu Stolz (V. 7).

Inmitten dieser angespannten Situation platzt jemand mit einer fromm klingenden Aussage über ein Festmahl in Gottes Reich heraus (V. 15). Vielleicht dachte er, diese „fröhliche Mahlzeit" sei ein wunderbares Beispiel dafür, wie es einmal sein wird. Jesus antwortet mit einem Gleichnis, das klarstellt: Das Reich Gottes wird ganz und gar nicht so sein wie diese exklusive Dinnerparty.

Was will Jesus also mit diesem Gleichnis über das Reich Gottes aussagen?
Erstens: Gott will, dass alle Menschen hineinkommen. Der Gastgeber tut alles ihm Mögliche, um jedem die Teilnahme zu ermöglichen (V. 17.21.23).
Zweitens: Gottes Reich ist nicht nur für die Reichen und Talentierten oder für die, die ihr Leben im Griff haben. Der Gastgeber bemüht sich auch besonders, die Menschen am Rand der Gesellschaft einzubeziehen, „die Armen, Verkrüppelten, Blinden und Gelähmten" (V. 21).
Drittens: Es ist möglich, Gottes Einladung abzulehnen (V. 18-20). Die Ausreden der eingeladenen Gäste mögen lächerlich klingen, doch sie vermitteln eine wichtige Wahrheit: Es gibt nie einen guten Grund, Gottes Einladung auszuschlagen.

Eines Tages wird Gott ein großes gemeinschaftliches Festessen für all diejenigen ausrichten, die sich dafür entschieden haben, Jesus nachzufolgen. Das wird ein fröhliches Essen sein!

Überlegung: Was könnten Sie tun, um die Einladung Gottes an einen Menschen weiterzugeben, der bisher ausgegrenzt wird – womöglich auch von der Gemeinde?

Gebet: Himmlischer Vater, du lädst alle zu dir ein. Hilf mir, jeden Tag neu deine Einladung anzunehmen und sie auch an alle weiterzugeben, die auf dich hören wollen.

Sünder herzlich willkommen!

Gebet: Herr, bitte zeig mir, was mich daran hindert, dir näherzukommen.

Text: **Lukas 15,1-32**

Entfaltung: Meine Gemeinde liegt an einer viel befahrenen Straße. Deshalb hängen wir manchmal ein riesiges Schild über den Haupteingang, auf dem steht: „Herzlich willkommen!" Wir wollen so viele Menschen wie möglich einladen, mit uns Gottesdienst zu feiern. Doch nachdem ich den Abschnitt von heute gelesen habe, frage ich mich, ob wir das Schild ändern sollten in: „Sünder herzlich willkommen!" Ich weiß nicht genau, ob das mehr oder weniger Menschen anziehen würde.

Jesus würde diese Änderung sicher gefallen, denn sein Dienst war auf Sünder ausgerichtet, etwas, was die Religionsführer völlig irritierte (V. 2). Sie meinten, nur „gute Menschen" wie sie selbst könnten Gott wirklich nahekommen. Doch Jesus zeigte, dass Gott gerade auch für schlechte Menschen da ist, denn wir alle sind Sünder (Römer 3,23). Das ist für jeden eine harte Nuss, also erzählte Jesus drei Gleichnisse, um zu erklären, was er meinte.

Die ersten beiden über eine *verlorene Münze* und ein *verlorenes Schaf* (V. 3-10) sind ziemlich leicht verständlich. Wer schon einmal eine größere Summe Bargeld verlegt oder ein geliebtes Haustier verloren hat, kann die Gefühle verstehen, die Jesus beschreibt. So empfindet Gott für Sünder. Er weiß, dass sie sich verlaufen haben, und er will sie wirklich gern finden. Das ist eine gute Nachricht.

Das dritte Gleichnis über den *verlorenen (verschwenderischen) Sohn* (V. 11-32) ist persönlicher und hat in der Handlung einen zusätzlichen Schwerpunkt auf der Sünde. Der jüngere Bruder tut bewusst alles, was falsch ist, und hat eine Strafe verdient. Als er seine tränenreiche, einstudierte Entschuldigung vorbringt (V. 21), steigt die Spannung weiter; wir fragen uns, wie der Vater reagieren wird. Wird er ihm die kalte Schulter zeigen, ihm eine Standpauke halten oder ihn ganz und gar ablehnen? Nichts von alledem. Der Vater ist überglücklich über den Sünder, der nach Hause gekommen ist (V. 22-24). Genau genommen ist Freude das Thema, das diese drei Gleichnisse miteinander verbindet (V. 6-7.9.23). Gott freut sich, wenn Sünder umkehren (V. 7.10). Das sind ebenfalls gute Nachrichten.

Einen Haken hat die Sache allerdings: Um erleben zu können, wie es ist, mit Gott wiervereint zu sein, muss man erst einmal eingestehen, dass man ohne ihn verloren ist. Man muss sich mit der eigenen Sünde auseinandersetzen. Das ist der notwendige erste Schritt zu einer Beziehung mit Gott.

Überlegung: Der jüngere Bruder hat gesündigt und ist umgekehrt. Der ältere Bruder hat sich immer bemüht, alles richtig zu machen, doch er hat Probleme mit der Freude und Vergebung des Vaters. Mit welchem Bruder können Sie sich besser identifizieren? Warum?

Gebet: Himmlischer Vater, ich danke dir, dass du bereit bist, mich mit offenen Armen zu empfangen.

Ungewöhnliches Gebet

Gebet: Herr Jesus, du hast deinen Jüngern beigebracht, wie sie beten sollen. Ich bitte dich, dass du mir hilfst, besser zu verstehen, wie ich mit dir kommunizieren soll.

Text: Lukas 18,1-14

Entfaltung: In der Oberschule mochte ich den Englischunterricht besonders (na ja, jedenfalls meistens), weil wir uns dort mit Kurzgeschichten beschäftigten. Es machte Spaß zu sehen, wie großartige Autoren denkwürdige Figuren und interessante Handlungen auf nur wenigen Seiten entwickeln konnten. Genau das tut Jesus in den Gleichnissen, die wir heute lesen.
Das erste über die *hartnäckige Witwe* (V. 1-8) war an die Jünger gerichtet und jeden anderen, der Jesus nachfolgen wollte. In dem Wechselspiel zwischen dem korrupten Richter und der hartnäckigen Frau steckt ein Funken Humor. Das Überraschende ist, dass Jesus diese unermüdliche Störenfriedin als Vorbild für intensives Gebet darstellt. Doch wirkungsvolles Gebet klingt nicht immer, als wäre es direkt einem Gebetbuch entsprungen. Oft besteht es darin, Gott dringlich zu bitten und beharrlich anzuflehen. Allerdings sollten wir auch nicht übersehen, dass das Anliegen der Frau Gottes Maßstäben entspricht; sie bittet um Gerechtigkeit (V. 3) und nicht um ein neues Auto.

Das zweite Gleichnis über den *Pharisäer und den Zolleinnehmer* (V. 9-14) war an jeden gerichtet, der stolz und herablassend ist (V. 9). Ganz offensichtlich ist die Aussage, dass Gott auf demütige Gebete antwortet, nicht auf stolze. Das Schwierige ist, den Unterschied zu erkennen, und das ist nicht immer leicht. Sich in einer Gemeinde zu engagieren, Sünde zu meiden, regelmäßig in der Bibel zu lesen und zu beten, das alles ist gut – es sei denn, es führt dazu, dass wir auf andere herabsehen. Gebete, die sich auf unser eigenes Gutsein gründen, kommen bei Gott nicht weit. Gebete, die sich darauf gründen, dass wir Gott brauchen, werden viel besser aufgenommen.

Vielleicht ähneln diese Gleichnisse weniger einer Sammlung von Kurzgeschichten als einem anderen Buch, das zu Hause in meinem Bücherregal steht. Es heißt *The Book of Uncommon Prayer* und enthält eine Auswahl unorthodoxer, aber ehrlicher Gebete aus allen Zeiten. Jesus scheint sagen zu wollen, dass diese – ganz gleich, wie sie klingen – diejenigen sind, die Gott am besten gefallen.

Überlegung: Betrachten Sie einmal Ihre eigenen Gebetsgewohnheiten. Wie „hartnäckig“ beten Sie für Dinge, die Ihnen wichtig sind? Wie viel geben Sie von Ihrem Inneren preis?

Gebet: Lieber Gott, heute will ich dir ganz ehrlich sagen, was mich beschäftigt:

Anregungen

1. Wie und wo haben Sie in letzter Zeit Barmherzigkeit selbst erlebt oder bei anderen gesehen?

2. Manche Menschen meinen, barmherzig zu sein sei ein Zeichen von Schwäche. Wie denken Sie darüber?

3. Was ist Ihre Haltung in Bezug auf Geld und Besitz? Ist es möglich, wohlhabend zu sein, ohne sein Herz an den Besitz zu hängen?

4. Wie könnten Sie die Mittel, die Gott Ihnen anvertraut hat, seinen Maßstäben entsprechend für den größtmöglichen Gewinn einsetzen?

5. Wo gibt es in Ihrem Leben Möglichkeiten, einem Außenseiter entgegenzukommen?

6. Haben Sie sich in Ihrem Leben schon einmal verloren und fern von Gott gefühlt? Wie war das? Haben Sie bereits den Weg zurück zu ihm gefunden? Wenn ja, wie kam es dazu?

7. Kann Stolz auch etwas Gutes sein? Wann ist Stolz schlecht? Wie kann man ihn vermeiden?

Zusammenfassende Gedanken

Die Gleichnisse von Jesus

Welche Gedanken sind Ihnen in den zurückliegenden fünf Leseeinheiten für Ihren Glauben und Ihren Alltag wichtig geworden?

1 ______________________________

2 ______________________________

3 ______________________________

4 ______________________________

5 ______________________________

Bevor Sie sich auf die nächste Etappe Ihrer Reise durch das Leben von Jesus begeben, könnte es helfen, diese persönlichen Gedanken zur vorherigen Einheit noch einmal durchzusehen. So rufen Sie sich ins Gedächtnis, was Ihnen durch die Lektüre der biblischen Texte bereits wichtig geworden ist.

NOCH MEHR GLEICHNISSE
VON JESUS

Einführende Gedanken

Noch mehr Gleichnisse von Jesus

Tiefe Wahrheiten vom Himmelreich

Wie wir in den letzten fünf Texten entdeckt haben, lehrte Jesus sehr häufig anhand von Gleichnissen. Er erzählte eine interessante Geschichte und vermittelte seinen Zuhörern dabei eine wichtige oder manchmal auch erschreckende Wahrheit.

In unseren nächsten fünf Texten werden wir uns einige weitere Gleichnisse zu zwei Themen anschauen. Das erste ist vielleicht das größte Thema in den Gleichnissen von Jesus überhaupt: das Himmelreich. Wir haben bereits eine einfache Definition dieser mysteriösen Formulierung gefunden: Gottes Herrschaft auf der Erde (siehe Kapitel 41). Doch das klingt zu sehr nach einem Zitat aus einem theologischen Lehrbuch. Wir werden es viel besser verstehen, wenn wir die Geschichten lesen, die Jesus erzählte.
Dabei werden wir sehen, dass Jesus nie sagte: „Das Himmelreich ist so ... Punkt!" Stattdessen sagte er: „Das Himmelreich ist wie ...", und dann erzählte er eine kurze Geschichte. Der Grund dafür ist, dass es so viel Verschiedenes zu verstehen gibt. Jedes der zehn Gleichnisse über das Himmelreich (manche davon sind sehr kurz, also werden wir mehrere gleichzeitig lesen) beleuchtet ein anderes Detail. Am Ende werden wir alles zusammensetzen müssen, ein wenig wie bei einem Puzzlespiel: Nach einer Weile beginnt man, das ganze Bild zu sehen.
Das zweite Thema in diesem Abschnitt ist genau genommen eine Variation der „Lehrmethode Gleichnisse". Statt eine ganze Geschichte mit Handlung und Pointe zu erzählen, wies Jesus seine Zuhörer auf eine bekannte Sache hin – Hirte, Herde, Tor, Weinstock, Zweige, Gärtner – und erklärte anhand dieses Vergleichs eine tiefe Wahrheit.

Ob es nun eine ganze Geschichte oder nur ein einfacher Vergleich ist, es gibt aus den Gleichnissen von Jesus viel zu lernen. Also weiter im Text.

Es ist wie ...

Gebet: Herr, du kennst das Durcheinander, das heute in meinem Herzen und meinen Gedanken herrscht. Bitte hilf mir, darüber hinauszuschauen auf das, was du mir in deinem Wort zeigen willst.

Text: Matthäus 13,1-58

Entfaltung: Bei der Beschäftigung mit der Sammlung von sechs Gleichnissen in Matthäus 13 hilft es, sich an unsere einfache Definition vom Himmelreich zu erinnern, denn das ist das Thema, das dieses Kapitel zusammenhält. Im Grunde ist das Himmelreich Gottes Herrschaft auf Erden oder sein Herrschaftsgebiet und sein Volk (siehe Einheit 41).

Das vielleicht berühmteste dieser Gleichnisse ist das erste, das Gleichnis vom „Sämann" (V. 3-9). Der einzelne Bauer, der mit der Hand die Saat ausstreut, war das Motiv vieler großer Gemälde von Jean-François Millet (1851), Vincent van Gogh (1888) und vielen anderen. Und obwohl die meisten von uns in keiner Agrargesellschaft mehr leben, vermitteln die Gedanken von Jesus darüber, wo die Saat hinfällt, immer noch eine wichtige Wahrheit über das Wort Gottes: Es muss angenommen und gepflegt werden, um in unserem Leben Frucht tragen zu können.

Zusammengenommen helfen uns diese Gleichnisse, ein vollständigeres Bild vom Himmelreich oder „Gottes neuer Welt" zu sehen. Sie beginnt klein (wie Samenkörner) und hat eine einzigartige Kraft zu wachsen (wie ein Senfkorn oder wie Hefe). Sie ist es wert, dass man alles, was man hat, dafür eintauscht (wie ein versteckter Schatz oder eine Perle), und am Ende wird sie viele, viele Menschen umfassen (wie ein Netz). Nur eine dunkle Wolke gibt es auf dieser wunderschönen Leinwand: Einige Menschen werden gegen Gottes neue Welt und ihre Bewohner Widerstand leisten (wie Unkraut). Erstaunlich, wie viel Wahrheit Jesus in einige wenige Wortbilder packte.

Doch all das wirft eine interessante Frage auf: Warum setzte Jesus so viele Gleichnisse ein (V. 10)? Die Antwort hat etwas mit unserer Bereitschaft zu tun, seine Botschaft anzunehmen. Wenn wir etwas aus den Gleichnissen von Jesus lernen wollen, müssen wir seine Botschaft mit Demut und Glauben aufnehmen; beides fehlte vielen seiner Zuhörer (V. 58). Mit dem Zitat aus Jesaja (V. 14-15) sagt Jesus, dass diejenigen, die nur mit dem Kopf verstehen – das heißt, ohne zu glauben –, eigentlich gar nichts verstehen. Um in das Himmelreich zu kommen, braucht man Wissen und Glauben. Das bedeutet es, „mit dem Herzen" zu verstehen (V. 15, Lutherbibel 1984).

Überlegung: Mit welchem Wortbild würden Sie Ihr Verständnis vom Himmelreich beschreiben? Es ist wie ____________________

____

____

____

Gebet: Jesus, ich möchte zu deinem Königreich gehören. Bitte schenk mir mehr Wissen und stärke meinen Glauben daran, wer du bist und was du mir anbietest.

Der großzügige Landbesitzer

Gebet: Herr, Gott, manchmal wüsste ich gern, wie ich meine Beziehung zu dir echter und lebendiger machen kann. Bitte zeig mir, wie ich das heute tun kann.

Text: **Matthäus 20,1-16**

Entfaltung: Die Pointe im Gleichnis vom großzügigen Landbesitzer ist den meisten vertraut (V. 16). Mancher mag den Satz schon einmal im Scherz zitiert gehört haben, z. B. wenn jemand sich in der Schlange vordrängelt. „Die Letzten werden die Ersten sein und die Ersten werden die Letzten sein." Aber das Gleichnis und seine Aussage waren für Jesus kein Scherz. Durch sie erklärte er einen weiteren wichtigen Aspekt des Himmelreichs (V. 1). Was genau wollte er sagen?

Zunächst wirkt dieses Gleichnis recht leicht verständlich: Arbeiter werden zu verschiedenen Tageszeiten angeheuert, und man verspricht ihnen, am Ende einen gerechten Lohn zu erhalten. Die Spannung steigt: Die Frühaufsteher überlegen, wie viele Überstunden sie wohl bezahlt bekommen? Doch hier wird die Handlung kompliziert: Alle erhalten den gleichen Betrag. Diejenigen, die zwölf Stunden gearbeitet haben, bekommen das Gleiche wie diejenigen, die nur eine Stunde gearbeitet haben. Jetzt sind wir wirklich verwirrt. Ist der Landbesitzer gerecht oder ungerecht? Ist er ein reicher Unterdrücker oder ein herzloser Kommunist?

Doch eben diese scheinbare Ungerechtigkeit drückt aus, was Jesus sagen will. Das Himmelreich lässt sich nicht verdienen; es ist ein Geschenk von Gott (Epheser 2,8-9). Dieses Gleichnis sollte man nicht das „Gleichnis von den Arbeitern im Weinberg" nennen, sondern richtiger das „Gleichnis vom großzügigen Landbesitzer" (V. 15). Damit sagte Jesus, dass unsere Rettung von Gottes Großzügigkeit abhängt, nicht von unseren guten Taten.

Für die Religionsexperten zur Zeit von Jesus war diese Botschaft schwer zu akzeptieren. Immerhin standen sie Gottes erwähltem Volk vor. Sie folgten gewissenhaft allen Geboten und Richtlinien Gottes. Wenn irgendwer es verdiente, ins Himmelreich zu kommen, dann sie. Doch Religion, die sich auf menschliche Anstrengung stützt und sich die Rettung verdienen will, führt weg von Gott und hin zum Stolz.

Die Wahrheit ist: Gott will, dass alle genießen, was sein Königreich zu bieten hat. Statt darüber zu murren, wer es verdient, dabei oder nicht dabei zu sein, hätten die Arbeiter lieber am Ende des Tages mit dem großzügigen Landbesitzer feiern sollen. So wird es nämlich im Himmelreich sein.

Überlegung: Wann erfahren Sie den christlichen Glauben als Geschenk? Welche Bedeutung haben Regeln und ihre Einhaltung?

Gebet: Herr Jesus, ich kann dir nie den Preis erstatten, den du am Kreuz gezahlt hast, aber ich bin sehr, sehr dankbar dafür.

Ich will bereit sein

Gebet: „Wer sich zu Jesus als dem Sohn Gottes bekennt, in dem lebt Gott und er lebt in Gott." (1 Johannes 4,15)

Text: Matthäus 25,1-46

Entfaltung: Ich mag Gleichnisse, die eine geistliche Aussage anhand eines Alltagsbeispiels treffen. Und ich mag es besonders, wenn Jesus die Priester und Schriftgelehrten seiner Zeit ordentlich kritisiert. Doch Matthäus 25 macht mich unruhig. Finsternis, Zähneknirschen und ewige Strafe (V. 30.46) – diese Gleichnisse sind definitiv keine Bettlektüre. Was ist nur in Jesus gefahren?

Genau genommen vervollständigt er nur sein Bild von Gottes neuer Welt. In vorangegangenen Gleichnissen stellte Jesus heraus, dass Gott jeden in sein Königreich einlädt. Jetzt sagt er, dass die Menschen, die seine Einladung nicht annehmen, draußen bleiben müssen. Das ist nicht Gottes Schuld. Jede der zehn Jungfrauen hatte Gelegenheit, sich auf den Bräutigam vorzubereiten; fünf nutzten diese Gelegenheit weise und fünf ließen sie nachlässig verstreichen (V. 1-13). Alle drei Diener erhielten eine Investitionssumme von dem reichen Mann; zwei holten das Maximum heraus, einer nutzte die Gelegenheit nicht (V. 14-30). Das letzte Gleichnis ist vielleicht das ernüchterndste von allen (V. 31-46). Es zeichnet einen letzten Tag der Abrechnung, an dem der Menschensohn die Schafe von den Böcken trennen wird; das heißt, er wird bestimmen, wer in seine neue Welt kommt und wer nicht. Bei oberflächlichem Lesen könnte man meinen, Jesus sagt, dass wir uns unsere Rettung doch verdienen können, wenn wir nur den Obdachlosen, Hungernden, Gefangenen und Notleidenden helfen. Doch wir können dieses Gleichnis nicht isoliert von dem sehen, was Jesus bisher gelehrt hat. Zuerst müssen wir Jesus annehmen und an ihn glauben, das heißt, wir müssen „mit dem Herzen verstehen" (Matthäus 13,15). Dann müssen wir zeigen, dass dieser Glaube echt ist, indem wir barmherzig handeln. Viele Jahre später schrieb der Apostel Jakobus das Gleiche (Jakobus 2,26).

Manchen Menschen fällt es schwer, den Gedanken eines letzten Gerichtes zu akzeptieren; sie meinen, es sei manipulativ, Pech, Schwefel und Höllenfeuer zu predigen. Leider kann dem so sein. Doch das ändert nichts an der Tatsache, dass Jesus eines Tages zurückkehren wird, um die Menschheit zu richten. Und ganz gleich, wie es uns bei diesem Gedanken geht, die beste Reaktion darauf ist, unsere Zeit jetzt zu nutzen und uns vorzubereiten. Dann werden wir Gott sagen hören: „Sehr gut [...], du bist ein tüchtiger und treuer Diener" (V. 21).

Überlegung: Wie geht es Ihnen bei dem Gedanken an einen letzten Tag des Gerichts? Was könnten Sie tun, um vorbereitet zu sein?

Gebet: Herr, der Gedanke an das Gericht macht mir manchmal Angst. Bitte schenk mir Ruhe, indem du mich deine Liebe heute tiefer spüren lässt.

Ein Weg

Gebet: Himmlischer Vater, ich sehne mich danach, deine Stimme zu hören. Bitte hilf mir, mit dem Herzen zu hören, wenn ich Zeit mit dir und deinem Wort verbringe.

Text: **Johannes 10,1-18**

Entfaltung: An verschiedenen Punkten seines Lehrens auf dieser Erde setzte Jesus eine Variation des Gleichnisstils ein, um seinen Zuhörern etwas zu vermitteln, nämlich einen bildhaften Vergleich. Statt eine Geschichte zu erzählen, zeichnete er Wortbilder oder zog andere Vergleiche und machte mit ihnen verschiedene Nuancen einer geistlichen Wahrheit anschaulich. In unserem Text heute finden wir zwei dieser Bilder – ein Tor zu einem Schafpferch und einen guten Hirten.

Das Tor. Dieser Vergleich ist leicht verständlich: Jesus ist der Eingangspunkt zu Gottes Königreich (V. 9). Einmal unterrichtete ich eine Sonntagsschulklasse von Jungen im Mittelschulalter; es fiel ihnen schwer, still zu sitzen, doch sie stellten viele gute Fragen über Jesus. Einige Zeit später kritisierten mich zwei Eltern öffentlich dafür, der Klasse meine Überzeugung „aufzuzwingen", dass Jesus der einzige Weg zur Rettung sei. Meine Reaktion? „Tut mir leid, aber das ist nicht nur meine Überzeugung; das hat Jesus selbst gesagt."

Der Gute Hirte. Der zweite Vergleich, der Gute Hirte, ist uns vertrauter. Wie wir bereits gesehen haben, gebraucht die Bibel häufig das Bild von Hirte und Schafen, um Gottes Beziehung zu seinem Volk zu beschreiben (Jesaja 40,11; Ezechiël 34,12). In diesem Abschnitt betont Jesus zwei Details dieses Bildes. Das erste ist die Stimme des Hirten. Die Menschen, die an Jesus glauben, haben eine enge Beziehung zu ihm (Johannes 10,14); sie erkennen seine Stimme (V. 4-5). Er ist kein unpersönliches „höheres Wesen". Er kennt unseren Namen (V. 3); er sorgt sich um uns wie ein Hirte, der seine Schafe kennt und liebt, jedes einzelne von ihnen. Das zweite Detail ist die Bereitschaft des Hirten, sich selbst zu opfern (V. 11.15). Jesus weist hier bereits deutlich auf das hin, was er später am Kreuz tun würde.

Es ist kaum zu glauben, dass manche Menschen sich von Jesus und seinen Gleichnisreden bedroht fühlten und ihn deswegen ablehnten (V. 20). Doch das geschieht auch heute noch. Wie traurig, dass Menschen eher bereit sind, einen distanzierten, unpersönlichen Gott zu akzeptieren als das Angebot von neuem Leben, das Jesus macht: „Ich aber bin gekommen, um ihnen das Leben zu geben, Leben im Überfluss" (V. 10).

Überlegung: Manchen Menschen fällt es schwer zu glauben, dass Jesus der einzige Weg zu Gott ist. Was könnten die Gründe sein?

Gebet: Jesus, ich möchte an dich glauben. Ich suche nach dir. Aber du hast mich schon gefunden und mich reich beschenkt. Danke!

Die Weinstock-Gemeinde

Gebet: Himmlischer Vater, ich bin so dankbar, dass du diese Welt und mein Leben in deiner Hand hast. Ich komme heute in deine Gegenwart im Vertrauen, dass du weißt, was am besten für mich ist.

Text: Johannes 15,1-17

Entfaltung: Es ist wichtig zu verstehen, in welchem Zusammenhang Jesus diese nächste Bildrede einsetzte. In Johannes 14–17 wird von einer ausgedehnten privaten Lehrstunde berichtet, die Jesus mit seinen Jüngern in der Nacht hatte, bevor er verhaftet (Kapitel 18) und dann gekreuzigt wurde (Kapitel 19). Johannes 15,1-17 ist ein Teil dieser letzten Unterweisung, die Jesus nutzte, um über die Art seiner Beziehung zu seinem Vater und seinen Jüngern zu sprechen. Das war eine schwere Herausforderung, also benutzte er ein bekanntes Bild – das vom Weinstock und dessen Zweigen. Stellen wir zunächst einmal die Grundzüge klar: Jesus sagt, er ist der Weinstock (V. 1), seine Jünger sind die Zweige (V. 5) und Gott ist der Gärtner (V. 1). Das lässt sich leicht merken. Doch denken wir an all das, was solch ein einfacher Vergleich vermittelt: Der Gärtner ist der Verantwortliche. Der Weinstock hält alles zusammen. Die Zweige können ohne den Weinstock nicht leben. Welche weiteren Vergleichspunkte können Sie erkennen?

Jesus betont noch zwei spezielle Aspekte, die ihm besonders wichtig sind. Der erste ist die Bedeutung der *Frucht*. Die Hauptaufgabe der Zweige ist es, Frucht zu bringen; das heißt für die Jünger von Jesus, die Dinge zu tun, die er ihnen aufgetragen hat (V. 7-8). Das gilt auch heute noch. Das Wichtigste, was wir in diesem Leben tun können, ist nicht, erfolgreich oder reich oder anerkannt zu sein. Das Wichtigste ist, Frucht zu bringen, die Bestand hat (V. 16). Ist das auch das Ziel unseres Lebens?

Der zweite Punkt hat mit *Liebe* zu tun. Jesus ermutigte seine Jünger nicht mit irgendwelchen Plattitüden wie aus einem Kitschfilm: Folgt einfach eurem Herzen. Stattdessen gebot er ihnen, einander zu lieben (V. 17). Das ist harte Arbeit, besonders weil er den absoluten Maßstab für Liebe gesetzt hat: Wahre Liebe bedeutet, sowohl Gottes Geboten gehorsam zu sein als auch für das Wohl anderer Opfer zu bringen (V. 13-14). Zeigt sich diese Art von Liebe auch in unserem Leben?

Aus dem Küchenfenster in unserem Haus kann man auf eins der vielen Blumenbeete meiner Frau schauen. Auf dem Fensterbrett steht ein kleines Täfelchen mit einem Zitat aus Dorothy Frances Gurneys Gedicht „God's Garden" („Gottes Garten"). Es lautet: „In einem Garten ist man Gott näher als sonst irgendwo auf der Erde." Ich denke, Jesus würde dem vielleicht zustimmen.

Überlegung: An welchem Ziel wollen Sie im kommenden Monat arbeiten: Frucht zu bringen oder Liebe zu zeigen? Wie könnten Sie das tun?

Gebet: Vater im Himmel, ich habe mir ein Ziel gesteckt und möchte daran arbeiten. Bitte hilf mir, mein Ziel zu erreichen.

Anregungen

1 Haben Sie schon einmal etwas erlebt oder bei anderen gesehen, das Ihnen wie ein Stück Himmelreich hier auf der Erde vorkam? Wie war das?

2 Die meisten Religionen der Welt kennen den Gedanken, dass wir uns die Rettung irgendwie verdienen können. Welche Gründe gibt es wohl dafür?

3 Wenn die Rettung wirklich ein Geschenk von Gott ist, brauchen wir dann überhaupt noch gute Taten? Warum sollten wir uns die Mühe machen, gut zu sein, wenn wir uns die Rettung doch nicht verdienen können?

4 Finden Sie, dass Verkündigung und Lehre über das Gericht einen größeren oder weniger großen Stellenwert in unseren Gemeinden haben sollte? Warum?

5 Der christliche Glaube daran, dass Jesus der einzige Weg zu Gott ist, stößt heute bei vielen Menschen auf Ablehnung. Sie fühlen sich von dieser Haltung angegriffen. Was meinen Sie? Sollte man diese Überzeugung trotzdem öffentlich äußern?

6 Welche „Frucht“ kann oder soll ein Christ bringen? Muss es bei allen Christen die gleiche Frucht sein oder gibt es verschiedene? Gibt es eine Frucht, die alle Christen bringen sollten?

7 Kennen Sie Beispiele für aufopfernde Liebe aus Ihrem eigenen Leben?

Zusammenfassende Gedanken

Noch mehr Gleichnisse von Jesus

Welche Gedanken sind Ihnen in den zurückliegenden fünf Leseeinheiten für Ihren Glauben und Ihren Alltag wichtig geworden?

1

2

3

4

5

Bevor Sie sich auf die nächste Etappe Ihrer Reise durch das Leben von Jesus begeben, könnte es helfen, diese persönlichen Gedanken zur vorherigen Einheit noch einmal durchzusehen. So rufen Sie sich ins Gedächtnis, was Ihnen durch die Lektüre der biblischen Texte bereits wichtig geworden ist.

DIE WUNDER VON JESUS

Einführende Gedanken

Die Wunder von Jesus

Machtbeweise

Thomas Jefferson war fasziniert von Jesus. Er hielt die ethischen Lehren von Jesus für die größten, die die Welt je gesehen hatte. Das führte dazu, dass Jefferson ein Buch mit dem Titel *The Life and Morals of Jesus of Nazareth* („Das Leben und die Moral von Jesus von Nazareth") zusammenstellte. Dafür ging er jeden Vers in den vier Evangelien durch und wählte nur die aus, die seiner Meinung nach die reinen Prinzipien von Jesus zum Ausdruck brachten. Dann stellte er die ausgewählten Verse in chronologischer Reihenfolge zusammen. Mit der Zeit wurde dieses Buch als die *Jefferson Bible* bekannt, und viele Jahre lang wurde sie an jedes neue Mitglied des US-Kongresses ausgegeben.

Doch eine genauere Untersuchung der *Jefferson Bible* zeigt schnell, dass etwas sehr Wichtiges fehlt: Jefferson entfernte alle Hinweise auf die Wunder von Jesus oder seine Auferstehung. Obwohl Thomas Jefferson glaubte, dass Jesus ein großer Morallehrer war, konnte er einfach nicht die Aspekte seines Lebens und Wirkens akzeptieren, die über das Natürliche hinausgingen.

In unseren nächsten zehn Texten werden wir über die Wunder von Jesus nachdenken. Der erste Teil ist eine Zusammenstellung von fünf „übernatürlichen Ereignissen" – Jesus verwandelt Wasser in Wein, stillt einen aufgewühlten See, macht mehr als 5.000 Menschen von einigen wenigen Brotlaiben und Fischen satt, geht auf dem Wasser und lässt einen Feigenbaum verdorren. Genau genommen könnte man alle Wunder, die Jesus getan hat, übernatürlich nennen, doch dieser erste Teil soll die Macht von Jesus unterstreichen, die Naturgewalten außer Kraft zu setzen. Im zweiten Teil werden wir sechs Heilungswunder von Jesus betrachten. Wenn wir am Ende dieser Texte angelangt sind, die einen großen Teil des Materials ausmachen, das Thomas Jefferson aus seiner „Bibel" entfernte, werden wir sehen, warum die Wunder ein unentbehrlicher Teil dessen sind, was wir unbedingt über Jesus wissen müssen.

Wir werden außerdem entdecken, dass Jesus seine Wunder aus ganz verschiedenen Gründen tat. Ein ganz einfacher, offensichtlicher Grund ist, dass Jesus die Bedürfnisse der Menschen in seiner Umgebung stillen wollte: die seiner Jünger, der Menschenmengen und der einzelnen Menschen, die ihm mit ihren Sorgen und Nöten unterwegs begegneten. Doch darüber hinaus waren die Wunder von Jesus Zeichen, die noch zwei andere Ziele hatten. Wie am Ende der ersten Wundererzählung im Johannes-Evangelium (Jesus verwandelt Wasser in Wein, Johannes 2,1-11) deutlich wird, zeigten die Wunder, die Jesus vollbracht hat, seine Herrlichkeit und halfen den Menschen, an ihn zu glauben. Die Wunder von Jesus sollten den Menschen helfen zu glauben, dass er der Sohn Gottes ist. Darum ist es wichtig, sie nicht zu übergehen.

Neuer Wein

Gebet: Himmlischer Vater, manchmal bin ich glaubensmüde. Bitte erfrische heute meine Beziehung zu Dir.

Text: **Johannes 2,1-11**

Entfaltung: Einmal war ich bei einer Hochzeit, bei der kurz vor dem Empfang der Lieferwagen des Partyservice – mitsamt dem ganzen Essen – gestohlen wurde. Während die Gastgeber hinter den Kulissen hektisch versuchten, das Problem zu lösen, warteten die Gäste ... und warteten. Dann begannen sie zu überlegen, wie sie helfen könnten. Am Ende brachten die Gastgeber irgendwie doch noch genug Essen zusammen, und die Hochzeit war ein großer Erfolg.

Vielleicht war die ursprüngliche Motivation, warum Maria ihren Sohn bei der Hochzeit in Kana auf den fehlenden Wein aufmerksam machte, ebenfalls der Wunsch zu helfen (V. 3). Doch wenn wir die Reaktion von Jesus ansehen (V. 4), muss man wohl annehmen, dass noch etwas anderes dahintersteckte. Sie wollte, dass alle das Geheimnis erfuhren, das sie all die Jahre in ihrem Herzen bewegt hatte: Ihr Sohn war Gottes verheißener Messias, der Retter der Welt (Lukas 2,19). Es ist nur natürlich, dass eine Mutter mit ihrem Sohn angeben will.

Doch Jesus widerstand stets der Versuchung, seine Macht einzusetzen, um sich hervorzutun (Johannes 7,3-9). Indem er sagte, „Meine Stunde ist noch nicht gekommen“ (Johannes 2,4), machte er deutlich, dass es um einen viel größeren Plan ging. Jesus war gekommen, um den Auftrag zu erfüllen, der ihm von seinem himmlischen Vater gegeben worden war – nicht den seiner irdischen Mutter.

Am Ende des Abschnitts fügt Johannes einen Kommentar an, um sicherzustellen, dass seine Leser verstanden, worum es ging (V. 11): Jesus tat Wunder vor allem, weil sie seine Herrlichkeit offenbarten, das heißt, sie waren Zeichen für seine göttliche Natur. So halfen sie Menschen, in diesem Fall seinen Jüngern, ihr Vertrauen auf ihn zu setzen. Der Auftrag von Jesus war es, den Menschen zu helfen, daran zu glauben, dass er der Sohn Gottes war.

Worin liegt also die Bedeutung dieses ersten Wunders von Jesus? Manche meinen, Jesus habe damit seinen Segen zum Weintrinken gegeben oder bestätigt, dass Feiern wichtig ist. Das mag teilweise stimmen. Doch der tiefere Sinn ist viel wichtiger: Jesus signalisierte mit seiner Tat, dass er gekommen war, um den Menschen einen neuen Weg zu Gott zu eröffnen. Dieser Weg basierte nicht darauf, das Gesetz von Mose einzuhalten (das heißt, die komplizierte Liste von Regeln, die mit den Zehn Geboten begann). Vielmehr sollten die Menschen an ihn glauben. Später sagte Jesus einmal, dies sei, wie neuen Wein in neue Weinschläuche zu füllen (Matthäus 9,17). Die gute Nachricht ist, dass wir nun durch Jesus diese neue Beziehung zu Gott haben können.

Überlegung: Welche Dinge in Ihrem Glaubensleben sind „alt“ und müssten durch etwas Neues ersetzt werden, das von Jesus kommt?

Gebet: Herr Jesus, ich sehne mich nach einer tieferen Beziehung zu dir. Zeig mir bitte, wie ich noch mehr an dem neuen Leben teilhaben kann, das du uns geben willst.

Angstfaktor

Gebet: Herr, ich bete, dass du dein Wort heute dazu gebrauchst, die tiefsten Bedürfnisse in meinem Leben zu stillen.

Text: **Markus 4,35-41**

Entfaltung: Die Fakten in Markus 4,35-41 sind relativ eindeutig: Jesus und seine Jünger sitzen in einem Boot, als ein Sturm aufzieht. Jesus gebietet dem Sturm aufzuhören und es geschieht. Dieses dramatische Wunder offenbart einen weiteren Aspekt der Herrlichkeit von Jesus: Er hat Macht über die Naturgewalten. Das ist ziemlich beeindruckend.

Doch wenn ich mit den Jüngern in diesem Boot gewesen wäre, hätte ich die Fragen von Jesus am Ende ein wenig unfair gefunden (V. 40). „Natürlich hatten wir Angst, was denkst du denn? Während du geschlafen hast, *sind wir fast umgekommen!*“ Jeder, der schon einmal in einem starken Sturm (oder auch nur bei rauer See) auf einem Boot war, kennt das Gefühl der Machtlosigkeit und Angst, das daher rührt, dass man die Situation nicht beherrschen kann.

Angst ist etwas, mit dem jeder irgendwann einmal zu kämpfen hat. Gelegentlich befinden wir uns in physischer Gefahr. Doch viel öfter rühren unsere Ängste daher, dass wir über die endlosen „Weltuntergangsszenarien“ nachdenken, die uns bedrohen: Versagen bei der Arbeit, finanzielle Katastrophen, zerbrochene Beziehungen, Einsamkeit, Krankheit, Tod.

Doch genau das ist der Punkt hinter der scheinbar unfairen Frage von Jesus: Die Dinge sind niemals außer Kontrolle, wenn wir bei ihm sind. Sobald wir zu Jesus gehören, spielt es keine Rolle, was passiert oder wie schlimm es wird. Jesus hat die Macht, nicht nur den Wind und die Wellen zu beeinflussen, sondern auch jede andere Kraft, die in unserem Leben wirkt.

Natürlich wäre es ein schöner Gedanke, wenn an Jesus zu glauben sofort alle Ängste aus unserem Leben beseitigen würde. Doch die Wahrheit ist: Wie die Jünger in dem Boot sind auch wir nur Menschen; wir verlieren die Kontrolle und bekommen Angst. Mir passiert das ständig. Doch genau dann dürfen wir auf die Botschaft dieses Wunders schauen: Mit Jesus haben wir nichts zu fürchten. Glauben bedeutet nicht, dass wir nie in Gefahr geraten oder auch nur, dass uns nie schlechte Dinge zustoßen. Glaube bedeutet stattdessen, darauf zu vertrauen, dass Jesus alles in der Hand hat, und zu wissen, dass wir zu ihm gehören.

Überlegung: Was sind Ihre größten Ängste? Welche Ursachen haben sie?

Gebet: Herr, du kennst meine Ängste. Bitte hilf mir, sie zu überwinden – durch das Vertrauen darauf, dass du in meinem Leben das Ruder fest im Griff hast.

Eine wunderbare Mahlzeit

Gebet: Ehrlich, Gott, manchmal habe ich das Gefühl, ich habe nicht die Mittel, um die größten Probleme in meinem Leben zu lösen. Bitte öffne mir die Augen für deine Sicht auf die Schwierigkeiten, die ich habe.

Text: Matthäus 14,12-21

Entfaltung: Es muss damals schwierig gewesen sein, ein Jünger von Jesus zu sein; ständig stellte er sie auf die Probe. Manchmal führte er sie in schwierige Situationen; dann wiederum stellte er ihnen schwere Fragen. Doch dabei gewinnen wir den Eindruck, dass Jesus versuchte, ihnen zu helfen, ihn besser zu verstehen und ihren Glauben an ihn größer werden zu lassen. Auch mit uns heute verfährt er noch so.

Die Speisung der Fünftausend ist ein bekanntes Wunder. Jesus weiß bereits, dass er die 5.000 Männer plus Frauen und Kinder (V. 21) mit Nahrung versorgen kann. Doch bevor er das tut, fordert er die Jünger auf, das Problem selbst zu lösen (V. 16). Wie reagieren wir, wenn wir vor einem großen Problem stehen? Machen wir einen Plan? Beklagen wir uns? Arbeiten wir auch Hochtouren? Sind wir gelähmt vor Sorge?
Die instinktive Reaktion der Jünger war in diesem Fall, auf ihre eigenen Mittel zu schauen (V. 17); und ihre Schlussfolgerung war, dass sie nicht genug hatten, um das Problem zu lösen. Nicht einmal annähernd. Doch was Jesus hier testen wollte, war, ob seine Jünger *zuerst ihn* um die Lösung des Problems bitten würden. Er sagte: „Bringt sie mir her!“ (V. 18). Mit anderen Worten: „Vergesst nicht, wer ich bin; wendet euch bei allem, was geschieht, zuerst an mich.“ Das war das gleiche Prinzip, das er in der Bergpredigt gelehrt hatte (Matthäus 6,33).
Ich war immer neugierig, wie Jesus dieses Wunder vollbrachte. Am entscheidenden Punkt sagt der Text aber einfach: „Alle aßen und wurden satt“ (V. 20). Einmal sah ich ein Theaterstück über das Leben von Jesus, in dem dieses Wunder vorkam: Die Jünger stellten sich mit leeren Händen vornübergebeugt im Kreis zusammen, wie bei einem Fußballspiel, und stürzten dann plötzlich mit den Armen voller Baguettes los. Wie sie das hinbekommen haben, weiß ich auch nicht! Der entscheidende Punkt ist, wir wissen nicht, wie oder wann Jesus in unser Leben eingreift. Wir müssen nur wissen, dass er es kann, und er hat Mittel und Wege, die alles übersteigen, was wir uns vorstellen können. Und das war das Entscheidende an diesem wunderbaren Picknick.

Überlegung: Was ist im Moment Ihr allergrößtes Problem? Vielleicht finden Sie einen Weg, es Jesus anzuvertrauen.

Gebet: Herr Jesus, das Leben ist voller Probleme. Ich bin einfach dankbar, dass du meine Bedürfnisse kennst und willst, dass ich damit zu dir komme.

Sehen und glauben

Gebet: Himmlischer Vater, bitte stärke meinen Glauben an dich in den Bereichen, in denen er schwach ist, wenn ich heute in deinem Wort lese.

Text: **Matthäus 14,22-33**

Entfaltung: Vor einiger Zeit sah ich ein Fernsehinterview mit einem Schauspieler aus dem Film *Sakrileg*. Auf Kritik von Christen, der Film treffe unwahre Aussagen über Jesus, erwiderte der Schauspieler: „Na ja, ich hatte schon immer das Gefühl, dass die Bibel einen Haftungsausschluss enthalten sollte. Ein Mann, der auf dem Wasser geht ...", sagte er, ein Auge zugedrückt und den Kopf auf die Seite gelegt, „... also wirklich!" Doch nur, weil wir etwas nicht gesehen haben, heißt das nicht, dass es nicht wahr sein kann. Petrus hatte vorher auch noch nie einen Menschen auf dem Wasser gehen sehen; es hätte auch eine Luftspiegelung sein können oder ein Geist oder etwas Schlimmeres. Trotzdem stieg er aus dem Boot. Das ist das Wesen des Glaubens: die Bereitschaft voranzugehen und Gott zu vertrauen, selbst wenn der Weg unklar ist. Ich frage mich, was Petrus in dem Moment empfand, als ihm klar wurde, dass er in den reißenden Fluten versank (V. 30): Beschämung, Panik, Angst? Wahrscheinlich alles gleichzeitig. Und nun versuchen wir uns vorzustellen, was Petrus fühlte, als er den starken Griff von Jesus an seinem Arm spürte (V. 31). Das war der Augenblick, in dem er genau wusste, dass er es nicht mit einem Geist zu tun hatte. Als Petrus wieder sicher im Boot saß, brauchte man nicht mehr darüber zu streiten, ob ein Mensch auf dem Wasser gehen kann.

Ich erinnere mich an eine Situation, in der mir vor Angst das Herz bis zu den Knien rutschte. Ungewollt war ich in einen Finanzbetrug geraten, der mich zu vernichten drohte. In jenen Tagen tippte ich die Worte, die Jesus zu den Jüngern sagte, auf ein Stück Papier und klebte es neben meinen Computer. Immer, wenn ich wieder Angst bekam, schaute ich auf diese Worte und las sie mir laut vor: „Fasst Mut! Ich bin's, fürchtet euch nicht!" (V. 27). So lernte ich selbst, was Petrus mitten auf dem See gelernt hatte: Jesus um Hilfe zu rufen, ist der beste Weg, um Angst zu überwinden.

Wie würden Sie also dem Schauspieler antworten, der nicht glauben wollte, dass Jesus auf dem Wasser ging? Ich kann nur sagen: Ich weiß, dass Jesus mich gerettet hat, und ich habe erlebt, dass er meine Angst wegnehmen kann. Deswegen erscheint es mir nicht so unglaublich, dass er auch auf dem Wasser gehen konnte. Und ich muss es nicht sehen, um es zu glauben.

Überlegung: Wir alle müssen oft Schritte wagen, ohne zu wissen, ob alles gut gehen wird oder ob wir „untergehen" könnten. Versuchen Sie sich an eine solche Situation zu erinnern. Was könnte das Vertrauen auf Jesus dabei bewirken?

Gebet: Herr, ich will mich ganz auf dich verlassen. Ich vertraue darauf, dass du mir beistehst und mir hilfst.

Richtige Frucht

Gebet: Himmlischer Vater, ich wäre gern ein Christ, in dessen Leben deine Kraft wirkt. Bitte zeig mir, wie ich das zu deiner Ehre erreichen kann.

Text: **Matthäus 21,18-22**

Entfaltung: Es wäre leichter, in diesem Abschnitt nur die ermutigenden Worte von Jesus über den Glauben, der Berge versetzt, zu hören, und das Wunder, bei dem Jesus den armen Feigenbaum verdorren ließ, beiseite zu lassen. Doch diese beiden Dinge sind miteinander verbunden und sollten den Jüngern und uns einige wichtige Wahrheiten beibringen.

Manche erklären den Gefühlsausbruch von Jesus als Stressreaktion. Immerhin war der vorige Tag im Tempel für alle höchst angespannt verlaufen (Matthäus 21,1-17). Heutigen Führungspersonen im christlichen Leben würde man sagen, dass sie nicht die Gefühle der Menschen vergessen dürfen, selbst wenn sie unter Druck stehen. Allerdings brauchen sie auch das Verständnis und die Vergebung der Menschen in ihrer Umgebung. Es ist schwer, perfekt zu sein, wenn man ständig vornan steht.

Doch die scharfen Worte von Jesus und das wundersame Verdorren des Feigenbaumes (Matthäus 21,19) waren kein Stressventil. Vielmehr wollte er etwas über das Fruchtbringen sagen. Manche Kommentatoren betrachten den Feigenbaum als Symbol für Israels religiöses Leben zu jener Zeit; nach außen hin wirkte es gut, stillte aber nicht den geistlichen Hunger der Menschen. Doch Jesus schien damit auch etwas über die Dringlichkeit seines Auftrags sagen zu wollen. Er wollte seinen Jüngern vermitteln, dass Frucht zu bringen eine ernste Sache ist und dass es keine Zeit zu verlieren gilt.

Frucht zu bringen umfasst mindestens zwei Dinge: Glaube und Gebet. Dabei geht es um einen Glauben, der auf einer tiefen Beziehung zu unserem himmlischen Vater aufbaut, und um veränderndes Gebet, das uns hilft, seinen Willen zu verstehen und uns ihm ganz zu unterstellen – und der kann in etwas grundlegend anderem bestehen als unserer ursprünglichen Bitte. Doch wenn wir in Gottes Gegenwart gewartet und seine Ziele ehrlich wahrgenommen haben, können wir getrost auf unsere „Berge" zugehen – mit der Zuversicht, dass er sie versetzen wird (V. 21-22). Jesus erinnert uns daran, dass die Größe des Baumes oder die Höhe des Berges für Gott kein Problem sind. Die Herausforderung an uns ist, ein Gebetsleben zu entwickeln, das auf dem unerschütterlichen Vertrauen aufbaut, dass Gott seine Ziele erreichen wird, auf seine Art und Weise. Wenn wir das tun, können wir erwarten, dass er unglaubliche Dinge in unserem Leben bewirkt.

Überlegung: In welchem Bereich Ihres Lebens könnten Sie einen Glauben gebrauchen, der Berge versetzt? Welchen Schritt könnten Sie heute in diese Richtung gehen?

Gebet: Guter Gott, bitte hilf mir, in den Herausforderungen, die mir heute begegnen, Früchte hervorzubringen, die dir gefallen.

Anregungen

1 Wie würden Sie den Begriff „Wunder" definieren? Denken Sie, dass Wunder heute noch möglich sind? Haben Sie schon einmal etwas erlebt, das Sie als Wunder bezeichnen würden? Erzählen Sie von Ihren Erfahrungen.

2 Warum sind die Menschen heute so skeptisch, was Wunder betrifft? Halten Sie Glaube und Wissenschaft für miteinander vereinbar? Inwiefern?

3 Gibt es etwas im Leben und den Taten von Jesus, das Ihnen unglaubwürdig erscheint? Wenn ja, was ist es und warum?

4 Fällt Ihnen eine Situation in Ihrem Leben ein, in der Sie einmal von Angst überwältigt waren? Was geschah und was half Ihnen, damit zurechtzukommen? Hat der Glaube an Jesus dabei eine Rolle gespielt? Inwiefern?

5 Haben Sie schon einmal erlebt, wie Sie selbst oder z. B. ein Freund wie durch ein Wunder versorgt wurde? Was geschah?

6 Haben Sie schon einmal einen großen Schritt in Ihrem Glauben gemacht? Was geschah und was haben Sie aus dieser Erfahrung gelernt?

7 Was wäre Ihr „Plädoyer für Christus"? Was sind für Sie die stärksten Argumente dafür, dass er der Sohn Gottes war?

Zusammenfassende Gedanken

Die Wunder von Jesus

Welche Gedanken sind Ihnen in den zurückliegenden fünf Leseeinheiten für Ihren Glauben und Ihren Alltag wichtig geworden?

1 ______

2 ______

3 ______

4 ______

5 ______

Bevor Sie sich auf die nächste Etappe Ihrer Reise durch das Leben von Jesus begeben, könnte es helfen, diese persönlichen Gedanken zur vorherigen Einheit noch einmal durchzusehen. So rufen Sie sich ins Gedächtnis, was Ihnen durch die Lektüre der biblischen Texte bereits wichtig geworden ist.

NOCH MEHR WUNDER VON JESUS

Erbarmen mit den Menschen

Ich mache den Menschen unserer Zeit keinen Vorwurf, wenn sie Heilungen mit skeptischem Blick betrachten. In einer Fernsehdokumentation über einen bekannten Wunderheiler sah ich, wie vor laufenden Kameras Menschen aus dem Publikum auf die Bühne gebracht wurden. Nachdem der Heiler ihnen die Hände aufgelegt und dramatisch gebetet hatte, warfen die Betreffenden ihre Krücken weg, standen aus dem Rollstuhl auf und vermeldeten die augenblickliche Heilung ihrer Krankheit – und all das unter großem Applaus. Doch als das Fernsehteam Monate später noch einmal nachfragte, war kaum jemand zu finden, der immer noch „geheilt" war.

Trotzdem glauben die meisten Menschen, dass echte Heilung möglich ist. Warum? Erstens, weil Leiden und Krankheit so schrecklich sind. In unserer Verzweiflung öffnen wir uns für Möglichkeiten, die wir in guten Zeiten nicht in Betracht ziehen würden. Zweitens, weil es viele dokumentierte Fälle von echten Heilungen in der ganzen Geschichte gibt. Nicht nur das, auch heute noch berichten Experten der Medizin regelmäßig von unerklärlichen Heilungen. Und viele Menschen kennen jemanden, der eine wundersame Heilung erlebt hat. Wir verstehen es vielleicht nicht, und vielleicht sind wir uns über die Gründe uneins, doch eines müssen wir zugeben: Heilung geschieht.

Die Herausforderung für uns in den nächsten fünf Texten ist, die Heilungswunder von Jesus unvoreingenommen zu untersuchen. Wir werden lesen, wie Jesus einem blinden Mann das Augenlicht schenkte und einem gelähmten Mann die Fähigkeit zu gehen, wie er einen Mann von Dämonen befreite, eine Frau mit unstillbaren Blutungen heilte und zwei tote Menschen ins Leben zurückbrachte. Diese Ereignisse gehören zu den aufregendsten und inspirierendsten Dingen im gesamtem Wirken von Jesus.

Sie lassen uns auch besser verstehen, was Jesus ausmacht. Das Wesentliche, was wir hier lernen, ist, dass Jesus Erbarmen mit den Menschen hatte; er war nicht zu beschäftigt oder zu wichtig, um Menschen zu helfen, ihre Probleme zu überwinden. Zweitens zeigen die Heilungswunder von Jesus seine Kraft und Vollmacht, nicht nur über die Krankheit, sondern auch über die Sünde. Drittens sind die Heilungen Zeichen dafür, dass Jesus wirklich der war, der zu sein er behauptete: der Sohn Gottes.

Das ist recht viel auf einmal. Deswegen wollen wir die Texte nun nacheinander lesen. Dabei hilft es vielleicht, sich vorzustellen, man wäre selbst dabei gewesen – vielleicht als derjenige, der geheilt wird, oder als einer der Jünger oder als Zuschauer in der Menschenmenge. Was hätten Sie gefühlt, gesagt und getan? Versuchen Sie, sich in die Geschichte hineinzuversetzen, damit Sie die Heilungen von Jesus selbst erleben können.

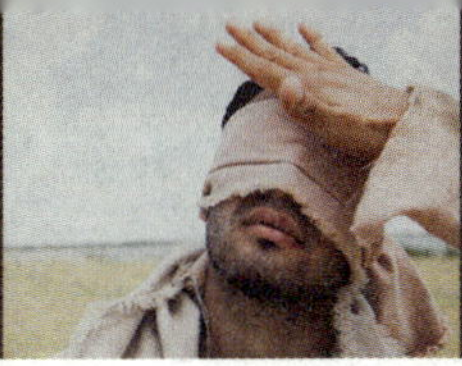

Herr, ich glaube

Gebet: „Herr, öffne mir die Augen für die Wunder, die dein Gesetz in sich verborgen hält". (Psalm 119,18)

Text: **Johannes 9,1-41**

Entfaltung: Selbst ein unerfahrener Reporter könnte die Fakten im Fall der Heilung des blind geborenen Mannes zusammenfassen: *Jerusalem. Ein Wanderprediger aus Galiläa namens Jesus entfachte heute mit einem Akt der Barmherzigkeit eine hitzige Kontroverse. Augenzeugen zufolge begegnete Jesus und seine Anhängerschaft auf der Hauptstraße kurz vor Jerusalem einem Mann, der von Geburt an blind war. Nach einem kurzen Dialog strich Jesus dem Mann Schlamm auf die Augen, wies ihn an, sich in einem örtlichen Teich zu waschen, und das Augenlicht des Mannes wurde wiederhergestellt. Religionsführer haben die Gültigkeit der „Heilung" angefochten und eine eigene Untersuchung veranlasst.*

Warum fällt es manchen Menschen so schwer zu akzeptieren, dass Jesus heilt? Im Fall der Pharisäer waren diese mehr darauf bedacht, eine Reihe von spitzfindigen religiösen Regeln zu verteidigen als Gott zu erleben. Als sie von der Heilung erfuhren, verurteilten sie sie wegen einer Formsache (V. 16). Wenn wir je zulassen, dass gute Dinge wie unsere Gemeindetraditionen oder unsere theologischen Positionen unserer Sehnsucht, Gott zu begegnen, im Weg stehen, läuft etwas schief.

Der blinde Mann war der Einzige, der klar sehen konnte. Statt Jesus infrage zu stellen oder anzugreifen, gehorchte er einfach (V. 7). Dann berichtete er anderen ehrlich von seinem Erlebnis (V. 11.15) und verteidigte es sogar, trotz des Drucks, der auf ihn ausgeübt wurde (V. 24-34). Schließlich, nachdem er sich Zeit genommen hatte, alles zu durchdenken, setzte er sein Vertrauen auf Jesus (V. 38). Die Heilung hatte ihn überzeugt. So konnte er keinen Rückzieher machen. Er hätte ganz leicht seine Geschichte ändern oder wenigstens abmildern können, um die Pharisäer zufriedenzustellen und seinen „Rausschmiss" zu vermeiden. Doch das tat er nicht; er konnte es nicht, denn er konnte sehen.

Die Pharisäer lehnten die Heilung ab, weil Jesus nicht in ihr religiöses System passte. Den Jüngern war das Wesentliche vielleicht entgangen, weil ihr theologisches Interesse offenbar größer war als ihr persönliches: „Wer ist schuld, dass er blind geboren wurde?" (V. 2). Doch der blinde Mann wurde geheilt, weil er offen für das war, was Jesus tun konnte. Das ist der erste Schritt zu echtem Glauben: „Herr, ich glaube."

Überlegung: Viele Menschen sind heutzutage Jesus gegenüber sehr skeptisch. Woran könnte das liegen?

Gebet: Herr, ich wäre gern ein mutigerer Zeuge für dich, so wie der Mann, der blind geboren worden war. Bitte gib mir den Mut, anderen zu erzählen, wie ich dich erlebt habe.

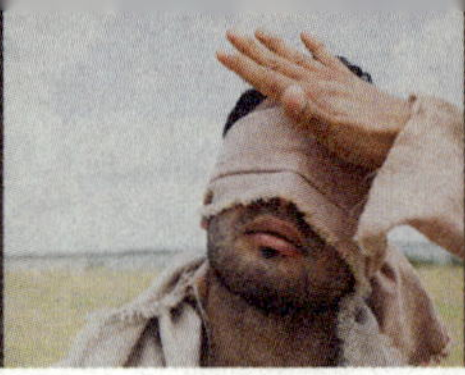

Freunde

Gebet: Herr, manchmal fühle ich mich wie gelähmt. Ich weiß nicht, was ich tun, denken oder glauben soll. Hilf mir, neue Kraft zu tanken, wenn ich jetzt in deinem Wort lese.

Text: **Lukas 5,17-26**

Entfaltung: Die armen Religionsführer können einem leidtun. Immer waren sie in der Defensive. Jesus hatte letztlich immer recht, er war und blieb Herr der Lage, und das brachte sie zur Weißglut. Ich kann mir bildlich vorstellen, wie diese von sich eingenommenen Pharisäer und Gesetzeslehrer in der ersten Reihe saßen, mit verschränkten Armen und finsterem Gesichtsausdruck, während Jesus Menschen heilte (V. 17). Wenn wir wegen der Umstände in unserem Leben wütend auf Gott sind, sollten wir einmal darüber nachdenken, warum wir eigentlich wütend sind. Vielleicht versuchen wir ja ebenfalls, einer unbequemen Wahrheit aus dem Weg zu gehen.

Gleichzeitig muss man die Freunde lieben, die ihren Kameraden zu Jesus trugen. Ich kann mir lebhaft vorstellen, wie anstrengend es war, den gelähmten Mann quer durch die Stadt zu tragen. Er war schwer; vier Männer waren nötig, um ihn hochzuheben. Und es war wohl auch peinlich: „Was macht ihr denn da, Jungs?" Doch sie blieben beharrlich, aus mindestens zwei Gründen. Erstens: Sie liebten ihren Freund und zeigten es durch ihren aufopferungsvollen Einsatz. Und zweitens: Sie glaubten, dass Jesus helfen konnte. Eine ganz einfache Strategie! Doch sie funktioniert auch heute noch: Bringen wir unsere Freunde zu Jesus!

Jetzt stellen wir uns nur den Tumult und das Drama vor, das die Menschenmenge aufwühlte, als der Gelähmte durch die Zimmerdecke hinuntergelassen wurde. Zu so einer Nummer gehörten jede Menge Mumm und Erfindungsreichtum. Auch vertrauender Glaube war nötig, wie Jesus betonte (V. 20). Es ist bezeichnend, dass Jesus den Mann heilte, weil er „ihr Vertrauen" sah. Manchmal greift Gott aufgrund des Glaubens anderer in das Leben von Menschen ein. Das ist eine Realität, die unseren Gebeten und unserem Handeln für andere neue Energie schenken sollte.

Leider lehnten die mürrischen Pharisäer Jesus trotz seiner machtvollen Tat ab, die allen anderen deutlich vor Augen stand: Der gelähmte Mann ging auf seinen eigenen Beinen aus der Versammlung und lobte Gott (V. 25). Warum waren die Pharisäer so ablehnend? Ihr Problem war: Wenn sie zugaben, dass Jesus die Vollmacht hatte, Sünden zu vergeben, gaben sie damit zu, dass er Gott war (V. 21), und dazu waren sie nicht bereit. Jesus zeigte, dass er beides konnte: heilen und Sünden vergeben. Ihm zu vertrauen, ist der erste Schritt zu einem heilen Leben und einer heilen Beziehung zu Gott.

Überlegung: Wo könnten Sie – im Vertrauen auf Gott – etwas für jemanden tun, der Ihnen nahesteht?

Gebet: Jesus, auch ich habe Heilung in den verschiedensten Bereichen nötig. Ich will ganz auf deine Hilfe vertrauen. Denn du warst und bist der Retter für die Menschen.

Gruselgeschichte?

Gebet: Himmlischer Vater, wenn ich heute Zeit mit deinem Wort verbringe, dann lass mich bitte deine Macht über die Sünde und deine Liebe zu mir tiefer begreifen.

Text: Markus 5,1-20

Entfaltung: Von Dämonen besessen – das ist etwas, das für uns „moderne" Menschen nur schwer als Realität zu akzeptieren ist. In Horrorfilmen ist Besessenheit ein beliebtes Handlungselement. Wir machen auch gern Witze darüber: Ein Cartoon, in dem jemand ein rotschwänziges Alter Ego auf der Schulter hat, das ihm böse Gedanken einflüstert, erntet immer einen Lacher. Doch echte Besessenheit – das gibt es doch heutzutage nicht mehr, oder? Für die Bibel – von Anfang bis Ende – sind die Dämonen und der Teufel real – und höllisch darauf versessen, Widerstand gegen Gott zu leisten und Menschen zu zerstören (1 Mose/Genesis 3,1-15; Offenbarung 20,7-10).

Ein anschauliches Beispiel dafür sehen wir in Markus 5,1-20. Die Dämonen waren im Leben dieses armen Mannes schon lange am Werk gewesen. Sie hatten ihn an Leib und Seele gequält und dabei den Mann von sich und der Gesellschaft entfremdet. Letztendlich will das Böse uns von Gott isolieren und somit zerstören (1 Petrus 5,8).
Doch das wollte Jesus nicht zulassen. Er nahm die Situation in die Hand und trat den Dämonen entgegen (V. 6-8). Ganz eindeutig war Jesus die höhere Macht. Er vertrieb die Dämonen ein für alle Mal (V. 11-13) und verschaffte dem Mann Ruhe. Das hatten die Bewohner der Stadt nicht gekonnt (V. 4). Und schließlich gab Jesus dem Mann einen neuen Lebenssinn (V. 18-20). Oft werden die Menschen mit der dunkelsten Vergangenheit zu den wirkungsvollsten Zeugen für Gott.

Der Abschnitt enthält auch zwei Gedanken, die schon fast ironisch wirken.
Erstens: Die Dämonen wussten, wer Jesus wirklich war. Sie klangen fast wie Theologen: „Jesus, du Sohn des höchsten Gottes, was habe ich mit dir zu schaffen?" (V. 7). Doch die richtigen Dinge über Jesus zu sagen und ihn als Retter und Herrn anzunehmen, dazwischen besteht ein großer Unterschied.

Der zweite Punkt ist die Reaktion der Stadtbewohner: Statt sich zu freuen, fürchteten sie sich (V. 15) und baten Jesus zu gehen (V. 17). Vielleicht dachten sie, Jesus wollte sie wirtschaftlich zugrunde richten; zweitausend Schweine bedeuteten ein Vermögen. Oder vielleicht hatten sie Angst, dass er sich als Nächstes um die Leichen in ihrem Keller kümmern würde. Aus welchem Grund auch immer, sie vertrieben Jesus aus ihrem Leben und gingen zur Tagesordnung über. Genau das will der Teufel.

Überlegung: Gibt es in Ihrem Leben Dinge, die Sie manchmal zu überwältigen drohen, Sie immer wieder quälen wie ein Dämon? Vielleicht finden Sie einen Weg, alles Jesus anzuvertrauen.

Gebet: Guter Gott, du kennst all die ungelösten Fragen aus meiner Vergangenheit, die noch Heilung brauchen. Ich bringe sie zu dir und vertraue auf deine Hilfe.

Zu seinen Füßen

Gebet: Herr, mein Leben ist so kompliziert. Manchmal fühle ich mich, als hätte ich keine Antworten mehr. Ich kann mich nur noch demütig vor dir beugen und auf deinen Frieden und deine Hilfe warten.

Text: Markus 5,21-43

Entfaltung: Politiker bemühen sich sehr um das richtige Timing. Mit dem richtigen Timing gewinnt man Wahlen. Jesus war kein Politiker, doch an diesem Punkt in seinem Wirken arbeitete das Timing definitiv für ihn. Sein vollmächtiges Lehren und seine dramatischen Wunder brachten die Menschenmassen dazu, ihm zu folgen, wohin er auch ging (Markus 5,21.24). Unser heutiger Abschnitt webt die Erzählungen von zwei Wundern ineinander, die Jesus in dieser aufregenden und chaotischen Zeit seines öffentlichen Auftretens bewirkte.

Eine heimliche Heilung. Eine namenlose Frau in der Menschenmenge litt seit zwölf Jahren an unstillbaren Blutungen (V. 25). Langwierige körperliche Probleme führen oft auch zu Tiefpunkten im Gefühlsleben und im Glauben. Man erlebt eine „dunkle Nacht der Seele“. Doch so schwierig das auch sein mag, Gott verhilft uns manchmal gerade dadurch zu der Erkenntnis, dass wir ihn brauchen. So geschah es auch bei dieser Frau. Vielleicht kritisierten ihre Freunde ihren verzweifelten Plan. Sie wollte nur das Gewand von Jesus anfassen (V. 28). Doch Jesus sagte: „Dein Vertrauen hat dir geholfen“ (V. 34). Manchmal verlangt der Glaube verzweifelte Maßnahmen von uns.

Eine öffentliche Heilung. Die Tochter eines bekannten Synagogenvorstehers namens Jaïrus, ein Mann, den man wohl zur Gruppe der Gegner von Jesus gezählt hätte, war krank geworden. Doch auch hier sehen wir, dass Gott die Ereignisse nutzt, um echten Glauben hervorzubringen. Wie Dr. C. Everett Koop, ein Kinderchirurg und ehemaliger Leiter des Gesundheitsministeriums, einmal sagte: „Am Bett eines sterbenden Kindes gibt es keine Atheisten.“ Seine Kollegen kritisierten Jaïrus vielleicht als „Wendehals“. Doch Jesus sagte: „Erschrick nicht, hab nur Vertrauen!“ (V. 36). Manchmal verlangt der Glaube von uns zu ignorieren, was andere denken.

Es ist ein gemeinsames Element bei beiden Heilungen: dieses bedingungslose, alle Hindernisse überwindende Vertrauen, mit dem sowohl die namenlose Frau als auch Jaïrus an Jesus herantraten. Bis heute ist das wohl der sicherste Weg, die heilende Kraft von Jesus zu erfahren – sich voller Vertrauen an ihn zu wenden und dann getrost darauf zu warten, dass er zu seiner Zeit und auf seine Art und Weise eingreift.

Überlegung: Erinnern Sie sich an Momente, in denen Sie selbst verzweifelte Maßnahmen ergreifen oder ignorieren mussten, was andere denken? Welche Rolle hat der Glaube dabei gespielt?

Gebet: Himmlischer Vater, du kennst die Situationen, in denen ich am Verzweifeln bin. Hilf mir, mich dann immer wieder an dich zu wenden. Ich weiß, du hilfst mir.

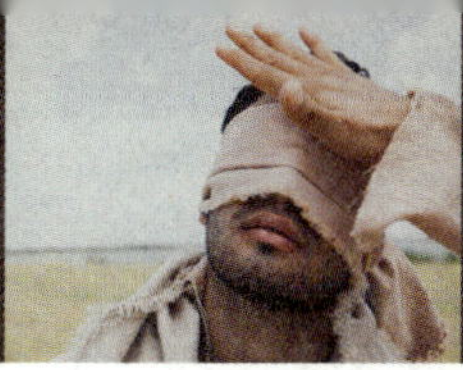

Auferstehungskraft

Gebet: Herr, bitte hilf mir, heute in meiner gemeinsamen Zeit mit dir zu verstehen, was es heißt, die Kraft deiner Auferstehung zu erfahren (Philipper 3,10-11).

Text: **Johannes 11,1-45**

Entfaltung: Für Jesus war die Auferweckung von Lazarus eine sehr persönliche Demonstration seiner Macht. Lazarus, Marta und Maria waren gute Freunde von ihm. Er hatte mit ihnen gegessen (Lukas 10,38-42), mit ihnen geweint (Johannes 11,35) und sie mit der Zeit sehr lieb gewonnen (Johannes 11,3). Seine Beziehung zu diesen drei Geschwistern erinnert uns an eine wichtige Wahrheit über Jesus: Er war nicht nur der Sohn Gottes, sondern auch ganz Mensch. Er versteht, wie es ist, Mensch zu sein. Er hat durchgemacht, was wir durchmachen (Hebräer 4,15).

Für die Religionsführer andererseits war dieses Wunder der Tropfen, der das Fass zum Überlaufen brachte. Wie wir in den vorangegangenen Texten gesehen haben, erfreute sich Jesus immer größerer Beliebtheit und das frustrierte seine Gegner ohne Ende. Irgendwann wird sich das Rad aber weiterdrehen, und dann sind wir wieder in den Schlagzeilen, dachten sie sicher. Doch als Jesus Lazarus wieder zum Leben erweckte, sahen sich die Religionsführer endgültig aus dem Rampenlicht gedrängt (Johannes 11,47-48.53). Jemanden, der Macht über Leben und Tod besaß, konnte man nicht aufhalten. Und genau das behauptete Jesus von sich: „die Auferstehung und das Leben" zu sein (Johannes 11,25-26). Statt dies als Bedrohung zu betrachten, verstanden und verstehen die Anhänger von Jesus damals und heute, was für eine wunderbare Verheißung das ist: An Jesus zu glauben ist der Weg zum ewigen Leben (Johannes 14,6). Die Bibel lehrt, dass die Auferstehung von Jesus die größte Bestätigung seines göttlichen Wesens und Auftrags war (1 Korinther 15,1-34). Die Auferweckung von Lazarus und die Auferweckung der Tochter von Jaïrus waren erste Vorzeichen für die größte Auferstehung überhaupt, die bald kommen sollte: als Gott seinen eigenen Sohn Jesus Christus von den Toten auferweckte.

In dem Bericht über die dramatische Auferweckung von Lazarus steckt ein interessantes Detail. Vor nicht allzu langer Zeit noch war Marta die kleinliche Nörglerin gewesen, die für die Gemeinschaft mit Jesus zu beschäftigt war (Lukas 10,38-42). Jetzt ist sie diejenige, die mit Jesus über die tiefsten Wahrheiten bezüglich seiner Auferstehung spricht (Johannes 11,25-27). Selbst wenn wir schwache Momente haben oder Zeiten, in denen wir uns über Jesus nicht im Klaren sind, heißt das nicht, dass wir nicht im Glauben wachsen können. Gott sei Dank.

Überlegung: In einem Country-Song heißt es: „Wir alle wollen in den Himmel, aber keiner will sterben." Wie geht es Ihnen bei dem Gedanken an Ihren eigenen Tod?

Gebet: Guter Gott, ich möchte gern beten können wie Marta: „Ja, Herr, ich glaube, dass du der versprochene Retter bist, der Sohn Gottes, der in die Welt kommen soll."

Anregungen

1. Viele Menschen stehen den Wunderheilungen von Jesus skeptisch gegenüber. Was könnten die Gründe dafür sein?

2. Was denken Sie: Sind wundersame Heilungen auch heute noch möglich? Warum?

3. Haben Sie oder jemand, der Ihnen nahesteht, schon einmal etwas erlebt, das Sie als wundersame Heilung bezeichnen würden? Was ist passiert?

4. Was würden Sie in unserer heutigen Welt als „Besessenheit“ bezeichnen? Gibt es so etwas wie Dämonen auch heute noch?

5. Vier Männer bringen ihren Freund zu Jesus. Wie könnten Sie Ihren Freunden einen ähnlichen Dienst erweisen?

6. Warum ist es so bedeutsam, dass Jesus die Tochter von Jaïrus und Lazarus von den Toten auferweckte? Welches Signal ging davon an die Priester und Schriftgelehrten jener Zeit aus? Was bedeutet es für Sie?

7. Haben Sie schon einmal zu Gott um Heilung gebetet? Welche Erfahrungen haben Sie gemacht?

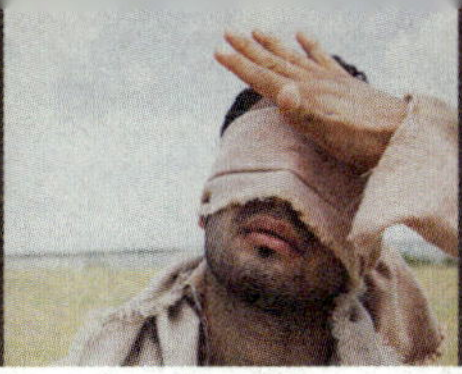

Zusammenfassende Gedanken

Noch mehr Wunder von Jesus

Welche Gedanken sind Ihnen in den zurückliegenden fünf Leseeinheiten für Ihren Glauben und Ihren Alltag wichtig geworden?

1 ______________________________

____

____

2 ______________________________

____

____

3 ______________________________

____

____

4 ______________________________

____

____

5 ______________________________

____

____

Bevor Sie sich auf die nächste Etappe Ihrer Reise durch das Leben von Jesus begeben, könnte es helfen, diese persönlichen Gedanken zur vorherigen Einheit noch einmal durchzusehen. So rufen Sie sich ins Gedächtnis, was Ihnen durch die Lektüre der biblischen Texte bereits wichtig geworden ist.

DIE GEBETE VON JESUS

Einführende Gedanken

Die Gebete von Jesus

Im Gespräch mit Gott

Was fällt Ihnen als Erstes ein, wenn Sie an die Gebete von Jesus denken? Genau – das Vaterunser: „Vater unser im Himmel, geheiligt werde dein Name ...“ Es ist das Gebet, das in der Geschichte der Menschheit wohl am häufigsten gebetet wurde, vielleicht mit der Ausnahme von „Herr, rette mich!“
Das Gebet ist eines von diesen Dingen, die fast jeder schon einmal ausprobiert hat, aber kaum einer ganz versteht. Darum sind unsere nächsten fünf Texte so hilfreich; sie zeichnen uns ein Bild vom größten Beter, den die Welt je gesehen hat. Die Jünger erkannten, dass an der Art und Weise, wie Jesus betete, etwas ganz Besonderes war. Nachdem sie ihn beobachtet hatten, meldete sich einer von ihnen stellvertretend für Menschen aller Zeiten zu Wort, als er sagte: „Herr, sag uns doch, wie wir beten sollen!“ (Lukas 11,1). Wer beten lernen will, sollte jemanden beobachten, der es kann. Und es wird sich kein besserer Lehrer als Jesus finden.

Wenn wir die Gebete von Jesus untersuchen, stellen wir fest, dass er in allen möglichen Situationen und allen möglichen Formen betete. Natürlich stammt von ihm das berühmte Beispielgebet, das eine einprägsame Leitlinie für jeden bildet, der gute Themen zum Beten sucht (Lukas 11,2-4). Jesus betete spontan, wenn bei seiner Arbeit gute Dinge geschahen (Lukas 10,21-22). Er sprach lange, formale Gebete, wenn ihm Themen von großer Tragweite auf dem Herzen lagen (Johannes 17,1-26). Und er betete kurze, intensive Gebete, wenn er unter großem Druck stand (Markus 14,32-42).

Doch wenn wir diese wunderbaren Gebete untersuchen, sollten wir uns dabei vielleicht eine wichtige Frage stellen: Warum betete Jesus überhaupt? Immerhin war er der Sohn Gottes; die ganze Macht des Himmels stand ihm zur Verfügung und er konnte alles tun, was er wollte. Die Antwort auf diese Frage bringt uns zum Kern dessen, worum es beim Beten geht. Jesus betete, weil seine Beziehung zu seinem himmlischen Vater ihm das Allerwichtigste war. Darum verbrachte er so viel Zeit im Gespräch mit Gott, im Hören auf Gott und einfach in Gottes Gegenwart.

Jesus betete nicht nur zu festgelegten Zeiten oder besonderen Anlässen; er betete, so oft er konnte (Markus 1,35). In gewisser Weise betete Jesus ununterbrochen; sein Denken und sein Herz waren stets auf seinen himmlischen Vater ausgerichtet, und das ist das Wesen des Gebets. Wie wir entdecken werden, war Gebet lebenswichtig für Jesus. Und wenn das schon bei ihm so war, ist es für uns noch wichtiger.

Wie betete Jesus?

Gebet: Himmlischer Vater, trotz aller Ablenkungen wünsche ich mir von Herzen, dass meine Beziehung zu dir tiefer wird. Bitte hilf mir zu lernen, besser mit dir im Gespräch zu sein.

Text: Markus 1,29-39

Entfaltung: Haben Sie schon einmal jemanden beobachtet, der still und intensiv betet, vielleicht einen Pastor, Priester oder Missionar? Man kann nichts hören, aber man hat das Gefühl, dass etwas Wichtiges geschieht. Beim Lesen des heutigen Abschnitts haben wir die Gelegenheit, den größten Beter der Welt in Aktion zu beobachten, und dabei erhalten wir einige einzigartige Einblicke in das Gebetsleben von Jesus.

Er betete unter allen Umständen. Achten wir einmal auf die Umstände der Gebetszeit, die in Markus 1,29-39 geschildert werden. Jesus muss erschöpft gewesen sein (V. 32-34); er befand sich nicht in seiner normalen Alltagsroutine, sondern war Gast im Haus eines anderen (V. 29-31). Das sind zwei Dinge, die mein Gebetsleben entgleisen lassen.

Er betete früh. Jesus stand „lange vor Sonnenaufgang" auf, um zu beten (V. 35). Gebet war das Erste, was er für den Tag im Sinn hatte. Woran denken wir, wenn wir morgens aufstehen?

Er betete ohne Ablenkung. Jesus ging „an eine abgelegene Stelle" (V. 35), um zu beten. Effektives Gebet erfordert, dass wir die Ablenkungen des Lebens hinter uns lassen. Jesus betete trotz des wohlmeinenden Drucks seiner Jünger (V. 37). Wir werden immer unter Handlungsdruck stehen, doch ohne Gebet ist es schwer, etwas für Gott zu bewirken.

In den Evangelien finden wir noch andere Hinweise auf die Gebetspraxis von Jesus (Matthäus 14,23; 26,36; Lukas 6,12). Wenn wir uns manchmal schuldig fühlen, weil wir nicht lange beten können, sollten wir versuchen, den Tag über öfter zu beten. Die Schuldgefühle lassen nach und das Gespräch mit Gott wird lebendiger und begeisterter. Und darum geht es beim Beten.

Weil die Gedanken und das Herz von Jesus immer darauf ausgerichtet waren, den Willen seines Vaters zu tun, betete er ständig: manchmal allein, manchmal formal, manchmal mitten im Geschehen. Für uns ist das Gebet etwas, wofür wir uns in unserem geschäftigen Leben Zeit nehmen müssen. Für Jesus war der Umgang mit seinem himmlischen Vater der zentrale Punkt in seinem Leben. Er musste sich *für alles andere* die Zeit nehmen.

Überlegung: Was könnten Sie tun, um dem Gebet in Ihrem Leben mehr Raum zu geben?

Gebet: Versuchen Sie doch heute einmal, anders zu beten. Beten Sie zum Beispiel laut, auch wenn Sie allein sind; probieren Sie eine andere Gebetshaltung aus, gehen Sie hinaus und schauen Sie zum Himmel, während Sie beten, machen Sie einen „Gebetsspaziergang" oder ...

Die Freude des Gebets

Gebet: „Auf, mein Herz, preise den Herrn! Alles in mir soll den heiligen Gott rühmen!" (Psalm 103,1)

Text: Lukas 10,1-24

Entfaltung: Die Rückkehr der „Missionare" war ein Augenblick, den man genießen musste. Sie konnten von erfolgreichen Einsätzen berichten (V. 17). Man kann sich vorstellen, wie Jesus jeden Einzelnen lobte und sich mit ihm freute, als sie reihum von ihren Erfahrungen erzählten. Doch mitten in dieser Siegesfeier nahm Jesus sich Zeit für eine spontane Gebetsversammlung (V. 21).

Das Erste, was uns in diesem Abschnitt auffällt, ist die *Betonung der Freude*. Die Missionare freuten sich über den Erfolg (V. 17). Sie hatten Jesus gehorcht und erlebt, dass daraufhin etwas geschah. Dieses Prinzip gilt auch heute noch. Doch die Freude von Jesus ging noch tiefer („Jesus [wurde] vom Geist Gottes mit jubelnder Freude erfüllt", V. 21), weil er die besondere Bedeutung hinter den Dingen sah, die hier geschahen. Satan, der eigentliche Feind, wurde in die Knie gezwungen (V. 18), und Gottes Selbstoffenbarung wurde deutlicher und verständlicher – gerade für die Menschen, von denen man es am wenigsten erwartet hätte (V. 21). Nur allzu schnell kann Gebet zu einer freudlosen Rezitation von Problemen und Sorgen werden. Natürlich liegen Gott auch diese Dinge am Herzen und er lädt uns ein, unsere Lasten mit ihm zu teilen (Psalm 68,20). Doch Jesus zeigt uns, dass wir vor Freude laut rufen dürfen, wenn wir wirklich verstehen, was Gott in dieser Welt tut. Freude ist ein wichtiger Teil des Gebets.

Noch etwas anderes fällt in diesem kurzen Gebet auf: *das Vertrauen auf Gottes Plan.* „Ja, Vater, so wolltest du es haben!" (Lukas 10,21). Manche Menschen halten das Gebet für ein Wunschdenken in hoffnungslosen Zeiten: „Mehr als beten kann ich jetzt nicht mehr. Vielleicht habe ich ja Glück." Doch Jesus zeigt, dass wir kühn sein können, wenn wir wirklich verstehen, dass Gott alles in der Hand hält. Vertrauen auf Gottes Macht und Willen ist ein weiterer entscheidender Teil des Gebets.

Trotz dieses inspirierenden Gebets wusste Jesus, dass seine Jünger irgendwann auf Schwierigkeiten stoßen würden, also gab er ihnen einige wichtige Erinnerungen mit auf den Weg. Erstens: Ganz gleich, was geschieht – ob wir Erfolg haben oder Fehlschläge erleben – wir sollen die Ziele von Gottes Reich im Blick behalten (V. 20); damit rückt alles andere in die richtige Perspektive. Und zweitens: Wir sollen das große Ganze im Blick behalten. Gott ist schon lange dabei, Menschen zu sich zu ziehen (V. 23-24), und er wird es auch weiterhin tun. Unsere Aufgabe ist es nicht, erfolgreich zu sein, sondern Gott treu zu bleiben. Das ist ein weiterer Grund, für uns zu beten!

Überlegung: Denken Sie darüber nach, was Ihnen an Gott die meiste Freude macht.

Gebet: „Voll Freude will ich über dich jubeln, denn du hast mich befreit." (Psalm 71,23)

Die Schule des Gebets

Gebet: Schließen Sie die Augen und stellen Sie sich vor, Gott würde tatsächlich bei Ihnen im Zimmer sitzen. Auf welchem Stuhl würde er sitzen? Wie würden Sie sich fühlen? Was würden Sie denken? Und was würden Sie ihm gern sagen?

Text: Lukas 11,1-13

Entfaltung: Wenn jemand Sie bitten würde, ihm zu helfen, eine tiefer gehende Gebetspraxis zu entwickeln, wie würden Sie reagieren? Indem Sie Ihre Gebetsgewohnheiten erklären, ihm ein Buch über das Thema geben oder vielleicht eine hilfreiche Predigt oder ein Seminar empfehlen? Jesus beginnt seine Antwort, indem er einfach betet. Wenn man besser beten lernen will, muss man seine Zeit nicht mit der Theorie verbringen, sondern man kann einfach beten.

Das Vaterunser oder „Gebet des Herrn" (siehe auch Matthäus 6,9-15) ist zweifellos das berühmteste und am häufigsten gesprochene Gebet der Menschheitsgeschichte. Über die Jahrhunderte haben viele der klügsten Köpfe in der Kirche dieses Gebet analysiert. Doch für unsere Zwecke soll die Feststellung genügen, dass zum wirkungsvollen Gebet zwei Perspektiven gehören. Erstens: Beim Beten müssen wir *über uns selbst hinaus auf Gott schauen,* auf sein Wesen, seine Heiligkeit, sein Königreich und seinen Willen (V. 2). Und zweitens sollten wir nicht zögern, auch auf *unsere alltäglichen Bedürfnisse zu schauen* – Nahrung, Vergebung und Kraft, der Versuchung aus dem Weg zu gehen (V. 3-4). Ohne Gleichgewicht zwischen diesen beiden Perspektiven werden unsere Gebete einseitig und laufen am Ende ins Leere.

Nachdem Jesus seinen Jüngern gezeigt hat, wie sie beten sollen, macht er ihnen Mut, beherzt zu bitten (V. 5-10): „Bittet und ihr werdet bekommen." Heißt das, dass wir um neue Autos, dickere Bankkonten und Traumhäuser bitten können? Nicht direkt. Der Weg, den Jesus gegangen ist, sowie einige konkrete Aussagen in der Bibel (Matthäus 6,8; 26,42; Philipper 4,19) erinnern uns daran, dass wir uns auf unsere echten Bedürfnisse konzentrieren sollen und nicht auf unsere eigennützigen Wünsche. Die Kühnheit, zu der Jesus hier ermutigt, meint die Nachdrücklichkeit und Beharrlichkeit des Bittenden (Lukas 11,9-10) und auch die Überzeugung, dass Gott in der Lage ist, jedes echte Bedürfnis zu stillen. Jesus vergleicht Gott mit einem liebevollen Vater, der für ein bedürftiges Kind sorgt (V. 11-13). Gott liebt uns und weiß, was wirklich am besten für uns ist. Unser Fehler besteht oft darin, dass wir ihm vorschreiben wollen, welche „guten Gaben" er uns geben soll. Manchmal müssen wir das loslassen, was wir für die beste Lösung unserer Probleme halten, und darum beten, dass wir Gottes Willen akzeptieren können, ganz gleich, wie dieser aussieht. Jesus versichert uns, dass eine Herzenshaltung des Glaubens an unseren liebevollen himmlischen Vater, gepaart mit kühner Beharrlichkeit im Gebet, unglaubliche Ergebnisse erzielen wird (Matthäus 17,20-21).

Überlegung: Gibt es etwas in Ihrem Leben, für das es sich lohnen würde, kühn und beharrlich zu beten? Überlegen Sie auch, ob es sich um ein echtes Bedürfnis handelt, bevor Sie Ihre Bitte vor Gott bringen.

Gebet: Herr, du kennst mich und meine Bedürfnisse besser als ich selbst. Ich will dir vertrauen, dass du für mich sorgst.

Ein entscheidendes Gebet

Gebet: Vater im Himmel, bitte hilf mir, dich besser kennenzulernen und deinen Willen zu erfahren, wenn ich mich mit deinem Wort beschäftige.

Text: **Johannes 17,1-26**

Entfaltung: Wüssten Sie nicht auch gern, was berühmte Menschen vor den entscheidenden Momenten der Geschichte beteten? Zum Beispiel: Was betete George Washington im amerikanischen Unabhängigkeitskrieg in dem langen Winter in Valley Forge? Was betete William Wilberforce, bevor er im britischen Parlament einen Gesetzentwurf zur Abschaffung des Sklavenhandels einbrachte? Was betete Mutter Teresa, bevor sie ihr Missionswerk in Kalkutta gründete? In Johannes 17,1-26 lesen wir, was Jesus kurz vor dem bedeutendsten Ereignis seines Lebens betete, seinem Tod am Kreuz.
Gerade hatte Jesus seinen ängstlichen Jüngern die letzten Anweisungen gegeben (Johannes 13–16). Seine Lehrstunde beschloss er mit dem langen Gebet von Johannes 17, das oft das „hohepriesterliche Gebet" von Jesus genannt wird, weil er darin für seine Jünger und alle Christen betete – so wie Hohepriester für das ganze Volk beten. Allerdings betete Jesus zunächst auch für sich selbst (V. 1-5). Ihm war klar, dass „die Stunde [...] gekommen" war (V. 1), um seinen von Gott erhaltenen Auftrag zu vollenden. Für Jesus bedeutete das, wieder einen Weg zu eröffnen, auf dem wir Menschen zu Gott finden und ewiges Leben erhalten können (V. 2-3). Unser von Gott gegebener Auftrag kann alles Mögliche sein, doch der springende Punkt ist: Wenn wir Gottes Ruf für unser Leben folgen, machen wir ihm Ehre.
Dann betete Jesus für seine Jünger (V. 6-19) und bat um drei Dinge: Erstens brauchten sie *Gottes Schutz* (V. 11.15). Jeder, der versucht, Jesus nachzufolgen, wird es mit Schwierigkeiten, Angriffen und Versuchungen zu tun bekommen. Zweitens betete er, dass die Jünger seine *Freude* haben sollten (V. 13). Er erbat hier nicht ein glückliches Gefühl, sondern die tiefe Zufriedenheit, die sich einstellt, wenn man eins mit Jesus ist und an dem beteiligt, was er in dieser Welt tut. Das gibt uns eine Bedeutung und einen Grund, uns zu freuen. Drittens betete er dafür, dass die Jünger zu Menschen werden, die *zu Gott gehören* (V. 19). In der Lutherübersetzung heißt die Stelle, die Jünger sollen „geheiligt sein", also „heilig gemacht" werden. Diese Zugehörigkeit zu Gott entsteht durch das Wort Gottes. Darum ist Bibellesen und Gebet eine so starke Kombination.
Jesus endete, indem er für alle betete, die durch die Verkündigung der Jünger einmal an ihn glauben würden (V. 20-26). Dazu gehören auch Sie und ich. In erster Linie bat Jesus um Einheit. Auch wenn die Kirche als Institution über die Jahrhunderte hinweg gespalten und geschwächt wurde, ist die unsichtbare weltweite Gemeinde immer noch ein Leib. „Ich bete darum, dass sie alle eins seien, so wie du in mir bist, Vater, und ich in dir" (V. 21). Unglaublich, aber das geschieht, wenn wir Jesus wirklich vertrauen.

Überlegung: Wo fehlt es uns Christen heute an Einheit? Wo könnten Sie sich selbst für mehr Einheit einsetzen?

Gebet: Vater im Himmel, du weißt, welcher entscheidende Moment sich in meinem eigenen Leben gerade am Horizont abzeichnet. Bitte lass mich bei allen Herausforderungen immer in Verbindung mit dir bleiben.

Intensives Gebet

Gebet: Himmlischer Vater, ich bin so dankbar, dass du bereit bist, mich als dein Kind anzunehmen. Wie wunderbar zu wissen, dass der allmächtige Schöpfer des Universums mich kennt und ich ihm wichtig bin.

Text: Markus 14,32-42

Entfaltung: Verfolgte Christen überall auf der Welt leben in der Angst, dass es einmal mitten in der Nacht an ihre Tür klopft. Die ängstlichsten Momente unseres Lebens sind wohl die, in denen wir wissen, dass etwas Schreckliches passieren wird, aber nichts weiter tun können als abzuwarten. Genauso fühlt Jesus sich in Markus 14. Während er darauf wartet, dass seine Ankläger auftauchen und ihn festnehmen, befallen ihn „Angst und Schrecken" (V. 33) und er sagt zu seinen Jüngern: „Ich bin so bedrückt, ich bin mit meiner Kraft am Ende" (V. 34). Ich hatte immer das Gefühl, dass dies das intensivste Gebet im gesamten Leben von Jesus gewesen ist.

Wie betet Jesus also, als er unter solchem Druck steht? Sein Gebet passt in einen einzigen Vers (V. 36) und enthält doch mehrere Aspekte. Er fängt damit an, einfach nach seinem Vater zu rufen. Das Wort Abba bedeutet eigentlich „Papa" und drückt eine vertraute Nähe aus. Wenn unser Sohn Noah mitten in der Nacht aufwachte, rief er in sein dunkles Zimmer hinein nach uns. Obwohl er Angst hatte, wusste er, dass seine Eltern in der Nähe waren. So beginnt auch Jesus sein Gebet.
Als Nächstes bestätigt er, was wir alle wissen: Für Gott ist alles möglich. Es ist beruhigend, wenn wir uns daran erinnern, dass wir zu einem Gott beten, der allmächtig ist. Dann bittet Jesus: „Erspare es mir, diesen Kelch trinken zu müssen!" Mit anderen Worten: „Wenn es einen anderen Weg gibt, deinen Rettungsplan zu erfüllen, ohne mich zu opfern, dann tu es bitte!" Es ist nicht falsch oder schlimm, Gott gegenüber ehrlich seine Befürchtungen zu äußern. Doch trotz aller Angst unterstellt Jesus sich dann ganz Gottes Willen: „Aber es soll geschehen, was du willst, nicht was ich will." Das gleiche Prinzip begegnet uns auch im Vaterunser (Matthäus 6,10).

Im Kontrast zur Intensität des Gebets von Jesus steht die Lethargie der Jünger (Markus 14,37-42). Ich frage mich, ob Jesus versucht war, Petrus einen Tritt zu versetzen. Es ist interessant, dass Jesus Petrus mit seinem alten Namen „Simon" zurechtweist (V. 37); der führende Jünger ist in alte Gewohnheiten verfallen. Doch bevor wir die verschlafenen Gebetsgewohnheiten der Jünger verurteilen, sollten wir eingestehen, dass unsere Gebete gelegentlich auch alles andere als intensiv sind. Es gibt ein T-Shirt, auf dem ein Mann in Jeans abgebildet ist, die Löcher auf beiden Knien haben. Der Text lautet einfach: „Pray hard" (etwa: „Beten ohne aufzugeben"). Genau das tut Jesus in Getsemani.

Überlegung: Fällt Ihnen eine Situation ein, in der Sie unter großem Druck standen? Hat sich in dieser Zeit etwas an Ihren Gebetsgewohnheiten oder der Art Ihrer Gebete verändert?

Gebet: Herr, du weißt, dass ich vor Situationen stehe, die mich manchmal überfordern. Doch ganz gleich, was passiert, ich bitte dich von Herzen: Nicht, was ich will, sondern was du willst, soll geschehen.

Anregungen

1. Wie haben Sie beten gelernt? Als Kind oder erst später? Wer waren über die Jahre Ihre „Gebetsmentoren“ und was haben sie Ihnen beigebracht?

2. Wie beten Sie heute? Wann haben Sie das Gefühl, dass Ihre Gebete wirklich bedeutungsvoll sind? Warum?

3. Was sind für Sie die schwierigsten oder bedeutungsvollsten Teile des Vaterunsers (Lukas 11,1-13)? Warum?

4. Spüren Sie manchmal Gottes Gegenwart, wenn Sie beten? Wie geschieht das?

5. Haben Sie in einer Situation, in der Sie unter großem Druck standen, schon einmal um Gottes Hilfe gebetet? Erzählen Sie von Ihren Erfahrungen.

6. Was sind die größten Gebetshindernisse für Sie? Wie könnten Sie sie überwinden?

7. Jesus hatte einen „Lebensstil des Gebets“. Wäre das auch für Sie ein Ziel? Welche Möglichkeiten könnte es geben, das Gebet mehr in Ihren Alltag einzubinden?

Zusammenfassende Gedanken

Die Gebete von Jesus

Welche Gedanken sind Ihnen in den zurückliegenden fünf Leseeinheiten für Ihren Glauben und Ihren Alltag wichtig geworden?

1

2

3

4

5

Bevor Sie sich auf die nächste Etappe Ihrer Reise durch das Leben von Jesus begeben, könnte es helfen, diese persönlichen Gedanken zur vorherigen Einheit noch einmal durchzusehen. So rufen Sie sich ins Gedächtnis, was Ihnen durch die Lektüre der biblischen Texte bereits wichtig geworden ist.

HARTE WORTE VON JESUS

Herausforderungen für Nachfolger

Im Jahr 1742 schrieb Charles Wesley den Text zu einem Lied mit dem Titel „Gentle Jesus, Meek and Mild" (etwa: „Sanfter Jesus, zart und mild"). Dieses Lied brachte Wesleys Wunsch zum Ausdruck, Jesus einfach und kompromisslos zu folgen. Doch über die Jahre habe ich immer wieder gehört, wie dieser Titel zitiert wurde, um ein stark vereinfachtes Bild von Jesus zu zeichnen: dass er ein ziemlicher Waschlappen war, der durch die Gegend zog und nette moralische Aussagen traf, die man in der Sonntagsschule auswendig lernen oder auf Hummel-Figuren eingravieren konnte. „Sanfter Jesus, zart und mild" – ist das nicht hübsch?

Ich zerstöre nur ungern irgendjemandem seine Illusionen, doch ein solches Jesusbild lag ganz und gar nicht in Charles Wesleys Absicht, und es stimmt in keiner Weise mit dem Leben und der Lehre von Jesus überein. Jesus war nicht immer nur „lieb" und „nett". Natürlich sagte Jesus einige wunderbare, ermutigende Dinge, wie wir bereits auf unserer Reise durch die Bibel entdeckt haben. Doch wie wir in unseren nächsten fünf Texten herausfinden werden, traf Jesus auch viele Aussagen, die sehr schwer zu verstehen waren. An einem Punkt waren die Menschen sogar so abgestoßen von seiner Lehre, dass sie sagten: „Was er da redet, geht zu weit! So etwas kann man nicht mit anhören" (Johannes 6,60) – und verließen ihn scharenweise.

Manchmal sagte Jesus mysteriöse, schwer verständliche Dinge. In anderen Situationen waren seine Worte herausfordernd und es war schwer, ihnen zu gehorchen. Die fünf Aussagen, die wir uns anschauen werden, fallen in beide Kategorien.

- „Wer mein Fleisch isst und mein Blut trinkt, hat das ewige Leben."
- „Wer [...] den Heiligen Geist beleidigt, für den gibt es keine Vergebung; er ist auf ewig schuldig geworden."
- „Wenn ihr mich um etwas bittet und euch dabei auf mich beruft, werde ich eure Bitte erfüllen."
- „So wird euch mein Vater im Himmel auch behandeln, wenn ihr eurem Bruder oder eurer Schwester nicht von Herzen verzeiht."
- „Wer mir folgen will, muss sich und seine Wünsche aufgeben, sein Kreuz auf sich nehmen und auf meinem Weg hinter mir hergehen."

Wenn Sie diese Seite des Bibelstudiums interessiert, empfehle ich Ihnen das Buch *Dies ist eine harte Rede. Schwer verständliche Worte Jesu* erklärt von F. F. Bruce. Darin geht es um 70 der herausforderndsten Aussagen von Jesus. Doch für den Moment sollen fünf ausreichen, also fangen wir an!

Nahrung für die Seele

Gebet: „Du machst mich satt und glücklich wie bei einem Festmahl; mit jubelnden Lippen preise ich dich." (Psalm 63,6)

Text: Johannes 6,25-71

Entfaltung: „Wer mein Fleisch isst und mein Blut trinkt, hat das ewige Leben" (V. 54). Was für eine seltsame Bemerkung! Das klingt ja, als hätte Jesus völlig verrückte kannibalische Ideen! Kein Wunder, dass die Jünger verwirrt waren und entsetzt (V. 60-61). Ihr Held schien nicht mehr „alle Tassen im Schrank" zu haben. „Könntest du das nicht vielleicht etwas umformulieren?" Und kein Wunder, dass die Religionsführer empört waren: Abgesehen von der ekelhaften Vorstellung, Menschenfleisch zu essen, enthielt das Gesetz des Mose gezielte Verbote gegen den Verzehr von Blut oder auch blutigem Fleisch (3 Mose/Levitikus 17,10-14).

Doch in Wirklichkeit ist dies eine der wichtigsten Aussagen von Jesus überhaupt. Um sie ganz zu verstehen, müssen wir einen Schritt zurücktreten und uns den Zusammenhang anschauen. Jesus hatte gerade Tausende Menschen durch ein Wunder mit Nahrung versorgt (Johannes 6,1-15). Doch niemand schien zu verstehen, worum es bei dem Wunder eigentlich ging (V. 26). Die meisten meinten, Jesus würde einfach gern kostenloses Essen verteilen. Ziemlich cool. In Wahrheit gab Jesus den Menschen zu essen, um zu zeigen, dass er die Quelle des ewigen Lebens war (V. 27). Doch von diesem Punkt im Gespräch an befanden sich Jesus und seine Zuhörer auf zwei verschiedenen Ebenen: Sie dachten an etwas Zeitliches (Nahrung), während er an etwas Geistliches dachte (ewiges Leben).

Und das ist der Schlüssel, den wir brauchen um zu verstehen, was Jesus mit seiner verwirrenden Aussage meinte (V. 53-54). Er sprach nicht davon, *physisch* sein Fleisch zu essen und sein Blut zu trinken. Vielmehr sprach er von der geistlichen Einheit, die er mit seinen Nachfolgern hat. Wer wahrhaftig seinen Glauben und sein Vertrauen auf Jesus setzt, ist mit Gott vereint (V. 57) und erhält ewiges Leben (V. 40). Leider liefendie beiden Denkspuren immer weiter auseinander, je mehr Jesus erklärte. Seine Zuhörer schauten zurück auf das Manna in der Wüste. Jesus schaute nach vorn auf das, was er am Kreuz tun würde.

Wir heute haben immer dann Gelegenheit, über diese geistliche Wahrheit nachzudenken, wenn wir das Abendmahl nehmen. Brot und Wein sind Erinnerungen an das Opfer von Jesus für uns und sollen „für dein Volk der Leib und das Blut deines Sohnes sein, die heilige Speise des neuen und nie endenden Lebens in ihm" (Book of Common Prayer).

Überlegung: Gibt es Momente, in denen Sie sich mit Jesus vereint fühlen? Wann? Welche Gedanken gehen Ihnen durch den Kopf, wenn Sie sich auf das Abendmahl vorbereiten?

Gebet: Herr, bitte hilf mir, dir näherzukommen, und bitte öffne mir die Augen für die geistlichen Dinge der Welt, in der ich lebe.

Ein in sich uneiniges Haus

Gebet: Herr, ich weiß nicht alles über die Bibel, aber ich weiß, dass sie von dir spricht. Bitte hilf mir heute beim Bibellesen, besser zu verstehen, wer du bist.

Text: **Markus 3,20-35**

Entfaltung: „Wer aber den Heiligen Geist beleidigt, für den gibt es keine Vergebung; er ist auf ewig schuldig geworden" (V. 29). In meiner Jugendzeit wurde im Bibelunterricht häufig die Frage gestellt: „Woher weiß ich, ob ich die ‚Sünde wider den Heiligen Geist' begangen habe oder nicht?" Wir hatten Angst, dass die Bibel ein mysteriöses, namenloses Vergehen meint. Und schlimmer noch, wir hatten Angst, dass wir, wenn wir uns dessen unbewusst schuldig machten, auf ewig verdammt wären und keine Chance mehr hätten, in den Himmel zu kommen. Die Standardantwort, die wir erhielten, war auch nicht sehr beruhigend: „Allein die Tatsache, dass du dir Sorgen darüber machst, zeigt, dass du diese Sünde nicht begangen hast." Hmm ...

Doch ein sorgfältiger Blick auf unseren heutigen Abschnitt zeigt, dass die Aussage von Jesus (V. 29) nicht dazu gedacht war, Kindern Angst einzujagen. Vielmehr war es eine scharfe Zurechtweisung für die Religionsführer, die ihn beschuldigten, von Dämonen besessen zu sein (V. 30). Sie waren verärgert über Jesus. Er hatte gelehrt, geheilt und große Menschenmengen angezogen (V. 20). Die Pharisäer wurden so eifersüchtig, dass sie bereit waren, extreme Maßnahmen zu ergreifen, um ihr Territorium zu schützen (Markus 3,6). Darum beschuldigten sie ihn, er sei von Dämonen besessen (V. 22); sie wollten ihn in den Augen der Öffentlichkeit in Misskredit bringen.

Jesus reagierte darauf in zweierlei Hinsicht: Erstens erklärte er in einem Bildwort, warum die Anklage falsch sein musste (V. 23-27). Satan würde nicht gegen sich selbst arbeiten. Daher konnten die Wunder von Jesus nicht das Resultat von Besessenheit sein. Interessanterweise hielt Abraham Lincoln 1858 eine berühmte Rede mit dem Titel „A House Divided" („Ein Haus, das mit sich selbst uneins ist"), in der er auf diesen Abschnitt Bezug nahm und daran zeigte, dass die Vereinigten Staaten in der Gefahr standen, sich zu spalten – in Bundesstaaten, in denen es die Sklaverei gab, und solche, in denen sie abgeschafft war.

Zweitens setzte Jesus noch eine scharfe Bemerkung über ewige Sünde hinzu (V. 29). Damit wollte er sagen: Wenn die Religionsführer das Wirken des Heiligen Geistes mit Besessenheit gleichsetzen, kehren sie Gott den Rücken. Solange sie weiter in diese Richtung gehen, kann Gott ihnen nicht vergeben. Das bedeutet: Die „unvergebbare Sünde" ist kein mysteriöser Fehler, der einem unwissentlich unterlaufen kann. Jesus machte deutlich, dass er Sündern gern vergab (Lukas 15,11-32). Vielmehr ist die unvergebbare Sünde die Unwilligkeit, zu Gott umzukehren. Die fortgesetzte Weigerung anzunehmen, was Jesus frei anbietet, verhindert, dass uns vergeben wird.

Überlegung: In welchen Situationen in Ihrem Leben nähern Sie sich Gott an? Wann bewegen Sie sich weg von ihm?

Gebet: Vater im Himmel, du kennst meine Sünden. Ich danke dir für deine Vergebung. Du liebst mich und nimmst mich an, so wie ich bin. Das hast du durch Jesus gezeigt.

Gebetsgarantie

Gebet: „Ich danke Gott! Er hat mein Gebet nicht abgewiesen und mir seine Güte nicht verweigert.“ (Psalm 66,20)

Text: Johannes 14,1-14

Entfaltung: „Wenn ihr mich um etwas bittet und euch dabei auf mich beruft, werde ich eure Bitte erfüllen“ (V. 14).

Über die Jahre habe ich immer wieder zwei Reaktionen auf diese verblüffende Aussage erlebt, die Jesus in diesem Abschnitt über das Gebet trifft. Die erste Gruppe von Menschen denkt: „Benenn deinen Wunsch und nimm das Versprechen in Anspruch.“ Demnach sollten wir für sehr konkrete Dinge beten, wie ein neues Auto, ein großes Haus oder ein dickes Konto. Denn hat Jesus das nicht gesagt? Ein Freund von mir bemerkte einmal, es sei sehr seltsam, dass Gemeinden, die ein solches Wohlstandsevangelium predigen, oft nach dem Gottesdienst die meisten Autopannen auf dem Gemeindeparkplatz haben.

Die zweite Gruppe von Menschen denkt: „Das geht nicht unbedingt.“ Danach sollten wir nicht um konkrete Dinge beten. Menschen, die so denken, sagen oft, dass sie es in der Vergangenheit mit dem Beten probiert haben, aber es nicht funktioniert hat. Das Problem an beiden Sichtweisen ist, dass sie sich ausschließlich auf irdische Dinge fixieren – und damit haben sie missverstanden, was Jesus hier meint.
Johannes 14,1-14 gehört zu einer letzten „Unterrichtseinheit“, die Jesus mit seinen Jüngern hat (Johannes 14–16). Sie sind drei Jahre mit ihm unterwegs gewesen, doch jetzt haben sie Angst, weil er davon spricht zu gehen (Johannes 14,1-5). Die Jünger haben eine Beruhigung nötig, und Jesus gibt sie ihnen in zweierlei Hinsicht: Zunächst sagt er, dass sie am Ende bei ihm sein werden (V. 3). Eines Tages wird Jesus zurückkommen und alle zu sich holen, die an ihn als den Weg zu Gott geglaubt haben (V. 6). Zweitens sagt Jesus, dass sie um seine Hilfe bitten dürfen, während sie auf seine Rückkehr warten (V. 12-14). Dieses Versprechen gilt Ihnen und mir.

Doch der Schlüssel zum Geheimnis der „Gebetsgarantie“ von Jesus liegt in einer Wortgruppe, die leicht zu übersehen ist: „in meinem Namen“ (V. 13). Wenn wir beten, sollen wir es unter Berufung auf Jesus tun, d. h., wir sollen um Dinge bitten, die mit dem übereinstimmen, was Jesus lehrte und tat. Dann werden wir erhört. Solche Gebete und die Gewährung der Bitten durch Jesus tragen sogar dazu bei, die Macht und Herrlichkeit von Gott und Jesus in unserer Welt sichtbar zu machen (V. 13). So helfen sie den Menschen zu verstehen, wer Gott wirklich ist.

Überlegung: Was hat sich durch Ihre Gebete verändert? Wie hat das Gebet Sie verändert?

Gebet: Guter Gott, hilf mir heute so zu beten, dass es dir Ehre macht. Um diese Dinge will ich dich bitten:

Vergebung – eine ernste Angelegenheit

Gebet: Beginnen Sie Ihre Stille Zeit heute, indem Sie das Vaterunser langsam Satz für Satz beten.

Text: **Matthäus 18,15-35**

Entfaltung: „So wird euch mein Vater im Himmel auch behandeln, wenn ihr eurem Bruder oder eurer Schwester nicht von Herzen verzeiht" (V. 35).

Vergebung ist einer der wichtigsten Faktoren, wenn man sich gesunde Beziehungen zu anderen erhalten will. Da müssen wir nur einmal Ehepaare fragen! Vergebung ist auch ein entscheidender Teil der Botschaft und des Auftrags von Jesus. Sie ist das Thema des heutigen Abschnitts.

Zu Anfang erklärt Jesus eine sehr praktische Methode zur Konfliktlösung (V. 15-20). Zuerst soll man mit dem Betreffenden unter vier Augen sprechen; dann soll man andere hinzuziehen und schließlich die ganze Gemeinde beteiligen. Der letzte Ausweg ist, die Beziehung „auf Eis" zu legen, wobei man nie vergessen sollte, dass Jesus immer bereit war, Sünder wieder anzunehmen, die Buße taten.

Leider folgen immer noch zu wenige Menschen dem Rat von Jesus. Seelsorger sprechen heute von „Dreieckskommunikation": Wir reden mit einer dritten Partei anstatt direkt mit der Person, die uns verletzt hat. Mit anderen Worten: Wir betreiben „Klatsch und Tratsch". In einer Gemeinde ist das tödlich.

Anschließend stellt Petrus eine Frage (V. 21), die man etwa so umschreiben könnte: „Herr, wann ist es in Ordnung, meinen Bruder zu hassen und mich zu rächen?" Was Petrus eigentlich wissen will, ist, wann er aufhören kann zu vergeben. Ich kann mir geradezu bildlich vorstellen, wie Jesus den Kopf schüttelt und seufzt: „Weißt du, Petrus, wenn du fragen musst, wie oft du vergeben musst, hast du nichts begriffen." Wenn wir wirklich verstehen lernen, wie viel Gott uns vergeben hat, ist es nur selbstverständlich, dass wir denen vergeben, die uns verletzt haben.

Doch all das führt zu einer der herausforderndsten Aussagen von Jesus überhaupt (V. 35). Könnte es wirklich sein, dass Gott wütend auf uns wird, wenn wir nicht vergeben? Offenbar ja. Wem eine große Schuld vergeben wurde, der sollte anderen gegenüber am großzügigsten sein. Das ist die Aussage des Gleichnisses, das Jesus in V. 23-34 erzählt. Jesus sagt damit: Unser himmlischer Vater nimmt Vergebung ernst, und wir müssen das auch.

Überlegung: Können Sie sich an eine Situation erinnern, in der Sie im Unrecht waren und jemand hat Ihnen vergeben? Wie haben Sie sich dabei gefühlt?

Gebet: Lieber Gott, du weißt, wo in meinem Leben Beziehungen zerbrochen oder belastet sind, weil ich mich mit dem Verzeihen schwertue. Bitte zeige mir den Weg zurück zu Vergebung und Liebe.

Ernsthafte Nachfolge

Gebet: Herr, ich möchte dir heute noch entschiedener nachfolgen. Bitte zeige mir ein oder zwei Punkte, an denen ich das heute tun kann.

Text: Markus 8,31–9,1

Entfaltung: „Wer mir folgen will, muss sich und seine Wünsche aufgeben, sein Kreuz auf sich nehmen und auf meinem Weg hinter mir hergehen" (Markus 8,34).

Dieser Abschnitt enthält eine der am häufigsten missverstandenen Aussagen von Jesus. Wie oft haben wir schon gehört, wie jemand stöhnte und im Hinblick auf eine kleine Irritation sagte: „Wir haben eben alle unser Kreuz zu tragen, nicht wahr?" Doch für Jesus war sein Kreuz zu tragen kein Bewältigungsmechanismus. Es war ein Symbol des uneingeschränkten Gehorsams gegenüber dem Willen seines Vaters.

Aber gehen wir noch einmal kurz zurück. Petrus hat gerade eines seiner größten Aha-Erlebnisse gehabt: Endlich hat er erkannt und geäußert, wer Jesus wirklich ist (Markus 8,29). Man möchte meinen, dass Petrus nun eine Goldmedaille für eine solche Antwort bekommt. Stattdessen hält Jesus einen strammen Vortrag; Er lehrt die Jünger (V. 31) und weist dann Petrus zurecht (V. 32). Warum? Weil die Jünger, obwohl sie jetzt die richtigen Dinge über Jesus sagen können, immer noch nicht verstehen, wer er ist; sie betrachten ihn aus einer menschlichen statt aus einer göttlichen Perspektive (V. 33). Das stellt auch für uns heute eine Schwierigkeit dar. Wer von christlicher Lehre umgeben ist – durch Gemeinde, Predigten, Bücher und Radiosendungen –, kann schnell lernen, die richtigen Dinge über Jesus zu sagen, ohne zu verstehen, was sie bedeuten. Echtes Verständnis kommt erst dann, wenn wir in die Tat umsetzen, was Jesus sagte und tat. Unter anderem ist es das, was Jesus mit „mir nachfolgen" meint.

Doch hier verbindet er diesen bekannten Gedanken mit einer noch größeren Herausforderung, nämlich sich selbst zu verleugnen und sein Kreuz auf sich zu nehmen. Für Jesus bedeutete dies, seine Rechte als Sohn Gottes aufzugeben (Philipper 2,5-8) und am Kreuz für die Sünden der Welt zu sterben (Johannes 19,17-18). Für uns bedeutet es, dass der Mittelpunkt unseres Lebens nicht mehr das Streben nach unserem eigenen Glück ist, sondern in engerer Verbindung mit Jesus zu leben. Dazu gehört auch, anderen von ihm zu erzählen – mit Worten und Taten (Markus 8,35). Wir müssen unsere eigenen Pläne sterben lassen und für die Pläne von Jesus leben. Am Ende bringt uns das das wahre Leben (V. 35-36). Wenn man diesen Punkt nicht versteht, wird es ernste Folgen haben.

Überlegung: Wie würden Sie den Mittelpunkt Ihres Lebens beschreiben? Wo haben Sie bereits Ihr Kreuz auf sich genommen, um Jesus nachzufolgen?

Gebet: Himmlischer Vater, es fällt mir so leicht, mich auf die Dinge der Welt zu konzentrieren, und so schwer, den Blick auf die Dinge gerichtet zu halten, die dir am wichtigsten sind. Bitte hilf mir, heute nach deinen Prioritäten zu leben.

Anregungen

1. Was von allem, was Jesus sagte (sowohl in diesem Abschnitt als auch an anderen Stellen der Evangelien) ist für Sie am schwersten zu verstehen? Wo fällt es Ihnen am schwersten, seine Worte anzunehmen? Warum?

2. Gab es Zeiten in Ihrem Leben, in denen Sie Gott bewusst den Rücken gekehrt haben? Wie war das? Wie haben Sie zu Gott zurückgefunden?

3. Haben Sie schon einmal erlebt, dass ein konkretes Gebet erhört wurde? Was geschah? Wie hat diese Erfahrung Ihre Beziehung zu Gott beeinflusst?

4. Haben Sie schon einmal erlebt, dass Sie keine Antwort auf Ihr Gebet bekommen haben? Was geschah? Wie hat diese Erfahrung Ihre Beziehung zu Gott beeinflusst?

5. Kann es jemals gerechtfertigt sein, jemanden zu hassen? Begründen Sie Ihre Meinung.

6. Wie lösen Sie normalerweise Konflikte mit Menschen, die Sie verletzt haben?

7. Wenn Sie zurückschauen: In welchen Situationen in Ihrem Leben hatte das Streben nach Glück für Sie oberste Priorität? Gab es auch Momente, in denen es Ihnen am wichtigsten war, Jesus nachzufolgen?

Zusammenfassende Gedanken

Harte Worte von Jesus

Welche Gedanken sind Ihnen in den zurückliegenden fünf Leseeinheiten für Ihren Glauben und Ihren Alltag wichtig geworden?

1

2

3

4

5

Bevor Sie sich auf die nächste Etappe Ihrer Reise durch das Leben von Jesus begeben, könnte es helfen, diese persönlichen Gedanken zur vorherigen Einheit noch einmal durchzusehen. So rufen Sie sich ins Gedächtnis, was Ihnen durch die Lektüre der biblischen Texte bereits wichtig geworden ist.

DIE KREUZIGUNG VON JESUS

Einführende Gedanken

Die Kreuzigung von Jesus

Warum das Kreuz?

Das Kreuz von Jesus Christus ist zu einem der bekanntesten Symbole der Welt geworden. Heutzutage ist es ein beliebtes Modeaccessoire, dessen ursprüngliche Bedeutung vielen Menschen, die es tragen, kaum mehr bekannt ist.

In unseren nächsten fünf Texten werden wir uns mit dem beschäftigen, was die Bibel über die Kreuzigung von Jesus sagt, und wie wir sehen werden, ist es kein schönes Bild. Erstens waren die Ereignisse, die zum Tod von Jesus führten, ungerecht. Alles schien außer Kontrolle geraten – jedenfalls aus der menschlichen Perspektive betrachtet. Jesus wurde von Judas verraten und dann von allen Jüngern verlassen. Er wurde mitten in der Nacht verhaftet und man enthielt ihm jeden auch nur annähernd ordentlichen Prozess vor. Vor dem jüdischen Gericht waren die Voreingenommenheit und der Hass seiner Ankläger offenkundig. Und der Richter des römischen Gerichts hielt Jesus zwar für unschuldig, verurteilte ihn aber trotzdem zum Tod.

Doch das Schlimmste war die Kreuzigung selbst. Sie ist wohl die grausamste Hinrichtungsform, die sich der Mensch je ausgedacht hat. Zur Zeit von Jesus wurde sie im römischen Reich eingesetzt, um Staatsfeinde nicht nur zu bestrafen, sondern auch zu erniedrigen. Die Opfer wurden nackt ausgezogen, blutig geprügelt und dann gezwungen, den Querbalken, an dem sie aufgehängt werden würden, selbst zu tragen. Medizinische Experten unserer Zeit sagen, dass der Tod aus einer Reihe von Gründen eintreten konnte: Schock, Blutverlust oder schlicht und einfach Ersticken, da der Körper des Opfers immer weiter absackte und somit die Atmung behindert wurde. Dieser Vorgang dauerte Stunden oder sogar Tage. Wie man es auch betrachtet, gekreuzigt zu werden war ein schrecklicher Tod.

Was man beim Lesen dieses Kapitels nicht aus dem Blick verlieren sollte, ist die Art und Weise, wie Jesus auf seine schreckliche Verhaftung, Gerichtsverhandlungen und Kreuzigung reagierte. Obwohl er das Opfer war, schien er oft die Ereignisse zu steuern. Warum? Weil das Kreuz der Grund war, aus dem er auf die Erde gekommen war. Er starb, damit alle das ewige Leben haben können. Er schien sich auch mehr Sorgen um andere zu machen als um seine eigenen Schmerzen und sein Leid. Besonders fallen hier die Dinge auf, die er sagte, während er am Kreuz hing.

Die Geschichte der Kreuzigung von Jesus ist schon Hunderte Male in Theaterstücken, Filmen und Büchern erzählt worden. Wenn wir uns jetzt damit beschäftigen, sollten wir um zwei Dinge beten: Erstens können wir Gott bitten, dass er uns hilft, diese vertrauten Texte mit neuem, frischem Blick zu sehen und zu erleben. Zweitens können wir Gott um Hilfe bitten zu verstehen, warum Jesus am Kreuz sterben musste.

Der Verrat

Gebet: Jesus, gleich werde ich mit dir durch den schwersten Teil deines Lebens auf der Erde gehen. Bitte hilf mir, besser zu verstehen, warum du das erleiden musstest.

Text: **Matthäus 26,47-56**

Entfaltung: Über die Jahre haben viele Gelehrte spekuliert, warum Judas Jesus verriet. Manche meinen, er war desillusioniert: Er hatte den Glauben daran verloren, dass Jesus je ein politischer Superstar für Israel werden könnte. Andere meinen, er war geldgierig: Dreißig Silberstücke waren ein Angebot, das ein Dieb (Johannes 12,4-6) nicht ablehnen konnte. Wieder andere meinen, er war ungeduldig: Er wollte Jesus zum Handeln zwingen – so ähnlich wie wenn man der Comic- und Cartoon-Figur Popeye eine Dose Spinat in die Hand drücken würde, sobald die Schurken auftauchen.
In Wahrheit wissen wir nicht, was Judas wirklich zu seiner Tat motivierte. Allerdings wissen wir dies: Sein Verrat war kein Zufall, sondern Absicht. Judas plante genau, wie er seinen Meister ans Messer liefern konnte (Matthäus 26,48-49). Was für eine Scharade! Ob Judas wohl wirklich meinte, er könne damit durchkommen? Aber ehrlich betrachtet tun wir heute oft das Gleiche. Wir geben vor, Jesus zu lieben, während unser Herz voller Sünde ist (Jeremia 17,9). Jesus durchschaute Judas und er durchschaut auch uns. Umso unglaublicher ist es, dass Jesus Judas dennoch seinen „Freund" nannte (Matthäus 26,50). Obwohl er wusste, was geschehen würde, bot Jesus Judas eine letzte Gelegenheit, es sich anders zu überlegen. Genau genommen sehen wir in den Evangelien immer wieder, wie Jesus ihm Gelegenheit zur Veränderung gab. Die wahre Tragödie bei Judas war nicht dieser eine dramatische Akt des Verrats. Vielmehr war es die Anhäufung vieler kleiner Momente des Verrats, die zu seiner letzten Ablehnung des Retters führte.

Doch das vielleicht Auffälligste an diesem Abschnitt ist die Sicherheit, die Jesus ausstrahlte. Obwohl er Judas und seine Intrige leicht hätte aufhalten können (V. 53), ließ Jesus sich widerstandslos verhaften; er verlangte keinen Rechtsbeistand und er rief nicht einmal um Hilfe, als der Rest der Jünger davonlief (V. 56). Warum? Weil es nicht sein Ziel war, seine eigene Haut zu retten, sondern den Auftrag zu erfüllen, den Gott ihm gegeben hatte (V. 54.56). Bereitwillig gab er sein Leben für die Sünden der Welt (Johannes 10,17-18).

Überlegung: Was bedeutet es heute, Jesus zu verraten?

Gebet: Herr Jesus, mir tun all die kleinen Dinge leid, durch die ich dir den Rücken zugekehrt habe. Bitte lass mich heute deine Freundschaft erleben.

Scheinprozess

Gebet: Lebendiger Gott, ich bitte dich, dass du mir hilfst, Jesus als „Christus, den Sohn Gottes“ besser zu verstehen, wenn ich heute dein Wort lese und bete.

Text: Matthäus 26,57-68

Entfaltung: Als junger Mann bekam ich einmal einen Strafzettel, weil ich eine rote Ampel überfahren hatte. Da ich der Meinung war, die Ampel sei noch gelb gewesen, beschloss ich, vor dem Verkehrsgericht Widerspruch einzulegen. Während ich wartete, bis ich an der Reihe war, schaute ich zu, wie einem Verkehrssünder nach dem anderen sein Widerspruch abgeschmettert wurde. Bewaffnete Wachen führten sie ab, damit sie sofort ihre Strafe bezahlten. Plötzlich bekam ich Panik: Ich hatte kein Geld im Portemonnaie und war ganz dem Gericht ausgeliefert.

In Matthäus 26,57-68 war Jesus dem Hohen Rat ausgeliefert, nur ging es hier um viel mehr. Und nicht nur das, Kajaphas und die anderen Ratsmitglieder brachen alle Regeln für einen ordentlichen Prozess: Erstens fand er in der Nacht und nicht bei Tag statt. Zweitens beruhte die Anklage auf falschen Beweisen und falschen Zeugen(V. 59-60). Doch der größte Mangel war, dass Richter und Geschworene bereits ihr Urteil gefällt hatten. Sie suchten nur noch nach einem Vorwand, um Jesus hinzurichten. Auch heute können wir erleben: Wenn ein Mensch sich einmal entschieden hat, Jesus abzulehnen, werden ihn nicht einmal überwältigende Argumente dazu bringen, seine Meinung zu ändern. Letztendlich gehört zu einer Entscheidung für Jesus sowohl ein Sinnes- als auch ein Herzenswandel.

Doch was genau brachte Kajaphas und die Gesetzeslehrer dazu, sich mehr wie eine Verbrecherbande zu benehmen als wie die angesehenen Führungspersönlichkeiten, die sie waren? Es gibt wohl zwei Gründe: Erstens hatte Jesus mangelnden Respekt für den Tempel an den Tag gelegt (V. 61-62). (Seine Einstellung kann uns daran erinnern, dass auch uns heute unsere religiösen Institutionen nicht wichtiger werden sollten als das, worauf es wirklich ankommt, nämlich Jesus nachzufolgen.) Zweitens behauptete Jesus, der Sohn Gottes zu sein (V. 63-65). Kajaphas identifizierte dies zu Recht als die entscheidende Aussage. Doch er war nicht bereit, Jesus in seinem Anspruch, Gottes Sohn zu sein, Glauben zu schenken. Das war sein großer Fehler.

Ich bin froh, sagen zu können, dass vor Jahren vor dem Verkehrsgericht der Richter meine Version der Geschichte akzeptierte und mich gehen ließ. Ich verließ den Gerichtssaal erleichtert und glücklich. Doch das ist nichts im Vergleich zu der Freude, die ich habe, weil ich weiß, dass Jesus bereitwillig das ungerechte Urteil dieses Scheingerichts akzeptierte, um für uns alle die Schuld der Sünde zu bezahlen.

Überlegung: Jesus hat das Todesurteil hingenommen – für jeden Einzelnen von uns. Welche Gefühle löst das in Ihnen aus?

Gebet: Jesus, ich kann dir nur immer wieder dafür danken, was du für mich und alle Menschen getan hast. Mit deiner Hilfe will ich die Freude darüber auch an die Menschen weitergeben, die sich noch nicht entschieden haben, an dich zu glauben.

Der Moment des Versagens

Gebet: „Freuen dürfen sich alle, denen Gott ihr Unrecht vergeben und ihre Verfehlungen zugedeckt hat! Freuen dürfen sich alle, denen der Herr die Schuld nicht anrechnet und deren Gewissen nicht mehr belastet ist!" (Psalm 32,1-2)

Text: **Matthäus 26,69–27,10**

Entfaltung: In der Highschool hatte ich einen guten Freund, der Jude war. Sein Elternhaus enthielt Dinge und Symbole, die zeigten, dass seine Familie ihren Glauben praktizierte. Manchmal versuchte er mir sogar einige hebräische Sätze beizubringen. Eines Tages besuchte er mich daheim und sah die Dinge und Symbole, die zeigten, dass meine Familie ihren christlichen Glauben praktizierte. Er meinte: „Ihr glaubt, dass der Messias schon gekommen ist, aber wir warten noch auf ihn." Ich antwortete: „Da unterscheiden sich unsere beiden Religionen eben" und wechselte das Thema. Meine Reaktion bereue ich bis zum heutigen Tag. Es kam und kommt mir fast so vor, als hätte ich Jesus verleugnet.

Genau deshalb berührt mich dieser Bericht über Petrus' berühmte Leugnung jedes Mal; ich habe etwas Ähnliches getan. Besonders ernüchternd ist für mich die schrittweise Steigerung seines Versagens. Das erste Mal gibt er einfach vor, nicht zu wissen, worum es geht (Matthäus 26,70). Noch hat er seine Zugehörigkeit zu Jesus nicht direkt abgestritten. Doch angesichts des steigenden Drucks verleugnet er Jesus dann ausdrücklich: „Ich kenne den Mann überhaupt nicht!" (V. 72). Und schließlich, als Petrus in die Ecke gedrängt und gezwungen wird zu erklären, wie er zu Jesus steht, leugnet er ein drittes Mal, nun sogar mit einem Schwur (V. 74). Die gute Nachricht ist, dass Jesus selbst diesen Moment des vollständigen Versagens nutzen kann, um den Glauben von Petrus zu stärken und ihn für eine neue Zukunft mit einem produktiven Dienst zu befähigen (Johannes 21,15-19). Wenn wir bereit sind, umzukehren und Jesus nicht mehr zu verleugnen und gegen ihn zu sündigen, dann ist kein Versagen so groß, dass es uns von Gott trennen oder uns daran hindern könnte, ihm zu dienen.

Judas verstand das tragischerweise nicht. Obwohl er tiefe Reue verspürte (Matthäus 27,3), kam er nie so weit, dass er Buße tat. Doch tatsächlich hätte es selbst in seiner letzten Stunde noch Hoffnung für ihn gegeben. Wie der Verbrecher am Kreuz hätte Judas sich an Jesus wenden können (Lukas 23,39-43), und ihm wäre vergeben worden.

Überlegung: In welchen Situationen fühlen Sie sich herausgefordert, zu Ihrem Glauben an Jesus zu stehen? Wann haben Sie den Mut und die Kraft, für Jesus Stellung zu beziehen – und wann nicht?

Gebet: Jesus Christus, vergib mir, wo ich dich verleugnet habe. Bitte schenk mir den Mut, bei der nächsten Gelegenheit furchtlos für dich einzutreten.

Es geht nur um dich, Jesus

Gebet: Himmlischer Vater, du weißt, was heute mein Herz bewegt. Bitte führe mich zu dem Teil deines Wortes, den ich heute am dringendsten hören muss.

Text: Lukas 22,66–23,25

Entfaltung: Vor einiger Zeit saß ich beim Mittagessen mit zwei guten Freunden, die neugierig auf meinen Glauben an Jesus waren. Sie stellten viele gute, ehrliche Fragen, und die Richtung, die unser Gespräch hatte, ermutigte mich. Doch nach einer Weile nahm das Gespräch eine Wendung. Meine Freunde waren beunruhigt darüber, wie Religion und Politik sich in der öffentlichen Debatte häufig vermischten. Infolgedessen fiel es ihnen schwer, meine Jesusnachfolge von einer bestimmten politischen Agenda zu trennen.

Genau das geschieht auch in Lukas 22,66–23,25: Politische Angelegenheiten haben den echten Glauben überlagert. Auffällig ist z. B., wie die Religionsführer ihre Vorwürfe gegen Jesus Pilatus präsentieren: „Er unterläuft unsere nationale Sicherheit, er ist gegen deine Steuerpolitik und er plant eine politische Übernahme" (meine Umschreibung von Lukas 23,2). Es geht ihnen nur um Politik. Gott sei Dank gibt es einige politische Führungspersönlichkeiten, die versuchen, ihre Arbeit an ihren tief verwurzelten geistlichen Werten auszurichten. Das ist ein schmaler Grat, doch es ist wichtig, das Gleichgewicht zu halten. Wenn wir die falschen Akzente setzen, hindert das andere Menschen daran, die Gute Nachricht zu hören.

Unser Abschnitt liefert uns außerdem zwei Beispiele für fehlgeleitete Religion und Politik. Herodes war an Jesus interessiert, doch offenbar mehr zur Unterhaltung (V. 8). Politiker suchen immer die Nähe von Prominenten. Doch Jesus machte deutlich, dass er kein Promi-Unterhalter war (V. 9). Für alle Menschen, damals wie heute, geht es bei der Begegnung mit Jesus darum, ob sie ihn als Retter und Herrn annehmen – und um nichts weniger. Doch das vielleicht berühmteste Beispiel liefert Pilatus, der Mann, der Jesus zum Tode verurteilte. Ein Teil von ihm wollte das Richtige tun (V. 13-17 und 20-22), doch am Ende glaubte er nicht, dass es so etwas wie Wahrheit überhaupt gab (Johannes 18,38). Manche meinen, das sei eine treffende Parallele zu unserer modernen Gesellschaft.

Christen müssen sehr darauf achten, Glaubensfragen in der Politik nicht zu missbrauchen und auf der anderen Seite den Auftrag der Gemeinde nicht zu politisieren. Darum bin ich jedes Mal bewegt, wenn ich Matt Redmans Lied „Das Herz der Anbetung" singe, in dem es heißt, dass es ihm leidtut, was er aus der Anbetung gemacht hat, wenn sie sich um etwas anderes gedreht hat als Jesus.

Überlegung: Inwieweit prägen Ihre religiösen Überzeugungen auch Ihre politischen Ansichten?

Gebet: Herr, ob es nun um persönliche Dinge oder politische Positionen geht, bitte hilf mir, immer nach deinem Herzen und deinem Wort zu fragen.

Denk an mich

Gebet: „Denke nicht an die Fehler meiner Jugend, auch nicht an die späteren Vergehen; aber denke an mich in deiner Liebe – auf deine Güte, HERR, verlasse ich mich!" (Psalm 25,7)

Text: **Lukas 23,26-56**

Entfaltung: Immer, wenn ich Lukas 23,26-56 lese, habe ich das Gefühl, auf heiligem Boden zu stehen. Die Kreuzigung von Jesus ist die überwältigendste Demonstration aufopfernder Liebe, die die Welt je gesehen hat. Im Lauf der Jahre haben sich Filmemacher nach Kräften bemüht darzustellen, wie es gewesen sein muss, doch niemand kann je das volle Ausmaß dessen erfassen, was Jesus erlitt. Und dennoch war, bei allem körperlichen Schmerz, der schlimmste Teil für Jesus, dass Gott ihn vorübergehend verließ; der Vater kehrte seinem geliebten Sohn den Rücken zu (Matthäus 27,45-46). Das war nötig, um Ihnen und mir und der gesamten Menschheit den Weg zur Vergebung unserer Sünden zu eröffnen und uns eine Beziehung zu Gott zu ermöglichen.

Was mich heute an diesem Bericht erstaunt, ist, dass Jesus sich sogar inmitten seines unbeschreiblich qualvollen Leidens mehr um andere sorgte als um sich selbst. Den Frauen, die um ihn trauerten, gab Jesus eine prophetische Warnung mit (V. 27-31). Er wollte, dass sie auf die schweren Zeiten vorbereitet waren, die seinem Tod folgen würden. Den Menschen, die ihn verspotteten, bot Jesus Vergebung an (V. 34), ob sie nun erkannten, dass sie sie brauchten, oder nicht. Die Provokation des einen Verbrechers beantwortete Jesus mit Schweigen (V. 39) – er versuchte nicht zurückzuschlagen. Und dem anderen Verbrecher, der sich bußfertig an ihm wandte, versprach er das Paradies (V. 43).

In meinen 13 Jahren hauptamtlicher Mitarbeit bei *Prison Fellowship* hatte ich Gelegenheit, viele Jahre mit Chuck Colson, dem Gründer der Organisation, in Gefängnisse zu gehen. Oft hielt Chuck den Häftlingen eine Predigt über diesen Abschnitt, mit der Botschaft, dass es nie zu spät ist, zu Jesus umzukehren und seine Vergebung anzunehmen. Viele Häftlinge vertrauten aufgrund dieses einfachen Aufrufs Jesus ihr Leben an. Ob wir nun hinter Gittern sitzen oder draußen in der freien Welt sind – unser heutiger Abschnitt führt uns allen bildhaft vor Augen, wie es um uns und Jesus steht. Aufgrund unserer Sünde sind wir alle zum Sterben verurteilt; entweder sind wir wie der eine Verbrecher am Kreuz oder wie der andere. Die entscheidende Frage ist, wie wir auf Jesus antworten – mit Beleidigungen (V. 39) oder mit einem von Herzen kommenden „Denk an mich!" (V. 42)?

Überlegung: Versetzen Sie sich einmal in diese Geschichte hinein. Was denken und fühlen Sie, wenn Sie sich vorstellen, am Fuß des Kreuzes zu stehen?

Gebet: Jesus Christus, ich kann nicht ermessen, was du für mich am Kreuz erlitten hast. Doch ich danke dir von Herzen dafür.

Anregungen

1. Kennen Sie jemanden oder haben Sie schon einmal von jemandem gehört, der Jesus völlig den Rücken gekehrt hat? Was hat denjenigen dazu gebracht?

2. Können Menschen in ihrem Herzen so böse werden, dass sie die Möglichkeit zum Umkehren, zur Buße, verlieren? Denken Sie, Judas hätte seine Haltung noch ändern können?

3. Gab es Momente in Ihrem Leben, in denen Sie Ihren Glauben an Jesus lieber verschwiegen haben?

4. Haben Sie schon einmal mutig Ihren Glauben bekannt, obwohl Sie ihn in dieser Situation lieber verschwiegen hätten? Was geschah? Wie fühlten Sie sich danach?

5. Sollten Politiker über ihre religiösen Überzeugungen reden? Sollten sie ihre Politik an ihren religiösen Überzeugungen ausrichten? Warum?

6. Was sind gute Beispiele dafür, wie Religion und Politik heutzutage Hand in Hand gehen sollten? Wie sollten sie sich besser nicht vermischen?

7. Stellen Sie sich einen Menschen vor, der noch nie von Jesus gehört hat. Wie könnten Sie ihm die Kreuzigung von Jesus so erklären, dass er sie versteht?

Zusammenfassende Gedanken

Die Kreuzigung von Jesus

Welche Gedanken sind Ihnen in den zurückliegenden fünf Leseeinheiten für Ihren Glauben und Ihren Alltag wichtig geworden?

1

2

3

4

5

Bevor Sie sich auf die nächste Etappe Ihrer Reise durch das Leben von Jesus begeben, könnte es helfen, diese persönlichen Gedanken zur vorherigen Einheit noch einmal durchzusehen. So rufen Sie sich ins Gedächtnis, was Ihnen durch die Lektüre der biblischen Texte bereits wichtig geworden ist.

DIE AUFERSTEHUNG VON JESUS

Einführende Gedanken

Die Auferstehung von Jesus

Zweifelsfrei?!

Selbst Menschen, die sich nicht als besonders religiös betrachten, gehen zu Weihnachten und Ostern oft in die Kirche. Daher kennt fast jeder wenigstens zwei Geschichten über Jesus: seine Geburt und seine Auferstehung.

In unseren nächsten fünf Texten werden wir alle wichtigen Abschnitte in der Bibel über die Geschichte der Auferstehung von Jesus lesen. Zunächst werden wir uns die Darstellungen der vier Evangelien anschauen. Es ist faszinierend, sie einmal alle nacheinander zu lesen. Dabei kann man zum einen viele Gemeinsamkeiten entdecken. Zum anderen beschreibt jeder Evangelist die Geschehnisse mit unterschiedlichen Details und Akzenten. Matthäus erzählt seine Geschichte, indem er die Erlebnisse von vier Personen miteinander verwebt. Markus betont die Kraft, die durch die Auferstehung entfesselt wurde. Lukas fügt die ausführliche Schilderung einer Begegnung an, die zwei Jünger mit dem auferstandenen Jesus hatten. Und Johannes beleuchtet die Wiederherstellung der Beziehung zwischen Petrus und Jesus. Es ist fast so, wie wenn vier Reporter über das gleiche Ereignis berichten. Wenn wir alle Berichte zusammensetzen, erhalten wir ein vollständigeres Bild von den Geschehnissen.

Im fünften Text werden wir betrachten, was der Apostel Paulus viele Jahre nach dem eigentlichen Ereignis über die Auferstehung sagte. Inzwischen bekamen die Christen des ersten Jahrhunderts Zweifel daran, ob die Auferstehung von Jesus überhaupt passiert war und ob sie wirklich so wichtig war. Paulus schrieb ihnen einen Brief, um die Zweifler zu überzeugen und die Bedeutung der Auferstehung nachdrücklich zu betonen. Wenn Sie sich mit diesem Kapitel beschäftigen, dann versuchen Sie doch einmal, aus den Informationen der fünf Texte Ihr eigenes Plädoyer für die Auferstehung zu entwickeln. Welche Teile der Erzählungen fallen Ihnen auf? Welche Aspekte erscheinen Ihnen am überzeugendsten? Und wie könnten Sie jemandem, der Zweifel hat, Ihre Sicht der Auferstehung erklären?

Auferstehungskrimi

Gebet: Jesus, ich möchte kommen und selbst sehen, was an jenem Grab geschah. Bitte schenke mir neue Einblicke in die Wahrheit über deine Auferstehung.

Text: Matthäus 28,1-20

Entfaltung: Ich liebe gute Agentenromane oder Krimis. Ich lese sie abends im Bett oder wenn ich auf dem Ergometer im CVJM-Sportraum sitze. Was mich an diesen Büchern unter anderem fasziniert, ist, dass sie in kurzen Kapiteln oft mehrere Handlungsstränge miteinander verweben, bis am Ende alles zusammenläuft. Genauso hat Matthäus seine Erzählung über die Auferstehung von Jesus aufgebaut.

Handlungsstrang 1: Die Hauptgeschichte (V. 1-7). Matthäus beginnt mit einer detaillierten Darstellung der Ereignisse, die mit der Auferstehung einhergegangen sind. Das Erdbeben war heftig (V. 2), die Wachen waren starr vor Angst (V. 4). Der Engel hatte ein strahlend helles Aussehen (V. 3), saß aber ganz lässig auf dem Stein (V. 2). Es ist fast so, als wollte er sagen: „Was soll die Aufregung? Jesus hat euch das doch vorausgesagt, oder?“

Handlungsstrang 2: Die beiden Marias (V. 1.5-10). Die beiden Marias sind überwältigt von widersprüchlichen Emotionen – Angst und Freude (V. 8). Trotzdem begegnet der Engel ihnen mit einer dreifachen Aufforderung: Habt keine Angst (V. 5), kommt und seht (V. 6), geht und erzählt (V. 7). Das sind gute Handlungshilfen für jeden, der Jesus nachfolgen will. Für die beiden Marias führten sie zu einer Begegnung mit dem auferstandenen Christus (V. 9), die ihr Leben veränderte.

Handlungsstrang 3: Die „Schurken“ (V. 11-15). Die Religionsführer, denen die verheerenden PR-Folgen bewusst waren, falls bekannt würde, dass Jesus tatsächlich von den Toten auferstanden war, bestachen die Wachen, um Fehlinformationen über das Ereignis zu verbreiten (V. 12-13). Leider gibt es auch heute noch Menschen, die Jesus ablehnen, weil sie nicht die Wahrheit über ihn gehört haben.

Handlungsstrang 4: Die Motivation zum Schluss (V. 16-20). Matthäus 28,18-20 wird oft als der „Missionsbefehl“ bezeichnet, weil Jesus in diesen Versen seinen Jüngern die Vollmacht überträgt, die gute Nachricht des Evangeliums in der ganzen Welt zu verbreiten. Doch der inspirierendste Aspekt dieses großen Auftrags ist nicht die Vision von weltweiter Evangelisation. Vielmehr ist es die Gewissheit, dass Jesus für immer bei seinen Jüngern sein wird und bei allen Menschen, die an ihn glauben (V. 20).

Überlegung: Haben Sie manchmal das Gefühl, dass Jesus bei Ihnen ist? Wann?

Gebet: Himmlischer Vater, ich bin so dankbar für das leere Grab. Hilf mir, meine Ängste zu überwinden, damit ich hingehen und anderen von deinem Sohn Jesus erzählen kann.

Evangeliumskraft

Gebet: Himmlischer Vater, „ich möchte nichts anderes mehr kennen als Christus: Ich möchte die Kraft seiner Auferstehung erfahren" (Philipper 3,10). Zeig mir bitte, wie das heute möglich ist, wenn ich in deinem Wort lese.

Text: Markus 16,1-20

Entfaltung: Vielleicht gibt es in Ihrer Bibel einen Hinweis, der besagt, dass in den meisten Bibelhandschriften Markus 16,9-20 nicht enthalten ist. Was heißt das? Das Markusevangelium endete ursprünglich wohl mit Vers 16,8. Warum es keinen den anderen Evangelien vergleichbaren Schluss hatte, wissen wir nicht. Ob Markus starb, bevor er sein Evangelium fertigstellen konnte? Oder ob der letzte Teil seiner Schriftrolle irgendwie zerstört wurde? Auf jeden Fall fügte jemand diese letzten Verse ein, weil sie dazu beitragen, das Bild von dieser aufregenden Zeit zu vervollständigen.

Was lernen wir also aus der Darstellung von Markus über die Auferstehung? Zunächst fallen die vielen Ähnlichkeiten mit den anderen Evangelienberichten auf, was die Glaubwürdigkeit dieses Abschnitts unterstreicht. Markus berichtet, dass die Auferstehung „ganz früh am Sonntagmorgen" entdeckt wurde, und zwar von den Frauen aus dem engsten Umfeld von Jesus (V. 2), und dass ein Engel (beschrieben als „junger Mann") anwesend war, um alles zu erklären (V. 5). Die Botschaft des Engels ist bei Markus fast genau die gleiche wie bei Matthäus (vgl. Matthäus 28,5-7 mit Markus 16,6-7). Darüber hinaus enthält unser heutiger Text noch zwei besondere Gedanken, die so nur bei Markus zu finden sind:

Unsere Reaktion auf das Evangelium hat Konsequenzen (V. 15-16). Die Worte von Jesus: „Geht in die ganze Welt und verkündet die Gute Nachricht allen Menschen" (V. 15) sind in der Version von Markus nicht nur eine motivierende Herausforderung. Hier sind sie mit einer anderen schwierigen Aussage verbunden: Von unserer Antwort auf die Gute Nachricht hängt ab, ob wir „gerettet" oder „verurteilt" werden (V. 16). Wir sollten uns davor hüten, Menschen mit diesen Worten zu verängstigen oder zu manipulieren. Doch andererseits ist es wichtig zu wissen, dass unsere Entscheidung in Bezug auf Jesus Konsequenzen hat.

Die Botschaft des Evangeliums hat Kraft (V. 17-18). Vielleicht sind uns die hier aufgeführten Beispiele etwas unheimlich. Ich persönlich bin kein großer Fan von Schlangen. Auf jeden Fall müssen wir auch mit diesen Versen vorsichtig umgehen: Wir sollten sie nicht hochspielen oder versuchen, gefährliche Dinge zu tun, ohne dabei konkret nach dem Willen Gottes zu fragen. Fakt bleibt aber, dass Jesus sagte, wir würden nach seinem Tod und seiner Auferstehung „noch größere Taten vollbringen" (Johannes 14,12). Das ist eine Botschaft mit Durchschlagskraft.

Überlegung: Was ist für Sie das Eindrücklichste an der Auferstehung von Jesus? Warum?

Gebet: Jesus Christus, auch ich will dazu beitragen, die rettende Botschaft von deinem Tod und deiner Auferstehung in die Welt hinauszutragen – in meine persönliche Welt. Bitte hilf mir dabei.

Der dritte Jünger

Gebet: Himmlischer Vater, ich danke dir für dein Wort, das mir die Wahrheit erschließt (Johannes 17,17). Ich bitte dich, öffne mir die Augen, um diese Wahrheit heute deutlicher zu sehen und zu verstehen.

Text: Lukas 24,1-49

Entfaltung: Manche Menschen stoßen sich an „Ungereimtheiten" in der Bibel. Beispielsweise berichtet Matthäus, dass am leeren Grab ein Engel war, während Markus einen „jungen Mann" sah. Bei Lukas sind es zwei Männer, während Johannes von zwei Engeln spricht. Sind das echte Ungereimtheiten? Wohl kaum. Aus allen Beschreibungen geht deutlich hervor, dass Engelwesen am Grab waren. Ob nun ein oder zwei Engel, ist nicht entscheidend. Wenn wir uns zu sehr auf die Einzelheiten der Auferstehungserzählungen fixieren, kann es sein, dass wir die Hauptaussage aus den Augen verlieren: Jesus war nicht mehr im Grab.

Ein Ereignis im Zusammenhang mit der Auferstehung wird nur von Lukas erzählt: das Erscheinen von Jesus bei den zwei Jüngern auf der Straße nach Emmaus (V. 13-35). Wir können uns leicht vorstellen, wie schockiert und entmutigt diese beiden Männer nach dem Tod von Jesus waren (V. 17). Über die letzten drei Jahre hatten sie mit Jesus viel erlebt: Er hatte die Gute Nachricht gepredigt, Kranke geheilt und war den Religionsführern entgegengetreten. Doch sie scheinen nicht verstanden zu haben, wer Jesus wirklich war. Sie meinten, er sei ein Prophet, der dazu bestimmt war, Israels politischer Retter zu werden (V. 19-21). Als er starb, schlossen sie daraus, dass für Jesus und Israel alles aus war.

Wir können auch die Frustration in der Antwort von Jesus spüren. Im Grunde sagte er zu ihnen: „Jungs, ihr habt überhaupt nicht kapiert, worum es eigentlich geht!" (V. 25). Jesus war nicht der Anführer einer politischen Bewegung. Viele Menschen haben auch heute noch dieses falsche Bild. Er war „der Christus", der Eine, den Gott zu schicken versprochen hatte, um die Menschheit von der Sünde zu retten (V. 26). Und das sollte er durch Leiden, Tod und Auferstehung tun.

Wäre es nicht toll, wenn wir bei dieser privaten Bibelarbeit auf dem Weg nach Emmaus hätten dabei sein können? In gewisser Hinsicht können wir das, indem wir selbst die Worte entdecken, die sich auf Jesus beziehen, „von den Büchern Moses und der Propheten angefangen durch die ganzen Heiligen Schriften" (V. 27). Sie zeigen uns, wer Jesus wirklich ist. Dann ist es so, als wären wir der dritte Jünger auf der Straße nach Emmaus. Wenn wir auf diese Weise versuchen, uns der biblischen Botschaft über Jesus anzunähern, können auch wir zu der Überzeugung gelangen: „Der Herr ist wirklich auferweckt worden!" (V. 34).

Überlegung: Auch heute gibt es viele verschiedene Ansichten darüber, wer Jesus war. Wie begegnen Sie Menschen, die ein anderes „Jesus-Bild" haben? Wie könnten Sie bezeugen, was Sie selbst für wahr erkannt haben?

Gebet: Vater im Himmel, hilf allen Menschen, die noch auf der Suche sind nach dir und nach Jesus. Lass auch sie die frohe Botschaft erfahren: Jesus ist auferstanden.

Folge mir!

Gebet: Herr Jesus, meine Gedanken kreisen um all den Druck und Stress, der mich heute erwartet. Ich will versuchen, eins nach dem anderen an dich abzugeben, damit ich frei bin, bei dir zur Ruhe zu kommen.

Text: Johannes 20,1–21,25

Entfaltung: Es gibt viele gute Möglichkeiten, die Botschaft der Bibel besser verstehen zu lernen. Eine davon ist, sich täglich eine Stille Zeit zu nehmen, das heißt, jeden Tag einen kurzen Abschnitt aus der Bibel betend zu lesen und dann darüber nachzudenken, wie man das Gelesene auf das eigene Leben beziehen kann. Andere Möglichkeiten sind, die Bibel in einem Jahr ganz zu lesen oder ein einzelnes Buch der Bibel intensiv zu studieren. Unser Text von heute präsentiert uns eine weitere Möglichkeit: Charakterstudien. Johannes berichtet über die Auferstehung von Jesus, indem er beschreibt, wie vier verschiedene Personen auf dieses bedeutende Ereignis reagieren.

Maria Magdalena war eine Frau, die von Jesus von ihrer Besessenheit durch Dämonen befreit worden war (Markus 16,9; Lukas 8,2). Alle Evangelien berichten, dass sie am Auferstehungsmorgen die Erste am Grab war. Oft folgt ein Mensch, der viel Vergebung oder Hilfe erfahren hat, Jesus besonders hingebungsvoll.

Thomas wird uns für immer wegen seiner Zweifel im Gedächtnis bleiben. Doch ich glaube, er verdient auch Anerkennung für seine Ehrlichkeit. Andere hatten ebenfalls noch nicht verstanden, was es mit der Auferstehung von Jesus auf sich hatte (Johannes 20,9), doch Thomas war der Einzige, der den Mut hatte, seine Zweifel einzugestehen – und in aller Öffentlichkeit seine Meinung zu ändern, als er die Wahrheit begriff (Johannes 20,28).

Petrus, einer der Jünger, die zu einem besonders vertrauten Kreis um Jesus gehörten (Matthäus 17,1; Markus 14,33; Lukas 8,51), hatte Jesus in der Stunde der Not mächtig im Stich gelassen. Jetzt erhält er eine wichtige Führungsrolle. Es ist von Bedeutung, dass Petrus in Johannes 21,15-19 seine Liebe zu Jesus dreimal bekennen muss – entsprechend dem dreimaligen Verleugnen. Als ihre Beziehung wiederhergestellt ist, wiederholt Jesus seine allerersten Worte an Petrus: „Folge mir!“ (Johannes 21,19; Matthäus 4,19). Es ist so, als wollte Jesus sagen: „Schau mal, wenn du führen willst, musst du zuerst verstehen, was es heißt, mir nachzufolgen.“

Johannes ist die vierte Person in diesem Abschnitt. Obwohl er nicht versucht, Aufmerksamkeit auf sich zu ziehen, wird deutlich, dass er eine besondere Beziehung zu Jesus hat (Johannes 20,2 und 21,7.20-24) und fest an die Wahrheit der Auferstehung glaubt (Johannes 20,8). Beides geht Hand in Hand.

Überlegung: Mit welcher der vier Personen in diesem Abschnitt können Sie sich am besten identifizieren? Warum?

Gebet: Herr, auch ich habe Zweifel und Schwächen. Dennoch ist es mein größter Wunsch, dir von ganzem Herzen nachzufolgen. Zeig mir bitte, wie ich das heute tun kann.

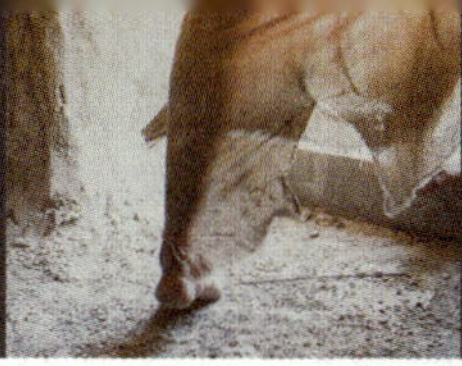

Die Auferstehung von Jesus

Fakten und Hoffnung

Gebet: Himmlischer Vater, lass mich den lebendigen Jesus noch tiefer erfahren, wenn ich heute diese Worte lese und über sie nachdenke.

Text: 1 Korinther 15,1-58

Entfaltung: Unser Text von heute ist Teil eines Briefes, den der Apostel Paulus im ersten Jahrhundert an die Gemeinde in einer Stadt namens Korinth schrieb. Seitdem Jesus auf der Erde gelebt hatte, waren schon einige Jahre vergangen. Die Menschen begannen, kritische Fragen zu stellen: Hat seine Auferstehung sich wirklich ereignet? Spielt es wirklich eine Rolle, ob sie sich ereignet hat oder nicht? Und welche Bedeutung hat sie jetzt für uns? – Wenn man genauer darüber nachdenkt, sind dies die gleichen Fragen, die Menschen heutzutage haben.

Wie antwortet Paulus? Zunächst einmal fasst er die wesentlichen Fakten zur Auferstehung von Jesus zusammen (V. 3-8), so wie sie auch die vier Evangelien enthalten. Obwohl Paulus nicht zu den Jüngern von Jesus gehört und auch das leere Grab nicht gesehen hatte, hatte er einige Zeit später eine Begegnung mit dem auferstandenen Jesus (Apostelgeschichte 9,1-19). Er nutzte zudem eine weitere zuverlässige Informationsquelle, eine, die uns auch heute noch zur Verfügung steht: Er studierte die Heilige Schrift (V. 3-4). Das ist der beste Weg, um Antworten auf unsere Fragen über Jesus zu finden. Hier spricht Paulus zwei wichtige Punkte an:

Der historische Fakt der Auferstehung (V. 12-34). Die Historizität der Auferstehung ist auch heute noch ein großes Thema. Manche wollen die Bibel demontieren, andere wollen ihre Aussage neu interpretieren: „Es ist gar nicht wichtig, ob das Grab leer war oder nicht. Allein der Gedanke des neuen Lebens ist inspirierend." – „Unsinn!", würde Paulus wahrscheinlich lautstark darauf antworten. Jesus wurde tatsächlich von den Toten auferweckt (V. 20), und dafür gab es jede Menge Augenzeugen (V. 5-8). Zu behaupten, die Auferstehung sei nicht geschehen, ist ganz und gar nicht inspirierend. Die Auferstehung ist wahrhaftig geschehen. Ansonsten wäre unser gesamter Glaube hinfällig (V. 17-19).

Die persönliche Bedeutung der Auferstehung (V. 35-38). In mancherlei Hinsicht fragten die Korinther: „Okay, wenn es so etwas wie die Auferstehung von den Toten gibt, was bedeutet das für mich?" Paulus beschreibt hier so gut wie möglich unsere Auferstehungskörper (V. 37-49). Doch wie er zuvor schon sagte: „Jetzt sehen wir nur ein unklares Bild wie in einem trüben Spiegel" (1 Korinther 13,12). Wir werden nicht wissen, wie es wirklich ist, bis es geschieht. Aber so viel steht fest: Unsere Auferstehungskörper werden unvergänglich sein, herrlich und stark (V. 42-44). Das gibt uns viel Hoffnung. Und all diese Hoffnung gründet in der Auferstehung von Jesus.

Überlegung: Welche Rolle spielt der Glaube an die Auferstehung in Ihrem Leben?

Gebet: Himmlischer Vater, ich bitte dich, schenke mir Glauben und Hoffnung durch die Auferstehung deines Sohnes Jesus.

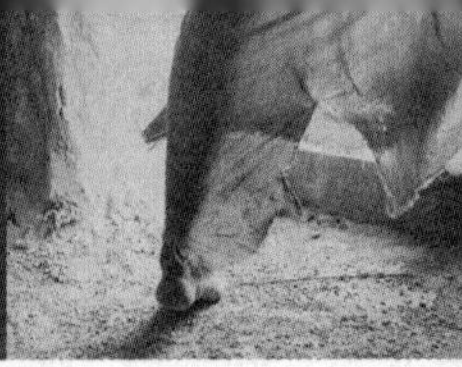

Anregungen

1. Können Sie sich erinnern, wie Sie über die Auferstehung von Jesus dachten, als Sie zum ersten Mal davon hörten – z. B. als Kind? Hat sich Ihr Verständnis über die Jahre verändert? Wie?

2. Wie würden Sie einem Menschen antworten, der sagt: „Man kann auch ein guter Christ sein, ohne zu glauben, dass Jesus tatsächlich von den Toten auferweckt wurde. Das passt einfach nicht mehr mit unserem wissenschaftlichen Weltbild heute zusammen."

3. Was sind für Sie die drei wichtigsten Gründe für die Überzeugung, dass die Auferstehung tatsächlich stattgefunden hat?

4. Haben Sie schon einmal etwas, das in der Bibel steht, gründlich missverstanden? Worum handelte es sich? Woher können Sie wissen, ob Ihre Interpretation der Bibel richtig ist?

5. Jesus vertraute Petrus die Gemeinde an, obwohl dieser gründlich versagt hatte. Wie sollten wir heute mit Personen in der Gemeindeleitung umgehen, denen ein großes Versagen unterlaufen ist?

6. Welche Fragen haben Sie noch zur Auferstehung von Jesus? Welche Antworten gibt die Bibel darauf?

7. Jesus gab seinen Jüngern einen Missionsauftrag. Welche Möglichkeiten haben Sie selbst, die gute Nachricht von Jesus in Ihrer Welt weiterzusagen?

Zusammenfassende Gedanken

Die Auferstehung von Jesus

Welche Gedanken sind Ihnen in den zurückliegenden fünf Leseeinheiten für Ihren Glauben und Ihren Alltag wichtig geworden?

1

2

3

4

5

Bevor Sie sich auf die nächste Etappe Ihrer Reise durch das Leben von Jesus begeben, könnte es helfen, diese persönlichen Gedanken zur vorherigen Einheit noch einmal durchzusehen. So rufen Sie sich ins Gedächtnis, was Ihnen durch die Lektüre der biblischen Texte bereits wichtig geworden ist.

DIE ERSTEN GEMEINDEN

Einführende Gedanken

Die ersten Gemeinden

Was Jesus den ersten Gemeinden zu sagen hat

Als meine Familie und ich vor einigen Jahren zurück nach Pennsylvania zogen, mussten wir uns eine neue Gemeinde suchen. Etwa ein Jahr lang besuchten wir verschiedene Gemeinden in unserer Nähe. Damit hatten wir Gelegenheit, mehrere verschiedene christliche Traditionen und Gottesdienstformen kennenzulernen. Es ermutigte uns, dass es in unserer Gegend viele Gemeinden gab, in denen Christus im Mittelpunkt stand.

Doch unsere Suche nach einer neuen Gemeindeheimat vermittelte uns auch einen Eindruck von der jeweiligen Gemeindedynamik. Eine Kirche hatte eine große Stiftung, aber nur eine kleine Gemeinde und keinen Vollzeitpastor. Eine andere hatte einen sehr guten Pastor mit vielen gut besuchten Sonntagsgottesdiensten und vielen Angeboten unter der Woche, doch dort war so viel los, dass es uns schwerfiel, Kontakte zu knüpfen. Wieder eine andere Kirche hatte eine vertraute Liturgie, doch die Gemeinde schien uninteressiert, so als wäre alles nur Routine.

In diesem Kapitel werden wir uns mit den ersten drei Kapiteln im Buch der Offenbarung befassen. Dort ist eine Vision aufgezeichnet, die der Seher Johannes fast 60 Jahre nach dem Tod und der Auferstehung von Jesus Christus hatte. In der Vision ist es so, als wäre Jesus selbst ein Neuankömmling in sieben Gemeinden des ersten Jahrhunderts, und er beschreibt die einzigartige Dynamik jeder einzelnen. Stellen Sie sich einmal vor, was Jesus sagen würde, wenn er nächste Woche Ihre Gemeinde besuchen würde?

Von den sieben Gemeinden, die in der Offenbarung erwähnt werden, fallen fünf in die Kategorie „Die gute Nachricht ist … die schlechte Nachricht ist …“: Jesus lobt sie für einige Dinge und weist sie für andere zurecht. Nur zwei der Gemeinden sind „rundum gut“. Jesus lobt sie, obwohl beide in schwierigen Situationen stecken.

Wie wir sehen werden, sind einige Details im Buch der Offenbarung schwer zu verstehen. Der Grund ist, dass hier eine Vision wiedergegeben ist. Wie ein Traum, den man nachts hat, spricht die Vision vor allem in Bildern, über die man anschließend erst einmal nachdenken muss. Die Hauptsache an den nächsten fünf Texten ist Folgendes: Jesus weiß, was in der Gemeinde vor sich geht, und es liegt ihm sehr am Herzen. Schauen wir also, ob wir uns ein Bild von dem machen können, was Jesus über seine Gemeinde denkt.

Eine Vision für eine Gemeinde im Aufbau

Gebet: Himmlischer Vater, ich bitte dich, dass du mich heute beim Bibellesen und Beten deinen Sohn Jesus Christus deutlicher erkennen lässt.

Text: Offenbarung 1,1-20

Entfaltung: Das letzte Buch der Bibel wird manchmal als die „Offenbarung des Johannes" bezeichnet. Doch das ist etwas irreführend, weil es in Wirklichkeit die „Offenbarung [...], die Jesus Christus von Gott empfangen hat" ist (V. 1), wie der erste Satz deutlich macht. Wenn wir uns auf die Entdeckungsreise durch dieses schwierige Buch machen, müssen wir verstehen, dass der Seher Johannes diese unglaubliche Vision zwar aufgeschrieben hat, doch das Buch der Offenbarung dreht sich nur um Jesus.

Gleich am Anfang sehen wir, wie die Perspektive von Johannes mit den anderen Texten des Neuen Testaments übereinstimmt. Jesus ist der, „der als erster von allen Toten zu neuem Leben geboren worden ist" (V. 5; Kolosser 1,15.18); er hat „sein Blut für uns vergossen [...], um uns von unseren Sünden freizukaufen" (V. 5; Römer 5,9; Epheser 1,7); alle, die an ihn glauben, sind „Könige" und „Priester" (V. 6; 1 Petrus 2,9); und eines Tages wird Jesus wiederkommen und „alle werden ihn sehen" (V. 7; Philipper 2,9-11). Doch Johannes liefert uns auch eine Menge neue Informationen über Jesus. Als Erstes fällt seine majestätische Erscheinung und mächtige Stimme auf (Offenbarung 1,12-15). Als Jesus auf der Erde lebte, sah er aus wie ein ganz normaler Mensch. Doch in der Vision von Offenbarung 1 sieht Johannes Jesus in all seiner himmlischen Herrlichkeit. Dieser Gegensatz hebt das Wunder der Menschwerdung hervor: In Jesus wurde der Gott des Universums einer von uns.
Als Zweites fallen die Selbstbezeichnungen von Jesus auf: Er ist ewig, er ist lebendig, und er hat Macht über den Tod und die Totenwelt (V. 17-18). Das heißt, er wird entscheiden, wer in den Himmel und wer in die Hölle kommt. Darum müssen wir unsere Entscheidung in Bezug auf ihn sehr ernst nehmen. Sie wird ewige Konsequenzen haben.

Das Letzte, was in diesem Abschnitt hervorsticht, ist, dass Jesus etwas über die gerade entstehenden Gemeinden des ersten Jahrhunderts zu sagen hat (V. 11). Das erinnert uns daran, dass er auch weiß, was in unseren Gemeinden vor sich geht, und dass es ihm am Herzen liegt. Die Gemeinde ist kein Gebäude, sondern ein Körper. Jesus liegt die Gemeinde so sehr am Herzen, weil er mit ihr eins ist (Johannes 17,20-21).

Überlegung: Wie sehen Sie selbst Jesus: Majestätisch und mächtig? Oder nah und freundlich? Warum?

Gebet: Jesus, ich danke dir für alles, was ich heute über dich erfahren habe.

Untreu oder treu?

Gebet: Herr, es gibt viele Dinge, die meiner Liebe zu dir im Weg stehen. Bitte hilf mir, heute ganz neu mit dir anzufangen, wenn ich in deinem Wort lese.

Text: **Offenbarung 2,1-11**

Entfaltung: Als Erwachsener war ich bereits Mitglied in drei verschiedenen Gemeinden, je nachdem, wo ich gerade arbeitete und wohnte. Wenn ich zurückdenke, wird mir bewusst, dass jede von ihnen ganz anders war. Eine hatte eine gute, starke Lehre, die andere weniger. Eine war in der Nachbarschaft aktiv, die andere nicht. Eine hatte viele Mitglieder und Mittel, die andere nicht. Aus verschiedenen Gründen hatten alle ihre Stärken und Schwächen. Diesen Eindruck erhalten wir auch, wenn wir lesen, wie Jesus die Gemeinden des ersten Jahrhunderts beurteilte.

Die erste Gemeinde, die unter die Lupe genommen wird, befand sich in der Stadt Ephesus (V. 1-7). Das Gute an dieser Gemeinde war, dass sie aktiv war: Die Christen dort waren engagiert (V. 2). Außerdem mieden sie sorgfältig jede falsche Lehre und waren sogar bereit, für ihren Glauben zu leiden. Das Schlechte war, dass sie in der Liebe zu Jesus nachgelassen hatten (V. 4). Die Gemeinde war wie ein Ehemann, der seine Familie mit allem Erdenklichen versorgte, aber seiner Frau untreu war. Wenn es in der Gemeinde keine wahre Liebe zu Jesus gibt, verfallen ihre Mitglieder einfach nur in Routine, und das gefällt Jesus nicht. Nur durch Buße und einen Neuanfang lässt sich die sterbende Liebe wieder entfachen (V. 5).

Die zweite Gemeinde, in Smyrna (V. 8-11), ist eine der beiden, die ausschließlich gelobt werden. (Die andere ist Philadelphia, siehe Offenbarung 3,7-13.) Doch bei oberflächlicher Betrachtung muss diese Gemeinde wie ein völliger Fehlschlag ausgesehen haben. Sie war arm, wurde von anderen kritisiert, und ihre Mitglieder mussten Verfolgung und Gefangenschaft erleiden (V. 8-10). Das ist keine gute Formel für Gemeindewachstum – oder?

Weltweit sind die Gemeinden, die heutzutage am schnellsten wachsen, diejenigen, die die größte Verfolgung erleben. Das heißt nicht, dass wir unsere eigenen Gemeinden in eine Krise stürzen sollten, nur um mehr Besucher anzuziehen. Doch wenn Christen entschieden für das Evangelium eintreten, wie sie es gerade unter Verfolgung tun müssen, wird die Gemeinde auch anziehend für andere. Jesus nennt das „Treue" (V. 10), und solche treuen Leute will er bei seiner Gemeinde sehen.

Überlegung: Wie erleben Sie Ihre eigene Gemeinde? Wie entschieden tritt sie für das Evangelium ein?

Gebet: Jesus, sei du uns nahe in unseren Gemeinden und hilf uns jeden Tag neu, dir die Treue zu halten.

Haltet fest, was ihr habt – bis ich komme

Gebet: Jesus Christus, ich danke dir für all die Momente, in denen mein Einsatz und meine Zugehörigkeit zur Gemeinde mir geholfen haben, dir und meinen Mitmenschen näherzukommen.

Text: **Offenbarung 2,12-29**

Entfaltung: Ich kenne Menschen, die ihr Leben lang nach der perfekten Gemeinde suchen. Sie bewerten (und kritisieren) den Pastor, die Predigten und die Veranstaltungen, wohin sie auch gehen, und dann ziehen sie weiter. Es ist wichtig, eine Gemeinde zu finden, die Jesus liebt und sich auf die Bibel stützt. Nach einer solchen Gemeinde muss man manchmal etwas suchen. Doch wie Groucho Marx einmal sagte: „Ich würde nie einem Klub beitreten, der mich als Mitglied akzeptiert." Gemeinden sind nicht perfekt, denn sie bestehen aus unperfekten Mitgliedern.

Die beiden Gemeinden in Offenbarung 2,12-29 waren ganz sicher nicht perfekt. Genau genommen hatten beide das gleiche Grundproblem. Die Gemeinde in Pergamon (V. 12-17) hatte eine wunderbare Geschichte: Sie war Jesus in einer Phase ungewöhnlicher Belastung und Verfolgung treu geblieben (V. 13). Doch dieser Sieg war längst Vergangenheit: Jetzt hatten sie sich von falschen Lehren verführen lassen (V. 14-15). Es gibt auch heute Gemeinden, die eine wunderbare Geschichte haben, in der sie z. B. evangelistisch und diakonisch tätig waren, die jedoch inzwischen ihre Hingabe an das Evangelium und die biblische Lehre verloren haben. Infolgedessen sterben sie nach und nach. Jesus sagt, es gibt einen Weg, diese Situation zu beheben: „Kehrt um!" (V. 16).

Die Mitglieder der Gemeinde in Thyatira (V. 18-29) hatten ebenfalls einige gute Seiten: Sie waren eine liebevolle, treue, dienende und standhafte Gemeinde (V. 19). Welcher Pastor wäre nicht glücklich darüber? Doch die Gemeinde in Thyatira hatte das gleiche Problem wie die in Pergamon: Sie tolerierte Irrlehren, und das führte zu unmoralischem Verhalten (V. 20). Wenn der menschliche Verstand einen höheren Stellenwert einnimmt als biblische Prinzipien, beginnt die Gemeinde, sich nicht mehr von der Welt zu unterscheiden. Eine neuere Studie stellte beispielsweise fest, dass selbst Christen, die sich bewusst für ihren Glauben entschieden hatten, sich mit ebenso hoher Wahrscheinlichkeit scheiden ließen wie Nichtchristen.

Doch all das wirft eine wichtige Frage auf: Wie leben wir mit der Tatsache, dass es keine perfekte Gemeinde gibt? Jesus sagt: „Haltet fest, was ihr habt, bis ich komme!" (V. 25). Mit anderen Worten, bleibt dem Evangelium und Gottes Wort treu und freut euch auf die Rückkehr von Jesus. Das können wir tun, ganz gleich, zu welcher Gemeinde wir gehören.

Überlegung: Sind Sie in Ihrem Glaubensleben irgendwann einmal mit „falschen Lehren" konfrontiert worden? Welche Faszination könnte wohl von solchen Lehren ausgehen?

Gebet: Herr, du weißt, dass die Gemeinde nicht perfekt ist, und ich bin es auch nicht. Trotzdem bitte ich dich, dass du mir hilfst, unerschütterlich am Evangelium festzuhalten und mich erwartungsvoll auf deine Rückkehr zu freuen.

Die tote Gemeinde

Gebet: Himmlischer Vater, ich möchte „tot für die Sünde" sein, aber „für Gott leben" (Römer 6,11). Bitte zeig mir, wie mir das heute gelingen kann.

Text: **Offenbarung 3,1-13**

Entfaltung: Vor Jahren ging ich regelmäßig in eine städtische Kirche, die manche meiner Freunde für tot hielten. Sie gehörte zu einer Glaubensgemeinschaft, die langsam von der Bibel abdriftete. Die Kirche lag in einer Gegend, die sich sehr veränderte, und wir kämpften darum, das große Gebäude zu erhalten, das schon seit 50 Jahren nicht mehr voll besetzt gewesen war. Doch eine kleine Gruppe von uns begann, sich einmal pro Woche in einer Seitenkapelle zu treffen, um für die Gemeinde zu beten. Daraufhin tat Gott etwas Wunderbares: Er füllte nicht die Kirchenbänke, aber er machte uns, die wir beteten, geistlich lebendig.

Die Gemeinde in Sardes (V. 1-6) war das Gegenteil jener städtischen Kirche, zu der ich gehörte. Sie stand in dem Ruf, „eine lebendige Gemeinde zu sein" (V. 1). Heutzutage wünscht sich jeder, zu einer erfolgreichen Gemeinde zu gehören. Megagemeinden ziehen die besten Prediger an, das meiste Geld und die größten Mitgliederzahlen. Doch ist es das, was Jesus will? Nicht unbedingt.

Obwohl die Gemeinde in Sardes die besten Voraussetzungen hatte, betrachtete Jesus sie als tot (V. 1). Warum? Weil ihre Mitglieder den grundlegendsten Lehren des Evangeliums nicht vollständig gehorchten (V. 2-3). Das kann passieren, wenn wir uns auf einige wenige „kostbare Verheißungen" konzentrieren, aber nicht die ganze Bibel lesen und anwenden. Ohne das, sagt Jesus zu der Gemeinde in Sardes, seid ihr Gott nicht vollständig gehorsam (siehe V. 2).

Die Gemeinde in Philadelphia wiederum erhielt nur Lob (V. 7-13). Wie die Gemeinde in Smyrna sah sie nicht erfolgreich aus; sie war schwach und von Widerständen geplagt (V. 8-9). Doch die Gemeindeleiter machten die Hauptsache richtig, wie Jesus sagt: „Trotzdem habt ihr euch nach meinem Wort gerichtet und das Bekenntnis zu mir nicht widerrufen" (V. 8).
Das vielleicht Ermutigendste an diesem Abschnitt ist, dass Jesus uns versichert: Wenn wir ihm und seinem Wort treu bleiben, werden wir immer bei ihm sein (V. 4) – ganz gleich, ob wir uns in einer toten Gemeinde befinden oder in einer, die wirklich lebendig ist. Der beste Grund, die ganze Botschaft der Bibel zu lesen und uns nach ihr zu richten, ist nicht, dass wir dann heiliger als alle anderen sind, sondern dass wir Jesus näherkommen.

Überlegung: Wie würde wohl Jesus Ihre Gemeinde beurteilen: als tot oder lebendig? Warum?

Gebet: Jesus, bitte hilf meiner und allen anderen Gemeinden und Kirchen, uns immer wieder neu auf dich auszurichten und so zu Orten eines lebendigen Glaubens zu werden.

Lauwarm für Gott

Gebet: „Ich danke Gott! Er hat mein Gebet nicht abgewiesen und mir seine Güte nicht verweigert.“ (Psalm 66,20)

Text: Offenbarung 3,14-22

Entfaltung: Menschen mit einer Leidenschaft für Gott werden heute häufig als „Extremisten“ betrachtet. Eine Gesellschaft, die eine wertelose Form der Toleranz verehrt, fühlt sich von jedem bedroht, der weiß, was er glaubt, und bereit ist, davon zu sprechen. Natürlich sollten wir nicht versuchen, anderen unsere Glaubensüberzeugungen mit dem Holzhammer einzubläuen; damit richten wir nur mehr Schaden als Gutes an. Doch es ist nichts Falsches daran, sich ganz an Gott auszurichten; genau das will er auch von uns (Matthäus 6,33).

Der Gemeinde in Laodizäa (V. 14-22) konnte man sicher nicht vorwerfen, ein Haufen religiöser Extremisten zu sein. Sie waren nur lauwarm für Gott. So etwas lehnt Jesus ab (V. 15-16). Das ist auch heute noch so. Für die Laodizäer war es der Wohlstand, der ihnen die Leidenschaft für Gottes Sache betäubt hatte (V. 17). Wer von uns materiellen Besitz hat, sollte dankbar dafür sein, doch wir sollten uns auch die Warnung an die Laodizäer zu Herzen nehmen. Es ist unmöglich, Gott und das Geld zu lieben (Matthäus 6,24). Das ist so, als würde man versuchen, zwei Menschen gleichzeitig zu heiraten; es funktioniert einfach nicht.
Es gibt noch zwei andere Gedanken in diesem Abschnitt, denen wir nachgehen sollten. Der erste ist die Verbindung zwischen Strafe und Liebe (V. 19). Manchmal denken wir, wenn schlimme Dinge passieren, dass Gott es auf uns abgesehen hat. Das mag sein, doch er hat es aus Liebe auf uns abgesehen, damit wir umkehren, wie Jesus deutlich macht (V. 19). Gott liebt uns über alles – so sehr, dass er seinen Sohn schickte, um für unsere Sünden zu sterben (Johannes 3,16; 1 Johannes 4,9).

Der zweite Gedanke wird in einem Bildwort vermittelt, das verdeutlicht, wie sehr Jesus bei uns sein will (V. 20). In meiner Kindheit schien in jedem Sonntagsschulraum der Welt das gleiche Bild zu hängen: Ein blonder Jesus klopft in irgendeinem Garten an eine Tür. Diese Bilder waren vielleicht ein wenig kitschig, aber sie vermittelten mir eine wichtige Wahrheit: Jesus wartet darauf, dass ich ihn in mein Leben einlade.

Überlegung: Wie würden Sie Ihre momentane Beziehung zu Jesus beschreiben – feurig, auf Eis oder lauwarm? Warum?

Gebet: Herr, bitte zeige mir eine Möglichkeit, wie ich in dieser Woche meine Liebe zu dir bezeugen und leben kann, ganz gleich, was andere über mich denken.

Anregungen

1. Wenn Jesus heute in Ihre Gemeinde käme, was würde er wohl sagen? Welche Botschaft könnte Jesus für die Gemeinden in Ihrem Land haben?

2. Die Gemeinden in der westlichen Welt leiden im Allgemeinen nicht unter Verfolgung, sondern genießen Frieden und Wohlstand. Welche Auswirkungen hat das auf das Gemeindeleben und die Treue zu Jesus?

3. Wie kann eine Gemeinde, die groß, wohlhabend und einflussreich geworden ist, die Liebe zu Jesus bewahren? Kennen Sie Beispiele dafür?

4. Welchen Einfluss kann der Erfolg eines Menschen auf seine Liebe zu Jesus haben? Kennen Sie Beispiele?

5. Halten Sie die Christen heutzutage für zu tolerant oder zu extrem? Warum?

6. Überlegen Sie, was Sie tun würden, wenn Sie zu einer Gemeinde gehörten, die Sie nicht als lebendig empfänden. Wann würden Sie sich eine neue Gemeinde suchen, wann würden Sie bleiben und versuchen, die Situation zu verbessern? Waren Sie schon einmal in einer solchen Situation? Was geschah?

7. Waren Sie schon einmal in einer Gemeinde, die den Eindruck vermittelte, „lauwarm“ zu sein? Welche Möglichkeiten gäbe es, um einer solchen Gemeinde zu helfen, „wach zu bleiben“?

Zusammenfassende Gedanken

Die ersten Gemeinden

Welche Gedanken sind Ihnen in den zurückliegenden fünf Leseeinheiten für Ihren Glauben und Ihren Alltag wichtig geworden?

1 ______________________________

____

____

2 ______________________________

____

____

3 ______________________________

____

____

4 ______________________________

____

____

5 ______________________________

____

____

Bevor Sie sich auf die nächste Etappe Ihrer Reise durch das Leben von Jesus begeben, könnte es helfen, diese persönlichen Gedanken zur vorherigen Einheit noch einmal durchzusehen. So rufen Sie sich ins Gedächtnis, was Ihnen durch die Lektüre der biblischen Texte bereits wichtig geworden ist.

WENN JESUS
WIEDERKOMMT

Einführende Gedanken

Wenn Jesus wiederkommt

Ein herrlicher Tag voller Freude

Als Jesus nach seinem Tod und seiner Auferstehung in den Himmel aufstieg – so erzählt die Bibel –, erschienen zwei Engel und sagten zu den Jüngern: „Warum steht ihr hier und schaut nach oben? Dieser Jesus, der von euch weg in den Himmel aufgenommen wurde, wird auf dieselbe Weise wiederkommen, wie ihr ihn habt weggehen sehen!" (Apostelgeschichte 1,11). Seitdem warten die Menschen, die an Jesus glauben, sehnsüchtig auf seine Rückkehr – bis heute. Allerdings begannen bereits im ersten Jahrhundert Fragen aufzutauchen. Manche dachten, dass die Rückkehr von Jesus sich bereits ereignet hätte und sie zurückgelassen worden wären. Andere meinten, es würde nie dazu kommen, und sie spotteten über andere Christen, die noch warteten. Wieder andere nutzten die Verwirrung über die Rückkehr von Jesus, um ihre eigenen verrückten Ideen über das Ende der Welt zu verbreiten. Das Bemerkenswerte dabei ist, dass all diese Dinge auch heute noch vorkommen.

Darum sind unsere nächsten fünf Texte so hilfreich: Sie geben uns Klarheit über das, was die Bibel zu diesem wichtigen Thema zu sagen hat. Wir beginnen bei der Himmelfahrt von Jesus. Sie gibt bereits einen Vorgeschmack darauf, wie seine Rückkehr sein wird. Dann beschäftigen wir uns mit den Lehren von zwei wichtigen Führungspersönlichkeiten der ersten Gemeinden – Paulus und Petrus –, um herauszufinden, wie sie auf die aufkommenden Fragen antworteten. Und schließlich werden wir einen Blick auf Offenbarung 21–22 werfen, die letzten beiden Kapitel der Bibel, um ein Bild davon zu bekommen, wie die Endzeit sein wird. Das Ermutigende ist, dass das Ende der Welt der Anfang einer neuen Welt sein wird, in der Gott im Mittelpunkt steht.

Doch wenn die Bibel so deutlich über die Rückkehr von Jesus spricht, warum herrscht bei so viele Menschen heute Verwirrung zu diesem Thema? Die Antwort ist, glaube ich, dass Menschen die Aussagen der Bibel in die eine oder die andere Richtung extrem interpretieren. Manche räumen der Rückkehr von Jesus einen zu großen Raum ein; ihre gesamte Weltsicht ist rund um die unklarsten Einzelheiten der Endzeit aufgebaut. Andere messen der Rückkehr von Jesus zu wenig Bedeutung bei; ihrer Meinung nach könnte sie sich ereignen oder auch nicht, wen kümmert das schon?

Darum soll es in diesem Kapitel unser Ziel sein, eine ausgewogene, biblische Sicht auf die Rückkehr von Jesus zu entwickeln. Denn eins steht außer Frage: Jesus wird auf die gleiche Weise wiederkommen, wie er in den Himmel aufgestiegen ist. Das wird ein herrlicher Tag voller Freude sein!

Die größte Fortsetzung aller Zeiten

Gebet: Herr, ich bitte dich, sende mir deinen Heiligen Geist, damit er mich leitet und ich die Wahrheit erkenne über deinen Tod, deine Auferstehung, deine Himmelfahrt und deine Rückkehr.

Text: **Apostelgeschichte 1,1-11**

Entfaltung: Haben Sie schon einmal einen Film gesehen, bei dem Sie das Gefühl hatten, dass noch eine Fortsetzung folgt? Vielleicht wurde der Schurke besiegt, lauert aber noch irgendwo da draußen. Oder vielleicht hat der Held seine aktuellen Kämpfe ausgefochten und ist jetzt bereit für ein neues Abenteuer. In gewisser Hinsicht geschieht in unserem Abschnitt genau das. Lukas, der Schreiber der Apostelgeschichte, baut hier die Spannung für die größte Fortsetzung aller Zeiten auf: Er bereitet uns auf die Rückkehr von Jesus Christus vor.

Er tut dies, indem er den dramatischen Schluss des Lebens von Jesus auf dieser Erde schildert. Lukas hatte sein Evangelium mit einem Hinweis auf die Himmelfahrt von Jesus beendet (Lukas 24,50-53), doch hier liefert er eine ausführlichere Beschreibung dieses unvergesslichen Ereignisses. Es fällt auf, dass er noch einmal die überwältigende „Beweislage" für die Auferstehung von Jesus aufführt (V. 3): Es gab viele Augenzeugen. Doch für manche bedeutet Sehen noch nicht Glauben. Selbst nach allem, was die Jünger gesehen hatten (V. 3), hatten sie immer noch nicht die ganze Wahrheit über Jesus begriffen. Sie konnten nicht ihre Vorstellung überwinden, dass er Israels Nationalheld sein sollte (V. 6).

Wir alle bringen eigene Vorstellungen in unser Nachdenken über Jesus mit – manche davon sind zutreffend, andere nicht. Eine gute Möglichkeit für uns heute, ein richtiges Bild von Jesus zu bekommen, ist, betend zu lesen, was die Bibel über ihn sagt.

Eine weitere Möglichkeit ist, auf den Heiligen Geist zu vertrauen. Jesus hatte bereits erklärt, dass der Heilige Geist seinen Jüngern helfen würde, nach seinem Tod, seiner Auferstehung und seiner Himmelfahrt die Wahrheit des Evangeliums zu verstehen (Johannes 16,13). Jetzt sagt Jesus, dass der Heilige Geist seinen Jüngern die Kraft schenken wird, diese Wahrheit der Welt weiterzusagen, die sie dringend braucht (Apostelgeschichte 1,8). Durch den Heiligen Geist können wir wirksame Zeugen sein, sowohl durch Worte als auch durch Taten.

Doch als Jesus in den Wolken verschwindet, sind es die zwei Engel, die das Vorrecht haben, die große Fortsetzung anzukündigen. Jesus „wird auf dieselbe Weise wiederkommen, wie ihr ihn habt weggehen sehen" (V. 11). Stellen wir uns nur einmal vor, wie es wäre, wenn das heute geschähe!

Überlegung: Wenn Sie wüssten, dass Jesus in den nächsten 30 Tagen zurückkommt, was würde sich an Ihren Plänen und Prioritäten ändern?

Gebet: Herr, ich kann mir kaum vorstellen, wie es sein wird, wenn du wiederkommst. Ich weiß nur eins: Ich bin dankbar dafür, dass du es mir ermöglicht hast, für immer bei dir zu sein.

Falls ich sterbe, bevor ich aufwache ...

Gebet: Himmlischer Vater, wir bitten dich, du mögest „uns in [deiner] Gnad erhalten fort und fort und uns aus aller Not erlösen hier und dort." (Martin Rinckart)

Text: 1 Thessalonicher 4,13–5,11

Entfaltung: Wenn ich morgens die Zeitung lese, habe ich dabei ein bestimmtes System. Zuerst schaue ich mir die Titelseite an, dann den Sportteil, dann die Nachrichten und Leitartikel und zum Schluss die Todesanzeigen. Aus irgendeinem Grund bin ich immer neugierig, wer gestorben ist. (Geht es Ihnen da genauso?) Zu allen Zeiten hat die Menschen die Frage bewegt, was nach ihrem Tod geschieht. Über die gleiche Frage dachten auch die Christen im ersten Jahrhundert in der Stadt Thessalonich nach. In 1 Thessalonicher 4,13–5,11 finden wir die Antwort des Apostels Paulus an sie.

Paulus wiederholt zunächst die grundsätzlichen Aussagen des Evangeliums zu diesem Thema: Wer glaubt, dass Jesus gestorben und auferstanden ist, kann sicher sein, dass er das ewige Leben bei ihm haben wird (1 Thessalonicher 4,14.17). Dann beschreibt Paulus kurz und bündig, was bei der Rückkehr von Jesus geschehen wird (1 Thessalonicher 4,16). Seine Beschreibung ähnelt den anderen im Neuen Testament, weil sie auf der Erklärung basiert, die Jesus selbst gab (1 Thessalonicher 4,15; Matthäus 24,1-51).

Dann gibt Paulus den Thessalonichern zwei praktische Ratschläge, um ihnen zu einem ausgewogenen Verständnis der Wiederkunft von Jesus zu verhelfen: Erstens sollen sie *nicht* ihre Zeit damit verbringen, den genauen Zeitpunkt berechnen zu wollen (1 Thessalonicher 5,1-3). Auch heute noch lassen sich Menschen von dieser Debatte ablenken. Gott allein weiß, wann es geschehen wird (Matthäus 24,36). Wir wissen allerdings, dass die Rückkehr von Jesus uns überraschen wird, wenn wir nicht vorbereitet sind. Er wird kommen wie ein „Dieb in der Nacht" (1 Thessalonicher 5,2).

Zweitens lehrt Paulus, *dass* sie ihre Zeit damit verbringen sollen, in der Gegenwart für Gott zu leben (1 Thessalonicher 5,4-8). Das ist auch für uns ein guter Rat. Wir sollen die Taten der Finsternis ablegen und das Leben derer anziehen, die im Licht sind. Das Gleiche hat Paulus auch den Christen in Ephesus geraten (Epheser 4,20-24 und 6,10-18). Wir werden im Hinblick auf die Rückkehr von Jesus immer neugierig bleiben. Doch Paulus erinnert uns: Das Wichtigste ist, dafür bereit zu sein.

Überlegung: Was wird nach dem Tod mit mir geschehen? Überlegen Sie, wie Sie diese Frage für sich selbst beantworten würden.

Gebet: Herr, bitte zeige mir, wie ich mich besser auf die Rückkehr von Jesus Christus vorbereiten kann.

Lasst euch nicht erschrecken

Gebet: „Gott, überstrahle den Himmel mit deiner Herrlichkeit und erfülle die Erde mit deiner Macht!" (Psalm 57,12)

Text: 2 Thessalonicher 2,1-12

Entfaltung: Vor Kurzem bekam ich ein Buch von einem christlichen Autor, den ich nicht kannte. Als Erstes schaute ich auf die Rückseite, um zu sehen, welche anderen Bücher er noch geschrieben hatte. Ich war überrascht zu lesen, dass einer seiner früheren Bestseller als „das maßgebliche Buch über das Leben nach dem Tod" beschrieben wurde. Wirklich? Ich dachte, *dieses* Buch wäre schon vor langer Zeit geschrieben worden. Es heißt „Die Bibel". Unser heutiger Text gibt uns ein weiteres Puzzleteil für das Bild der Rückkehr von Jesus in die Hand, das wir gerade nach und nach zusammensetzen.

Als Erstes erfahren wir aus dem zweiten Brief von Paulus an die Thessalonicher, dass manche Menschen verbreiteten, die Rückkehr von Jesus stehe unmittelbar bevor oder hätte sich sogar schon ereignet – etwa im Inneren der Gläubigen, wie die sogenannten Gnostiker dachten. Infolgedessen waren viele Christen besorgt, möglicherweise zurückgelassen worden zu sein (V. 2). Paulus sagt: „Lasst euch durch nichts und niemand täuschen" (V. 3), und erinnert seine Leser an das Wesentliche: Wenn Jesus wiederkommt, werden alle, die an ihn glauben, bei ihm sein (V. 1). Mit anderen Worten, wenn es geschieht, werden wir es wissen.

Im Folgenden gibt uns Paulus weitere Aufschlüsse über die Endzeit. Insbesondere spricht er von einer Auflehnung gegen Gott und dem Auftreten von Gottes Feind, „der alles Böse in sich vereint" (V. 3). Wovon in aller Welt redet er hier? An verschiedenen Stellen in der Bibel finden wir Hinweise auf einen letzten „Showdown" zwischen Gott und dem Satan. In diesem letzten Kampf wird mit dem Satan alles Böse, alles was sich Gott und Christus entgegenstellt, besiegt werden (Matthäus 24,1-51; Markus 13,1-37; Offenbarung 19,19-21 und 20,7-10). Obwohl Paulus in diesem Brief nicht alles erklärt, war es das, was er offensichtlich dabei im Hinterkopf hatte.

Was bedeutet das alles nun für uns heute? Ganz einfach: Wir sollten uns nicht „verwirren oder erschrecken" lassen (V. 2), wenn die Weltereignisse außer Kontrolle zu geraten scheinen. Die Bibel lehrt, dass Gott die Dinge erst noch schlimmer werden lässt, bevor er auftritt und das Problem ein für alle Mal löst. Doch wir dürfen uns daran erinnern, dass wir bereits das Ende der Geschichte gelesen haben: Jesus kommt zurück, und mehr müssen wir eigentlich nicht wissen.

Überlegung: Hat die Erwartung, dass Jesus eines Tages zurückkommen wird, Einfluss darauf, wie Sie heute auf die Nachrichten aus der Welt reagieren? Inwiefern?

Gebet: Herr, diese Welt ist manchmal wirklich ein furchterregender Ort. Doch ich vertraue darauf, dass du eines Tages zurückkehrst. Bitte zeig mir, wie ich dir bis zu diesem Tag am besten dienen kann.

Warten auf ...?

Gebet: Himmlischer Vater, wenn es um die Rückkehr von Jesus geht, fühle ich mich manchmal so: „Ich glaube! Hilf mir heraus aus meinem Unglauben!" (Markus 9,24, Neue Genfer Übersetzung)

Text: **2 Petrus 3,1-18**

Entfaltung: Einmal sah ich in einem College eine Aufführung von *Warten auf Godot*, dem berühmten Stück von Samuel Beckett über zwei Landstreicher, Vladimir und Estragon, die das ganze Stück über auf die Ankunft einer Person namens Godot warten. Sie unterhalten sich, tragen Konflikte aus, treffen andere Personen, doch am Ende kommt Godot gar nicht. Obwohl Beckett sich weigerte, das Stück zu erklären, war seine Botschaft klar: Das Leben ist sinnlos, wenn wir es damit verbringen, auf etwas zu warten, das nie passiert.

So fühlten sich allmählich einige Christen im ersten Jahrhundert im Hinblick auf die Rückkehr von Jesus. Sie warteten, warteten, warteten – doch nichts geschah. Und was noch schlimmer war: Die Skeptiker spotteten immer lauter (V. 4). Heute leben wir zweitausend Jahre später, und Jesus ist immer noch nicht zurückgekehrt. Wurden die Christen wie Vladimir und Estragon zu einem sinnlosen Spiel verleitet? „Ganz und gar nicht!", würde der Apostel Petrus antworten, und er widmet den letzten Teil seines zweiten Briefes einer ausführlichen Erklärung.

Die biblische Antwort. Zunächst weist er auf die Worte der Propheten und die Worte von Jesus selbst hin (V. 2). Auch heute, Jahrhunderte später, finden wir beide noch in der Bibel. Doch die Realität ist, dass Menschen schon immer an Gottes Wort gezweifelt haben. Also erinnert Petrus seine Leser, dass Gott durch sein Wort mächtige Dinge geschehen lassen kann, so wie bei der Schöpfung und bei der großen Flut zu Zeiten Noachs (V. 5-6). Und da Gottes Wort sagt, dass Jesus wiederkommen wird, können wir uns darauf verlassen (V. 7).

Die philosophische Antwort. Gott existiert außerhalb der Zeit (V. 8). Er sitzt nicht herum und hakt seinen Kalender ab wie wir. Daher ist das, was uns als lange Verzögerung erscheint, in Wirklichkeit etwas ganz anderes: eine große Gelegenheit, dass noch mehr Menschen Gott kennenlernen können (V. 15).

Wie sollen wir also leben, während wir darauf warten, dass Jesus wiederkommt? Wir sollten uns darauf konzentrieren, „ein heiliges Leben zu führen, das Gott gefällt" (V. 11). Dann werden wir in immer engerer Verbindung mit Jesus leben, während wir auf den Tag warten, an dem wir ihm von Angesicht zu Angesicht begegnen werden (1 Korinther 13,12).

Überlegung: Spüren auch Sie manchmal Zweifel daran, dass Jesus wiederkommen wird? Wie äußert sich das? Was hilft Ihnen, die Zweifel zu überwinden?

Gebet: Herr, ich bitte dich um deine Hilfe, damit ich ein heiliges Leben führen kann, das dir gefällt, während ich darauf warte, dir eines Tages von Angesicht zu Angesicht zu begegnen.

Erst der Anfang

Gebet: Himmlischer Vater, schenk mir auch heute, wenn sich meine Reise durch die Bibel ihrem Ende nähert, ein klares Verständnis dafür, wer Jesus wirklich ist.

Text: Offenbarung 21,1–22,21

Entfaltung: Wenn ich anfange, einen Roman zu lesen, schlage ich ihn oft hinten auf und überfliege die letzten Absätze zuerst. Manch einer mag denken, dass man sich damit den Spaß verdirbt, aber ich finde gern heraus, wer am Ende der Geschichte noch lebt. (Sie sehen, was für Bücher ich lese!) In gewisser Hinsicht tun wir das Gleiche mit unserem heutigen Abschnitt: Wir lesen die letzten Absätze der Bibel und sie lassen uns einen Blick auf das größte Happy End aller Zeiten werfen.

Wie wir im letzten Kapitel festgestellt haben, ist das Buch der Offenbarung eine Vision, die der Seher Johannes mehrere Jahrzehnte nach der Auferstehung hatte. In Offenbarung 1–3 lag das Hauptaugenmerk auf den speziellen Botschaften von Jesus an sieben Gemeinden des ersten Jahrhunderts. In Offenbarung 21–22 hat sich die Blickrichtung geändert, nämlich auf das Ende der Welt, und wir erfahren, dass Gott beabsichtigt, „einen neuen Himmel und eine neue Erde" zu schaffen (Offenbarung 21,1). Das ist ein ermutigender Gedanke, wenn wir an das denken, was heutzutage in der Welt geschieht.

Es gibt wahrscheinlich einige Dinge in diesem Abschnitt, die schwer zu fassen sind. Wir sollten immer daran denken, dass die Offenbarung eine Vision wiedergibt. Es ist besser, sich auf die Hauptaussage zu konzentrieren als auf jedes kleine Detail zu blicken (siehe Seite 169 in „Die ersten Gemeinden").

Und die Hauptaussage ist ganz klar. Am Ende wird Satan besiegt (Offenbarung 20,7-10), der Fluch der Sünde wird gebrochen (Offenbarung 22,3). In der neuen Welt werden Gott Vater und Sohn bei uns sein: „Dies ist die Wohnstätte Gottes bei den Menschen! Er wird bei ihnen wohnen, und sie werden seine Völker sein. Gott selbst wird als ihr Gott bei ihnen sein" (Offenbarung 21,3). Was für eine unglaubliche Vision! Für alle, die zu Christus gehören, ist das Ende der Welt der Anfang des ewigen Lebens (Römer 6,23). Das ist die größte Geschichte der Bibel, und das ist das Herz der Geschichte von Jesus.

Überlegung: Wirkt sich Gottes Plan, einen neuen Himmel und eine neue Erde zu schaffen, bereits auf unser Leben heute aus? Inwiefern?

Gebet: Herr, ich freue mich auf den Tag, an dem ich dein Gesicht sehen werde. Hilf mir, mein Leben mit diesem Ziel im Blick zu führen. Bitte komm, Herr Jesus!

Anregungen

1. Wie empfinden Sie den Zustand der Welt heute? Kommt sie Ihnen schlechter oder besser vor als früher – oder genau so, wie sie schon immer war? Warum?

2. Wie würden Sie einem Freund antworten, der sagt: „Nach 2000 Jahren kann man wohl mit einiger Wahrscheinlichkeit annehmen, dass Jesus nicht wiederkommen wird. Vielleicht hat Jesus das ja eher bildlich gemeint und nicht als wörtliche Verheißung?"

3. Sind Sie schon einmal auf eine andere Sichtweise über die Endzeit gestoßen, die nicht zu dem passt, was die Bibel sagt? Wie stellt sie sich im Vergleich zu dem dar, was Sie aus der Bibel kennen?

4. Warum sollte man sich im Hier und Jetzt bemühen, die Welt zu verbessern, wenn Gott doch einen neuen Himmel und eine neue Erde erschaffen wird?

5. Manche Christen sagen, dass angesichts der Rückkehr von Jesus nichts weiter zählt als Evangelisation und dass wir nicht zu viel Zeit auf Dinge wie Frieden, Gerechtigkeit, Armut und die Umwelt verschwenden sollen. Wie sehen Sie das?

6. Wie stellen Sie sich den Himmel vor? Wie wird er sein, wer wird dort sein, und was lässt Sie hoffen, dass Sie einmal dort sein werden?

7. Inwiefern beeinflusst Ihre Sicht auf die Rückkehr von Jesus die Art und Weise, wie Sie leben?

Zusammenfassende Gedanken

Wenn Jesus wiederkommt

Welche Gedanken sind Ihnen in den zurückliegenden fünf Leseeinheiten für Ihren Glauben und Ihren Alltag wichtig geworden?

1

2

3

4

5

Bevor Sie sich auf die nächste Etappe Ihrer Reise durch das Leben von Jesus begeben, könnte es helfen, diese persönlichen Gedanken zur vorherigen Einheit noch einmal durchzusehen. So rufen Sie sich ins Gedächtnis, was Ihnen durch die Lektüre der biblischen Texte bereits wichtig geworden ist.

WER IST JESUS . . . FÜR SIE?

Entscheidung

In meiner Kindheit hatten wir eine Tradition in unserer Familie, die ich nicht besonders mochte. Jedes Jahr am Karfreitag von 12 bis 15 Uhr schickte meine Mutter mich und meine Geschwister in unsere Zimmer und ließ uns Antworten auf die folgende Frage aufschreiben: Wer ist Jesus für dich? Ich kannte den Grund für diese Aktion: Dies waren die Stunden, in denen Jesus am Kreuz hing: „Es war schon etwa zwölf Uhr mittags, da verfinsterte sich die Sonne und es wurde dunkel im ganzen Land bis um drei Uhr" (Lukas 23,44).

Doch ich mochte die Tradition nicht, weil es zu dieser Jahreszeit draußen wieder warm wurde, und ich wollte immer raus und Baseball spielen. Es kam mir so vor, als ob ausgerechnet an jedem Karfreitag das Wetter perfekt für Baseball war. Aber auch wenn ich anfangs etwas mürrisch war, war es doch so, wenn ich mich schließlich hinsetzte und meine Antwort aufschrieb, dass dies zu den sinnvollsten und bedeutungsvollsten Dingen zählte, die ich das ganze Jahr über tat. Heute bin ich ein erwachsener Mann und habe selbst Kinder und Enkel, doch ich halte es immer noch so, dass ich mich an jedem Karfreitag von 12 bis 15 Uhr zurückziehe und in meinem Tagebuch etwas über Jesus schreibe. Ich erinnere mich sehr gern daran, wie viel er für mich getan hat.

In unserem letzten Kapitel werden Sie Gelegenheit haben, die Erlebnisse von fünf Personen unter die Lupe zu nehmen, die Begegnungen mit Jesus hatten. Der reiche junge Mann ging von Jesus weg, weil er sein Geld liebte. Nikodemus glaubte Jesus zunächst nicht, doch mit der Zeit wurde er zu einem treuen Anhänger von Jesus. Als die Frau am Brunnen ihre Scham überwunden hatte, nahm sie Jesus als ihren Retter an. Saulus hatte eine dramatische Begegnung, die sein Leben und die Welt für immer veränderte. Und Petrus traf eine verblüffende Aussage über Jesus, obwohl er noch nicht völlig verstand, was ihn dies kosten würde. Jede dieser Personen musste eine persönliche Entscheidung für oder gegen Jesus treffen. Das ist der rote Faden, der sie alle miteinander verbindet.

Am Anfang dieses Buches habe ich Ihnen gesagt, dass ich mich entschieden habe, Jesus nachzufolgen, doch dass Ihre Entscheidung für ihn ganz allein in Ihrer Verantwortung liegt. Ich wollte Sie einfach durch 100 Bibeltexte über Jesus führen und es Ihnen dann überlassen, zu Ihrer eigenen Schlussfolgerung zu gelangen. Dabei bleibe ich. Doch ich möchte Ihnen auch dies sagen: Ich hoffe und bete, dass Sie, wenn Sie noch nicht die Entscheidung getroffen haben, an Jesus zu glauben und ihm zu folgen, es am Ende dieses Buches tun werden. (Wenn Sie Hilfe dabei brauchen, können Sie dazu „Wie man eine Beziehung mit Jesus Christus beginnt" auf Seite 195 lesen.)

Noch ein Letztes: Beim Schreiben dieses Buches habe ich es selbst sehr genossen, eine Reise durch die größte Geschichte der Bibel zu unternehmen. Ich hoffe, dass Sie beim Lesen, Nachdenken und Beten auf den 100 Stationen dieser Reise nicht nur gelernt haben, wer Jesus wirklich ist, sondern es auch lieben gelernt haben, Gottes Wort betend zu lesen. Doch lassen Sie dieses Buch nicht das Ende Ihrer Beschäftigung mit der Bibel sein. Lassen Sie es zum Anfang eines ganzen Lebens voller täglicher Begegnungen mit Gott in der Bibel und im Gebet werden.

Der reiche Gutmensch

Gebet: Herr, ich bitte dich, dass du mein Denken und Herz von jeder Ablenkung befreist, damit ich dir heute ganz neu begegnen kann.

Text: Matthäus 19,16-30

Entfaltung: Über die Jahre habe ich von mehreren Menschen – normalerweise von solchen mit viel Geld – ihre Frustration über die Geschichte in Matthäus 19,16-30 gehört: „Das heißt ja dann wohl, dass wir alles verschenken und wie der heilige Franz von Assisi leben sollen, oder?" Andere – normalerweise solche, die sich mehr Geld wünschen – haben Zufriedenheit über diesen Abschnitt geäußert: „Ich schätze, reiche Menschen verstehen einfach das Evangelium nicht richtig, oder?" Doch wenn wir sorgfältig lesen, was Jesus sagte, merken wir, dass er nicht nur von Geld und Besitz sprach, sondern auch von etwas viel Schwerwiegenderem.

Es fällt auf, dass sich die Einstiegsfrage des reichen Mannes um das ewige Leben dreht (V. 16). Trotz all seines Wohlstandes in dieser Welt machte er sich Sorgen, was mit ihm in der nächsten Welt passieren würde. Das war das „große Thema". Und auch heute fragen sich nicht wenige Menschen, wie man in den Himmel kommt, ganz gleich, wer man ist, wen man kennt oder wie viel man im Leben erreicht hat.

Der Mann in unserem Abschnitt dachte, er hätte alle Antworten parat: Er musste einfach genügend Gutes tun (V. 16.20). Das Gleiche glauben auch heutzutage viele Menschen. Sie stellen sich eine riesige kosmische Waage vor, und wenn ihre guten Taten die schlechten überwiegen, sind sie „drin"! Doch Jesus entzieht dieser Sichtweise jede Grundlage. Zuerst fragt er nach, was es denn heißt, „gut" zu sein (V. 17). Dann führt er die Argumentation logisch fort: Nur gut zu sein, ist nicht gut genug; um sich das ewige Leben zu verdienen, muss man perfekt sein (V. 21). Wie bitte? Selbst die Jünger waren sprachlos: Wenn ein guter reicher Mann nicht in den Himmel kommen kann, wer dann (V. 25)?

Doch am Ende des Gesprächs hat Jesus klargestellt, dass zwei Dinge diesen Mann daran hinderten, das ewige Leben zu bekommen, das er anstrebte: Seine Bindung an seinen Wohlstand und seine Überzeugung, dass sich die Errettung durch gute Werke verdienen lässt. Der Mann ging traurig fort (V. 22), weil keine der beiden Strategien funktioniert. Jesus machte hier deutlich, dass es nur einen Weg in den Himmel gibt: „Folge mir!" (V. 21.28). Das heißt, an Jesus zu glauben und wie er zu leben. Genau das hatte Jesus schon die ganze Zeit gesagt.

Überlegung: Gibt es Dinge, die Sie davon abhalten, Jesus bedingungslos zu folgen? Was wäre nötig, um sie aus dem Weg zu räumen?

Gebet: Jesus, wie gern würde ich mich ganz in deine Nachfolge stellen. Du weißt, was mich immer wieder daran hindert. Hilf mir, die Widerstände zu überwinden.

Schlussendlich …

Gebet: Herr, ich möchte heute beim Lesen in deinem Wort nicht nur etwas über dich erfahren, sondern auch, wie ich eine persönliche Beziehung zu dir aufbauen kann.

Text: Johannes 3,1-21

Entfaltung: Ich habe mein Leben lang für gemeinnützige Organisationen gearbeitet. Dabei hatte ich viel Gelegenheit, mich darin zu üben, Spender anzuwerben. Einmal rief ich einen Mann an, den ich persönlich nicht kannte. Ich hoffte, eine Beziehung zu ihm aufbauen zu können, die eines Tages zu einer Spende führen würde. Ich hatte mein Konzept gut vorbereitet, doch schon nach wenigen Sekunden fiel er mir ins Wort: „Kommen Sie auf den Punkt: Wie viel wollen Sie?“ Ähm …

In gewisser Weise macht Jesus das Gleiche mit Nikodemus. Er fällt ihm ins Wort und geht gleich ans Eingemachte: Du musst neu geboren werden (V. 3.7). Jesus durchbrach das theologisches Konzept von Nikodemus (V. 2), weil er die eigentliche Frage ansprechen wollte. Trotz seiner hochrangigen Position (V. 1) und seines religiösen Wissens (V. 10) stand Nikodemus außerhalb von Gottes Königreich (V. 3.5). Auch uns nützt es nichts, in die Kirche zu gehen oder viel über den christlichen Glauben zu wissen, wenn wir nicht wirklich von Neuem geboren sind. Doch was heißt es denn genau, von Neuem geboren oder „wiedergeboren“ zu sein?

Millionen Menschen zählen sich selbst zu den „Wiedergeborenen“. Von manchen werden sie deswegen als unangenehme Eiferer betrachtet. Doch Jesus definierte die „Wiedergeborenen“ als Menschen, die glauben, dass er der Sohn Gottes ist, derjenige, der am Kreuz starb, um die Menschheit von der Sünde zu erretten (V. 14-18). Und wenn ein Mensch schließlich diese Wahrheit akzeptiert, beginnt er ein ganz neues Leben.

Das war ein harter Brocken für Nikodemus (V. 9), und in diesem Abschnitt gibt es keinen Hinweis darauf, dass er die Botschaft von Jesus annahm. Doch der Samen, der in jener Nacht ausgesät wurde, begann zu wachsen. Später verteidigte Nikodemus Jesus (Johannes 7,50-51), und schließlich gab er sich öffentlich als Anhänger von Jesus zu erkennen (Johannes 19,38-42). Manche Menschen setzen ihr Vertrauen gleich beim ersten Mal auf Jesus, wenn sie das Evangelium hören. Für andere ist der Glaube an Jesus ein Prozess mit vielen Schritten. Doch ganz gleich, wie es geschieht oder wie lang es dauert, schlussendlich bleibt es dabei: Wir müssen von Neuem geboren werden.

Überlegung: Wo stehen Sie auf dem Weg zu Jesus?

Gebet: Jesus, ich weiß, du willst, dass auch ich „von Neuem geboren“ werde. Schenk mir den Mut und die Kraft, mich ganz auf dich einzulassen.

Keine Schande mehr

Gebet: „Ich wandte mich an den HERRN und er antwortete mir; er befreite mich von allen meinen Ängsten. Wenn ihr zum HERRN blickt, dann leuchtet euer Gesicht, euer Vertrauen wird nicht enttäuscht.“ (Psalm 34,5-6)

Text: **Johannes 4,1-42**

Entfaltung: Die Frau in unserem heutigen Abschnitt hatte mehr zu tragen als nur einen Wasserkrug, als sie zum Brunnen kam. Ihr Herz war belastet mit Sünde, Scham und Schande. Woher wissen wir das? Erstens war sie Samariterin und gehörte damit zu einer Volksgruppe, die von den Juden ausgegrenzt wurde (V. 9). Zweitens war sie eine Frau; damals hätten viele, sogar die Jünger von Jesus, sie als Bürgerin zweiter Klasse betrachtet (V. 27). Drittens hatte sie ein Leben voller Sünde geführt, das eine Reihe von zerbrochenen Beziehungen hinterlassen hatte (V. 17-18). Kein Wunder, dass sie in der Hitze des Tages allein zum Brunnen ging.

Auch heutzutage haben viele Menschen mit einem tief sitzenden Gefühl von Scham und Schande zu kämpfen. Manche können sich selbst eine schreckliche Sünde in ihrer Vergangenheit nicht vergeben, manche sind durch die Sünde eines anderen Menschen tief verletzt. So oder so können Sünde, Scham und Schande uns mit dem Gefühl zurücklassen, zerbrochen, unwürdig und allein zu sein. Doch manchmal ist ein solcher Tiefpunkt in unserem Leben der Moment, in dem wir Gott am nächsten sind (Psalm 34,19).

So ging es dieser Frau. Sie traf Jesus und er nutzte diese Begegnung, um ihr Leben für immer zu verändern. Zuerst offenbarte er ihr, dass er die Quelle ist, aus der „lebendiges Wasser“ strömt (Johannes 4,10.13-14). Sie dachte wahrscheinlich, er meinte „fließendes Wasser“ aus einem strömenden Fluss. Doch in Wirklichkeit meinte er den Heiligen Geist. Ihn bietet Jesus allen an, die ihm nachfolgen. Anschließend erklärte er ihr, dass bald alle Menschen, nicht nur die Juden, Gott rechtmäßig anbeten können – nicht mehr im Tempel von Jerusalem, sondern „in Geist und Wahrheit“ (V. 22-24).

Doch das war nur möglich, weil Gottes verheißener Messias gekommen war (V. 25-26). Am Ende der Begegnung akzeptierte die Frau Jesus nicht nur als Menschen (V. 9) oder Propheten (V. 19), sondern als „Retter der Welt“ (V. 42). Und das verwandelte ihre Last aus Sünde, Scham und Schande in eine Quelle der Freude. Sie konnte ihre Freunde einladen, dem Menschen zu begegnen, „der mir alles gesagt hat, was ich getan habe“ (V. 29.39), weil er ihr vergeben hatte. Und diese Freude steht auch heute jedem offen, der an Jesus glaubt.

Überlegung: Wie würden Sie sich fühlen, wenn Sie jemandem begegnen würden, der all Ihre finstersten Geheimnisse kennt?

Gebet: Herr, du weißt alles, was ich je getan habe. Ich bitte dich, dass du mir vergibst und mich mit deinem lebendigen Wasser füllst.

Junger Fanatiker

Gebet: Himmlischer Vater, ich bitte dich, dass du mir ein oder zwei Möglichkeiten zeigst, wie ich dir näherkommen kann.

Text: **Apostelgeschichte 9,1-19**

Entfaltung: Saulus war ein junger Fanatiker. Er hasste die Christen und jagte sie, um sie ins Gefängnis zu werfen (V. 1-2). Von religiöser Toleranz keine Spur. Doch der Rachefeldzug von Saulus wirft eine interessante Frage auf: Warum macht Jesus Menschen so wütend? Bei manchen hat es damit zu tun, dass sie nicht bereit sind, einen bestimmten Lebensstil aufzugeben. Andere haben das Gefühl, von einem geliebten Menschen, der Christ ist, betrogen worden zu sein. Wieder andere können einfach nicht den Anspruch von Jesus akzeptieren, der einzige Weg zu Gott zu sein (Johannes 14,6).

Doch oft sind all diese Reaktionen nur ein Zeichen für ein tiefer sitzendes Problem: Äußere Wut auf Jesus kann ein Hinweis auf einen inneren Glaubenskampf sein. Dies scheint bei Saulus der Fall gewesen zu sein. Es bestand kein Zweifel an seiner Leidenschaft für Gott. An anderen Stellen der Bibel lesen wir, dass er sein Leben ganz dem jüdischen Glauben gewidmet hatte; er war ein vorbildlicher Pharisäer (Apostelgeschichte 23,6; Philipper 3,5-6). Doch als Saulus im wahrsten Sinne des Wortes eine Erleuchtung hatte, verpuffte seine Wut mit einem Schlag. Er hatte immer noch Fragen (Apostelgeschichte 9,5), doch bis er seine Wut losließ, konnte er die Antworten nicht hören. Das gilt auch für uns.

Manche Christen entschuldigen sich dafür, dass sie „kein dramatisches Bekehrungserlebnis“ vorzuweisen haben – so als bestünde die einzig richtige „Bekehrungsart“ darin, zu Boden geworfen zu werden und die Stimme von Jesus zu hören. Manchmal ist eine Bekehrung so unmittelbar und dramatisch, und wir können Gott danken, wenn er sich entscheidet, so zu wirken.

Doch oft ist die Bekehrung ein allmählicher Prozess, bei dem ein Mensch nach und nach zum Glauben an Jesus kommt. Selbst die Bekehrung von Saulus zeigt das: Er wuchs in einem religiösen Umfeld auf, entwickelte eine Leidenschaft für Gott, hatte eine dramatische Begegnung mit Jesus, erhielt aber dann auch Unterstützung von der christlichen Gemeinschaft in Damaskus (V. 17-19). All diese Schritte waren nötig, um den jungen Fanatiker zu dem erwählten Werkzeug Gottes zu machen, als das er dann predigen konnte: Jesus ist Gottes Sohn (V. 15.20).

Überlegung: Wo stehen Sie selbst in Ihrer Beziehung zu Jesus? Was könnte der nächste Schritt sein?

Gebet: Guter Gott, bitte schenke mir den Mut, den nächsten Schritt zu tun auf dem Weg, den ich mit dir und Jesus gehen möchte.

Jesus – die Herausforderung

Gebet: Himmlischer Vater, danke für alles, was du mir auf meiner Reise durch die Bibel beigebracht hast. Bitte zeig mir alles, was noch wichtig für mich ist, bevor die Reise zu Ende ist.

Text: **Lukas 9,18-27**

Entfaltung: Als ich in der Highschool war, lud mich mein Pastor ein, vor der ganzen Gemeinde meinen Glauben an Jesus zu bezeugen. Ich willigte ein, weil ich in einer christlichen Familie aufgewachsen und mir ziemlich sicher war, was ich sagen musste. Doch als der Tag wirklich kam und ich nach vorn ging, wurde mir plötzlich klar, dass die Herausforderung nicht einfach darin bestand zu sagen, was mein Pastor oder meine Eltern oder irgendjemand sonst hören wollte. Unter den aufmerksamen Blicken aller Anwesenden musste ich sagen, was ich wirklich in Bezug auf Jesus glaubte.

Solch ein Alles-oder-nichts-Moment ist es, den die Jünger in Lukas 9 erleben. Aufgrund der Predigten, der Gleichnisse und Wunder von Jesus sprachen alle über ihn. So stellte Jesus nun eine allgemeine Frage: „Für wen halten mich eigentlich die Leute?“ (V. 18). Auf eine solche Frage kann man bequem antworten. Man muss einfach nur wiederholen, was man von anderen gehört hat. Genau das taten die Jünger auch (V. 19). Doch Jesus kam nicht auf die Erde, um die Menschen eine Lehrbuch-Antwort über ihn auswendig lernen zu lassen. Er kam, damit jeder eine persönliche Beziehung zu ihm aufnehmen kann. Also fragte er weiter – vielleicht war das ja einige Zeit vorher sein Gebetsanliegen gewesen (V. 18). „‚Und ihr‘, wollte Jesus wissen, ‚für wen haltet ihr mich?‘“ (V. 20). Das war die Herausforderung für die Jünger. Und es war Petrus, der impulsive Fischer, der die Herausforderung annahm: „Du bist Christus, der versprochene Retter, der Sohn des lebendigen Gottes!“ (Matthäus 16,16; siehe Lukas 9,20).
Die Jünger hatten noch viel über Jesus zu lernen und viel mit ihm durchzumachen (Lukas 9,21-27). Doch sie hatten in ihrer Beziehung zu Jesus eine Schwelle überschritten.

Wie wir auf unserer Reise durch die Bibel entdeckt haben, ist die wichtigste Frage unseres Lebens, was wir in Bezug auf Jesus glauben. Ich wünsche Ihnen und bete dafür, dass Sie wie Petrus und Millionen anderer Menschen aller Zeiten von Herzen bestätigen können: „Du bist Christus, der versprochene Retter, der Sohn des lebendigen Gottes!“ Denn wenn Sie das tun, haben Sie die Schwelle zum ewigen Leben überschritten.

Überlegung: Was hätten Sie Jesus auf seine Frage geantwortet?

Gebet: Jesus, deine Frage „Für wen hältst du mich?“ ist für mich eine große Herausforderung. Nicht immer schaffe ich es, mich ihr zu stellen. Mit deiner Hilfe kann ich heute so antworten: …

Anregungen

1. Warum glauben so viele Menschen, man könne sich die Rettung durch genügend gute Taten verdienen? Warum tun sich so viele Menschen schwer mit dem Gedanken, dass die Rettung ein Geschenk von Gott ist?

2. Jesus sagt, man kann nicht zugleich Gott als auch dem Geld dienen (Matthäus 6,24). Wie ist das in unserer modernen Welt möglich? Wie können wir beurteilen, ob wir Geld und Besitz zu sehr lieben?

3. Nikodemus kam allmählich und schrittweise zum Glauben an Jesus. Wie sieht Ihr eigener Glaubensweg aus? Welche Schritte haben Sie bereits getan und was könnte der nächste Schritt sein?

4. Die Frau am Brunnen litt unter ihrer Scham und Schande. Gibt es auch in Ihrem Leben negative Erlebnisse, die Sie davon abhalten, Gott näherzukommen?

5. Als jüngerer Mann war Saulus sehr aggressiv und zornig. Hatten Sie schon einmal eine Phase, in der Sie wütend auf Gott waren? Warum? Konnten Sie die Ursache Ihrer Wut beseitigen? Wie?

6. Petrus bekannte mutig seinen Glauben an Jesus. Waren Sie schon einmal in einer Situation, in der Sie öffentlich Ihren Glauben an Jesus bekannt haben? Was ist passiert?

7. Wer ist Jesus für Sie?

Zusammenfassende Gedanken

Wer ist Jesus … für Sie?

Welche Gedanken sind Ihnen in den zurückliegenden fünf Leseeinheiten für Ihren Glauben und Ihren Alltag wichtig geworden?

1

2

3

4

5

Bevor Sie sich auf die nächste Etappe Ihrer Reise durch das Leben von Jesus begeben, könnte es helfen, diese persönlichen Gedanken zur vorherigen Einheit noch einmal durchzusehen. So rufen Sie sich ins Gedächtnis, was Ihnen durch die Lektüre der biblischen Texte bereits wichtig geworden ist.

Wie man eine Beziehung mit Jesus Christus beginnt

Nur ein Gebet entfernt

Wie Sie in diesem Buch erfahren haben, ist die größte Geschichte der Bibel, dass Gott einen Weg eröffnet hat, wie Sie durch Jesus Christus eine echte Beziehung zu ihm aufbauen können. Möglicherweise klingt das anziehend für Sie, aber Sie fragen sich: „Wie fange ich das an?" Vielleicht so:

- Gestehen Sie ein, dass Sie gesündigt haben und dass Ihre Sünden Sie von Gott trennen.
- Glauben Sie, dass Jesus der Sohn Gottes ist, der am Kreuz starb, um für Ihre Sünden zu bezahlen und Ihnen neues Leben zu schenken.
- Entscheiden Sie sich dazu, Jesus von nun an für den Rest Ihres Lebens zu folgen.

Mit einem einfachen Gebet wie diesem können Sie eine lebenslange Beziehung zu Jesus beginnen:

Lieber Gott, ich gebe zu, dass ich falsche Dinge getan habe und dass meine Sünde mich von dir trennt. Ich glaube, dass du deinen Sohn Jesus auf die Erde geschickt hast, um für die Sünden der Welt zu sterben – auch für meine –, und dass du ihn wieder ins Leben zurückgeholt hast. Herr Jesus, von jetzt an will ich dir jeden Tag folgen. Heiliger Geist, ich bitte dich, dass du mir hilfst, ein neues Leben zu führen. Amen.

Über Ihr neues Leben

Wenn Sie eine Beziehung zu Gott durch Jesus Christus beginnen, werden Sie sicher auch darin wachsen wollen. Dazu ein paar Tipps:

- Sprechen Sie mit Gott. Das heißt: Beten Sie. Sie können jederzeit mit Gott reden, leise oder laut. Gott hört Ihnen zu!
- Hören Sie auf Gott. Am besten geht das, indem Sie die Bibel lesen. Sie werden dadurch Gott besser kennenlernen und verstehen, was für ein Leben er sich von Ihnen wünscht.
- Schließen Sie sich einer Gemeinde an. Sie brauchen die Unterstützung von anderen Christen. Suchen Sie sich eine Gemeinde, in der die Menschen Jesus lieben und der Botschaft der Bibel glauben. Dann wird Ihr Glaube anfangen zu wachsen.

Gott segne Sie!

Whitney T. Kuniholm
Die 100 entscheidenden Bibeltexte zu Jesus

Eine eindrückliche Entdeckungsreise durch das Leben von Jesus Christus. 30 Texte aus dem Alten und 70 Texte aus dem Neuen Testament schlagen einen großen Bogen von den ersten Ankündigungen eines Retters bis zur Lebensgeschichte von Jesus und sein Wirken. Lesegeschwindigkeit und Zeitaufwand wählt jeder selbst.

Bibellese-Impulse

Softcover mit Lesebändchen
14 x 21 cm, 200 Seiten
Best.-Nr. 71253 / 12,95 €

Erklärende und übertragende Impulse
zu den Bibeltexten für die individuelle Lektüre.

Bibellese-Buch für Gruppen

Softcover, 14 x 21 cm
144 Seiten
Best.-Nr. 71254 / 9,95 €

Kurze Impulse und anregende und vertiefende Fragen für den Austausch in der Gruppe.

E100 Bibel

Gute Nachricht-Bibel
ohne Apokryphen

Gebunden, 12 x 18 cm, 1.344 Seiten
Best.-Nr. 33021 / 14,95 €

E100 steht für die „entscheidenden einhundert Bibeltexte". Sie sind in dieser Bibel besonders hervorgehoben. Die Bibel enthält außerdem 32 farbige Sonderseiten mit Hintergrundinformationen und Verständnishilfen.

Die Entdeckungsreise durch die Bibel

Impulse

Softcover mit Lesebändchen,
14 x 21 cm, 176 Seiten
Best.-Nr. 71260 / 12,95 €

In diesem Begleitbuch zum E100-Bibelleseprogramm finden Sie leicht verständliche Erläuterungen zu den Texten. Impulse geben Anregungen für die Anwendung im Alltag.

Die Entdeckungsreise durch die Bibel

Lesekarte

Leporello, 10,5 x 14,8 cm
Best.-Nr. 32560 / 3,95 € (10er-Set)

Neben Informationen zum E100-Leseprogramm sind hier die 100 Bibelstellen angegeben. Gelesene Texte können durch das Herausdrücken der Nummer gekennzeichnet werden.